21世纪高职高专规划教材

会计操作基础及实训

主　编：李　静　卢万强
副主编：关亚丽　刘永礼　艾哈买提江
　　　　曲长旋　孙翠萍

东南大学出版社
SOUTHEAST UNIVERSITY PRESS
·南京·

内容提要

《会计操作基础及实训》是依据高职高专特定的教学目标和培养方向编写的突出实践能力培养和训练的会计专业基础教材。该教材适应高职高专教学改革的需要,积累高职高专主讲教师多年的教学经验,融入会计专业人才培养的需求,能够在会计专业教学改革中发挥更好的作用。

本书依据最新的《企业会计准则》、具体会计准则、各行业会计制度及《会计基础工作规范》的规定,以会计工作的实际工作步骤、工作内容,以及完成该工作需具备的技能和知识为依据来选择和组织,突破了传统教学中按知识本身的完整及内在逻辑性来选择和组织的模式,将传统会计教学中割裂的会计核算方法,转变为与工作任务相结合的实际运用,采用项目教学法,从而提高课程的职业性和实践性。本书内容包括建账基础、建账操作、记账基础(一)、记账基础(二)、记账操作、报账前的基础工作、会计报表编制、会计相关法律法规。

图书在版编目(CIP)数据

会计操作基础及实训/李静,卢万强主编. —南京:东南大学出版社,2015.2

ISBN 978-7-5641-5503-2

Ⅰ.①会… Ⅱ.①李… ②卢… Ⅲ.①会计学—高等职业教育—教材 Ⅳ.①F230

中国版本图书馆 CIP 数据核字(2015)第 029836 号

会计操作基础及实训

出版发行	东南大学出版社
出 版 人	江建中
社　　址	南京市四牌楼2号
邮　　编	210096
经　　销	江苏省新华书店
印　　刷	常州市武进第三印刷有限公司
开　　本	787 mm×1092 mm　1/16
印　　张	14.5
字　　数	412 千字
印　　数	4000
书　　号	ISBN 978-7-5641-5503-2
版　　次	2015年1月1版1次
定　　价	36.00元

(本社图书若有印装质量问题,请直接与营销部联系,电话:025-83791830)

前　言

　　《会计操作基础及实训》是依据高职高专特定的教学目标和培养方向编写的突出实践能力培养和训练的会计专业基础教材。该教材适应高职高专教学改革的需要，积累高职高专主讲教师多年的教学经验，融入会计专业人才培养的需求，能够在会计专业教学改革中发挥更好的作用。

　　本书依据最新的《企业会计准则》、具体会计准则、各行业会计制度及《会计基础工作规范》的规定，以会计工作的实际工作步骤、工作内容，以及完成该工作需具备的技能和知识为依据来选择和组织，突破了传统教学中按知识本身的完整及内在逻辑性来选择和组织的模式，将传统会计教学中割裂的会计核算方法，转变为与工作任务相结合的实际运用，采用项目教学法，从而提高课程的职业性和实践性。本书内容包括建账基础、建账操作、记账基础(一)、记账基础(二)、记账操作、报账前的基础工作、会计报表编制、会计相关法律法规。

　　本书在借鉴国内外优秀教材的基础上，力求突出以下特色：

　　1. 教材、实训资料自成体系

　　打破以知识的内在完整与逻辑关系为主线的教学模式，设计出以实际会计工作任务为主线，以实际工作岗位的能力需求来选取、序化教学内容的《会计操作基础》教材，并按照项目来设置实训内容，形成自成体系的教材、实训资料。

　　2. 再现实际工作流程的结构设计

　　按实际工作流程来设计课程结构，真实再现建账、记账与报账等会计工作的实际过程。

　　3. 模拟岗位任务的内容安排

　　针对主要会计工作岗位的核心技能，以具体岗位工作任务为驱动，实现了课程内容与实际岗位的"零距离"对接。

　　本书共七个项目，由李静、卢万强任主编，关亚丽、刘永礼、艾哈买提江、曲长旋、孙翠萍任副主编。具体分工为：建账基础和记账基础由李静编写；会计报表编制和会计相关法律法规由卢万强、刘永礼编写；建账操作由关亚丽编写；记账操作由艾哈买提江编写；报账前的基础工作由曲长旋、孙翠萍编写；全书由李静总纂定稿。

　　本书在编写过程中得到新疆轻工职业技术学院的郭江、丰义等专家的细心指导，他们对本书内容进行了认真的审阅，并提出了许多宝贵意见，在此表示衷心的感谢。

　　由于编者水平有限，书中难免有疏漏，敬请读者批评指正。

编者

2014 年 10 月

目　录

◆ **理论篇** ·· 1

项目1　建账基础 ··· 3
　项目1.1　会计概述 ·· 3
　项目1.2　会计工作的组织与机构 ·· 14
　项目1.3　会计要素 ·· 16
　项目1.4　会计恒等式 ··· 18

项目2　建账操作 ··· 23
　项目2.1　会计科目 ·· 23
　项目2.2　账户 ··· 26
　项目2.3　建账操作 ·· 28

项目3　记账基础（一） ·· 38
　项目3.1　记账方法 ·· 38
　项目3.2　总分类账户与明细分类账户及其平行登记 ··· 47

项目4　记账基础（二） ·· 50
　项目4.1　企业基本经济业务概述 ·· 50
　项目4.2　资金筹集资金业务的核算 ··· 50
　项目4.3　采购过程业务的核算 ··· 52
　项目4.4　生产过程业务的核算 ··· 56
　项目4.5　产品销售业务的核算 ··· 65
　项目4.6　利润形成及其分配业务的核算 ··· 69

项目5　记账操作 ··· 75
　项目5.1　会计凭证的处理 ·· 75
　项目5.2　会计账簿的登记 ·· 90
　项目5.3　结账 ·· 123
　项目5.4　会计档案整理与保管 ··· 125

项目6　报账前的基础工作 ·· 129
　项目6.1　对账 ·· 129
　项目6.2　错账的查找与更正方法 ·· 130
　项目6.3　财产清查 ·· 136

项目7　会计报表编制 ·· 147

项目 7.1　会计报表概述 ································· 147
　　项目 7.2　资产负债表 ··································· 148
　　项目 7.3　利润表 ······································· 153
　　项目 7.4　现金流量表 ··································· 157

◆ 实训篇 ··· 161

会计操作基础及实训 ··· 163
实训 1　训练书写阿拉伯数字 ··································· 163
实训 2　训练书写汉字大写数字 ································· 165
实训 3　摘要书写练习 ··· 166
实训 4　会计科目按经济内容的分类 ····························· 167
实训 5　会计科目及其分类 ····································· 168
实训 6　资金筹集业务的核算 ··································· 169
实训 7　采购过程业务的核算 ··································· 170
实训 8　生产过程业务的核算 ··································· 171
实训 9　销售过程业务的核算 ··································· 172
实训 10　利润形成及其分配业务的核算 ·························· 173
实训 11　主要经营过程综合业务的核算 ·························· 175
实训 12　原始凭证填制 ······································· 177
实训 13　记账凭证填制 ······································· 180
实训 14　登记日记账 ··· 181
实训 15　登记明细分类账 ····································· 184
实训 16　登记总账 ··· 185
实训 17　结账 ··· 186
实训 18　更正错账 ··· 187
实训 19　会计报表编制 ······································· 189
实训 20　综合模拟实训 ······································· 191

附录 1　中华人民共和国会计法 ································· 200
附录 2　财政部关于会计基础工作规范 ··························· 206
附录 3　全国资格证书考试规定 ································· 218
附录 4　会计从业资格管理办法 ································· 221

◆ 理论篇

◆ 理論篇

项目1 建账基础

项目1.1 会计概述

一、会计的产生和发展

(一)会计的产生

会计是随着社会生产的发展和经济管理的要求而产生、发展并不断完善起来的。会计最初表现为人们对经济活动简单的计量与记录行为,如我国的结绳记事、简单刻记的出现就是会计产生的萌芽阶段。这些简单的计量与记录行为,主要是为了计算劳动成果。

到原始社会末期,生产力有了发展,出现了剩余产品,劳动过程中需要计量和记录的内容多起来,生产者忙于生产,无法兼顾计量和记录工作。于是,计量和记录工作从生产职能中分离出来,成为专门委托当事人的独立职能。到西周奴隶社会,就出现了"会计"一词。

(二)会计的发展

在原始社会,出现了原始计量、记录行为,例如结绳记事以及在树木、石头或龟甲上刻记符号记事等等。当时会计的任务就是登记原始公社成员共同劳动的过程及其成果,以保证产品的平均分配。

在奴隶社会,出现了"籍书"或称"簿书",用"入""出"作为记账符号来反映各种经济业务。从西周开始设"大宰"来掌管王朝财权,设"司会"来掌管王朝的会计工作。当时的会计主要是为奴隶主占有奴隶并榨取其劳动产品,为巩固奴隶制服务的。

在封建社会,从西汉到明清两千多年,出现了"四柱结算法",也称"四柱清册"(即旧管、新收、开除、实在这四柱),"四柱"之间的关系是:旧管+新收=开除+实在。明末清初又出现了"龙门账",即把全部账目划分为"进"(各项收入)、"缴"(各项支出)、"存"(各项资产)"该"(资本及各项负债)四大类,运用"进-缴=存-该"的平衡等式试算平衡,这是中国的复式记账。

在进入资本主义社会后,随着商品经济规模的进一步扩大,会计也从简单的记录、计量行为,发展成为一门包括有完整的方法体系的学科;从采用实物单位进行计量,发展到以货币作为统一计量单位进行综合计量;从对部分经济活动的记录与计量,发展到对全部经济活动进行连续的计量与核算。一般认为:会计从单式记账法过渡到复式记账法。15世纪末期,意大利数学家卢卡·巴其阿勒有关复式记账论著的问世,标志着近代会计的开端。

第二次世界大战后,特别是20世纪50年代以后,资本主义世界一度在科学技术和经济建设方面产生飞跃的发展。在这种形势下,一方面对会计提出了更新更高的要求,促进了会计学科、会计技术的发展;另一方面管理科学也渗透进入会计学科,传统会计已暴露出它的不足。于是，现代会计就在传统会计的基础上，通过变革而逐步形成了。

进入20世纪50年代，随着我国经济建设的大规模开展，会计核算体系进一步完善，财务成本计划体系开始建立，会计检查渗透到了经济生活各个领域，会计分析在提高经济效益中也初步发挥了作用。随后因"文化大革命"，我国会计理论和实践停滞不前。但是在这20年间，西方发达资本主义国家的会计理论和实践又有了很大的发展，拉大了我们与世界会计先进水平的距离。70年代后期，我国进入以经济建设为中心的新时期，会计理论与会计工作以前所未有的速度和质量迅速发展。1993年7月1日，我国会计工作按照社会主义市场经济要求，对会计模式进行重大改革，出台了与国际会计惯例接轨的《企业会计准则》，1997年以后陆续颁布了《企业具体会计准则》，2000年底颁布了《企业会计制度》，随着会计发展，2006年又颁布了《企业会计准则——基本准则》和38个《具体准则》，从而揭开了我国会计发展的崭新的一页。

二、会计的概念及特点

（一）会计的概念

会计的管理活动产生于社会生产实践，并随着社会生产的发展和管理的需要不断发展。经济越发展，会计越重要。由于会计贯穿于生产经营的全过程并反映生产经营业务的成果，所以，在我国社会主义市场经济条件下，会计是对各单位（各个会计主体）的经济业务，主要运用货币形式，借助于一定的方法与程序，进行核算，实行监督，并在此基础上对经济活动进行分析预测与控制，借以提高经济效益的一项管理活动。

（二）会计的特点

我们已经知道，会计是一种管理活动，是经济管理的重要组成部分。但经济管理是一项系统工程，它包括业务管理、生产管理、质量管理、劳动管理等诸多方面，而会计之所以区别于其他管理，是因为它具有独自的特点。

1. 会计核算以货币作为主要计量单位

任何一项经济业务，进行记录时，都要应用一定的计量单位。计量单位有实物计量、劳动计量、货币计量三种。实物计量的计量单位有个、只、辆、吨等等，劳动计量的计量单位有工作年、月、日、时等等，这些计量单位的衡量基础各不相同，它们只能表示个别的数据，而不能进行综合和比较，会计则要进行全面的、综合的核算。货币计量有其特殊作用，因为它是：衡量其他一切有价物价值的共同尺度；交换的媒介物；价值的储藏物（金属货币）；清算债权和债务的支付手段。

因此，以货币作为主要的、统一的计量单位来进行核算，就成为会计的特点之一。当然，实物计量和劳动计量两种计量单位在会计核算中也被应用着，但货币计量单位是最主要的。

2. 会计核算严格以合法凭证为依据

企业等单位在经济活动过程中，每发生一项经济业务，都必须取得或填制合法的书面凭证。这些凭证不仅记录着经济业务的过程，而且明确经济活动的责任。原始凭证是经济业务的最原始记录，是获得真实经济信息的基础。会计必须根据合法的凭证，才能进行记账、算账。如果没有合法的凭证，会计就不得作任何正式的记录。也就是说，会计在账簿上所记录的经济业务，都是有凭有据的，这样才能保证会计所提供的经济信息真实、正确和可靠。这是会计区别于其他管理活动的特点。

3. 会计核算具有完整性、连续性和系统性

会计核算必须是完整的,毫无遗漏的。生产经营活动是连续不断的,会计记录经济业务也不能间断,会计核算必须按照经济业务发生的时间顺序进行连续记录。会计必须对繁杂的经济业务进行分类、汇总,进行分类归集计算。会计核算的完整性、连续性和系统性是会计的又一特点。

4. 会计核算具有一套专门的方法

会计运用着一系列科学的专门的核算方法,且这些专门方法是相互联系,相互配合,各有所用,构成一套完整的核算经济活动过程和经营成果的方法体系,有效地发挥会计应有的作用。会计核算的方法包括设置账户、运用复式记账方法、填制与审核会计凭证、登记账簿、进行成本计算、组织财产清查和编制财务会计报告等。这套方法是会计特有的,适应了会计核算和监督职能的要求。

三、会计的职能与任务

(一) 会计的职能

会计的职能,是指在经济管理中用会计干什么。会计具有核算和监督的职能。

1. 会计的核算职能

会计的核算职能是会计最基本的职能,主要是从数量上核算各单位已经发生或已经完成的各种经济活动的情况。会计核算提供的会计信息资料是会计预测、会计决策、会计控制和会计分析的重要依据,是会计管理活动的基本内容。

会计的核算职能具有以下的特点:

(1) 以货币作为主要的计量单位。

各单位的经济活动,会计都是从数量方面进行核算。会计通过对经济活动情况的数量核算,可以从一定程度上说明经济活动的质量。在现实条件下,各单位的经济活动非常复杂,企业的管理者、所有者以及债权人、未来投资者及政府有关机构等要了解和掌握企业的财务状况和财务成果,只有通过会计核算提供的真实数据资料,才能做出正确的判断。

(2) 会计对经济活动的核算具有连续性、系统性、全面性和综合性。

①连续性是指会计对每笔经济业务所作的反映,必须按照发生的时间顺序,自始至终不可间断。

②系统性是指进行会计核算时,必须采用一整套专门方法,对各种经济活动进行科学的归类、记录,最后提供系统化的数据和资料。

③全面性是指对属于会计对象的全部经济活动都必须加以记录,不能任意取舍,也不能遗漏。

④综合性是指会计核算必须以货币作为统一计量单位,以便对不同种类、不同名称、不同量度的物质耗费,以及在生产过程中错综复杂的全部经济活动进行综合反映。

(3) 会计主要核算已经发生或已经完成的经济活动。

会计反映经济活动就是要反映其事实,探索并说明其真相,因此,只有在每项经济业务发生或完成以后,才能取得该项经济业务完成的书面凭证,这种凭证具有可验证性,据以记录账簿,才能保证会计所提供的信息真实可靠。而这必须是在经济业务已经发生或完成之后。

(4) 会计核算必须遵循国家颁布的会计准则。

2006年财政部颁布的《企业会计准则——基本准则》和38个《具体准则》。该准则是为了规范企业会计确认、计量和报告行为,保证会计信息质量,根据《中华人民共和国会计法》和其他有关法律、行政法规制定的。

2. 会计的监督职能

会计的监督职能,主要是对各单位经济活动的全过程的合法性、合理性、有效性进行监督。由于会计监督是监督再生产过程中发生的各种经济活动,因此,它紧密结合会计核算工作进行。

会计的监督职能具有以下特点:

(1) 会计监督必须符合财政经济法律、法规。

会计监督是依据国家的财经法规和财经纪律来进行的,会计法不仅赋予会计机构和会计人员实行监督的权利,而且规定了监督者的法律责任,放弃监督,听之任之,情节严重的,给予行政处分,给公共财产造成重大损失,构成犯罪的依法追究刑事责任。因此,会计监督以国家的财经法规和财经纪律为准绳,具有强制性和严肃性。

(2) 会计是对经济活动全过程进行监督。

会计的监督职能包括事前监督、事中监督和事后监督。事前监督是指会计部门或会计人员在参与制定各种决策以及相关的各项计划或费用预算时,就依据有关政策、法规、准则等的规定对各项经济活动的可行性、合理性、合法性和有效性等进行审查;事中监督是指在日常会计工作中,随时审查所发生的经济业务,一旦发现问题,及时提出建议或改进意见,促使有关部门或人员采取措施予以改正;事后监督是指以事先制定的目标、标准和要求依据,利用会计反映取得的资料对已经完成的经济活动进行考核、分析和评价。

(3) 会计监督包括单位内部会计监督、国家监督和社会监督。

单位会计监督的内容主要有四个方面:一是对原始凭证进行审核和监督,包括对原始凭证的真实性、合法性、准确性和完整性的审核和监督;二是对会计账簿和财务报告的监督;三是对财产物资的监督,严格建立并严格执行财产清查制度,保证账实相符;四是对财务收支的监督。

会计核算和会计监督是会计的基本职能,它们是紧密联系、相辅相成的。会计核算为会计监督提供了依据,是会计核算的基础,会计监督又为进一步做好会计核算创造了条件,是会计核算的延续和深化。

(二) 会计的任务

会计的任务是会计在履行其职能的过程中应当发挥的作用和应该达到的目的要求,是会计的职能在社会实践中的具体体现。根据经济发展情况和管理的要求不同,会计的具体任务也有所不同。现阶段会计的主要任务有以下四个方面:

1. 核算经济业务、提供经济信息

会计是经济管理的组成部分,为了管理好经济工作,必须随时掌握经济活动的信息。经济活动是通过大量的经济业务表现出来的,经济业务正是会计的对象。会计工作应该充分发挥其职能,对经济活动进行连续、系统、完整地记录、计算、分析和考核,及时提供全面系统的会计核算资料,以便于管理者获得有用的经济信息,及时发现问题,总结经验,采取措施和进行决策。各单位必须根据实际发生的经济业务事项进行会计核算,填制会计凭证,登记会计账簿,编制财务会计报告。任何单位和个人不得以虚假的经济业务事项或者资料进行会计核算。只有当会计提供的经济信息是真实、完整、正确、及时的,才能符合企业会计准则和会计制度的要求,才能既满足投资者、债权人对投资决策信息的需要,又满足企业内部经济管理的需要。

2. 监督经营活动,确保信息质量

贯彻执行国家的财经方针、政策、法令和制度,是一切单位进行经济活动的准绳。因此,会计要在反映经济活动和财务收支情况的同时实行会计监督,以促进国家方针、政策、法令、制度的贯彻实施,保证经济活动的合法性和合规性。在真实、正确地反映企业生产经营活动及其成果的同时,根据企业的具体情况,认真履行《会计法》所赋予的职责,并从实际出发建立健全的财务开支和财产、物资的管理制度,加强定期和不定期的财产清查盘点制度,堵塞经营过程中可能出现的漏洞,会计人员有权对违反会计法规的会计事项拒绝办理或者按照职权予以纠正。单位负责人应当保证会计机构、会计人员依法履行职责,不得授意、指使、强令会计机构、会计人员违法办理会计事项。

3. 考核财务状况和成果,促进经济效益提高

当前,我国正处在一个新的经济发展时期,提高经济效益是企业组织生产经营活动的根本宗旨。为了提高经济效益,必须加强经济核算。经济核算包括对财务状况、经营成果和现金流量的考核、总结、评价,而这些工作都需要通过对会计核算资料的分析、计算、比较来考核资产存量、偿债能力、获利能力及收入、费用、成本水平等。通过评价与考核,发现问题,找出差距,总结经验,挖掘潜力,合理筹措和调度资金以增加收入,同时还要开拓流通渠道,积极参与市场竞争,并且大力压缩不必要的费用开支,降低费用水平,降低成本,提高经济效益。

4. 预测经济前景,参与经济决策

随着我国社会主义市场经济的建立与完善,会计工作也应相应地进行改革,改变过去只是事后核算和监督的做法,根据管理的要求,充分利用会计资料及其他有关资料,作出预测,提出建议和方案,参与决策,发挥会计工作的更大作用。

正确预测未来的经济前景就是根据既可靠又丰富的当期的和历史的会计信息,来推断未来经济发展变化的趋势。在投资决策中,通过比较多种方案的经济效果与财务上的可行性,有助于领导决策。会计人员应当当好领导的参谋,主动参与企业的经营决策活动,为提高企业经济效益出谋划策。

会计的上述任务是互相联系、互为补充的,在实际工作中,应当统筹兼顾,全面考虑,不可偏废。

四、会计核算的基本前提

会计核算的基本前提是会计人员对会计核算所处的变化不定的环境作出的合理判断,是会计核算的前提条件,也称作会计假设。它是人们对某些未被确切认识的事物,根据客观的正常情况和趋势,所作的合乎情理的推论而形成的一系列不需要证明就可以接受的假定前提。会计核算的基本前提包括:会计主体、持续经营、会计分期和货币计量等四项。

(一) 会计主体

会计主体是会计工作为其服务的特定单位或组织。会计主体假设是指会计核算应

当以企业发生的各项经济业务为对象,记录和反映企业本身的各项生产活动。也就是说,会计核算是反映一个特定企业的经济业务,只记本主体的账。尽管企业本身的经济活动总是与其他企业、单位或个人的经济活动相联系,但对于会计来说,其核算的范围既不包括企业所有者本人,也不包括其他企业的经济活动。会计主体假设明确了会计工作的空间范围。

会计主体既可以是一个企业,也可以是若干企业组成的集团公司;既可以是法人,也可以是不具备法人资格的实体。但是,作为会计主体,它必须能够控制经济资源并对此负法律责任。也正因为如此,凡会计主体都应该进行独立核算。

会计主体假设是持续经营、会计分期假设和全部会计原则的基础,因为,如果不划定会计的空间范围,则会计核算工作就无法进行,指导会计核算工作的原则也就失去了存在的意义。

(二) 持续经营

持续经营是指会计主体的生产经营活动将无限期地延续下去,在可以预见的未来不会因破产、清算、解散等而不复存在。持续经营假设是指会计核算应当以企业持续、正常的生产经营活动为前提,而不考虑企业是否破产清算等,在此前提下选择会计程序及会计处理方法,进行会计核算。尽管客观上企业会由于市场经济的竞争而面临被淘汰的危险,但只有假定作为会计主体的企业是持续、正常经营的,会计原则和会计程序及方法才有可能建立在非清算的基础之上,不采用破产清算的一套处理方法,这样才能保持会计信息处理的一致性和稳定性。持续经营假设明确了会计工作的时间范围。

会计核算所使用的一系列原则和方法都是建立在会计主体持续经营的基础之上的。例如,企业对于它所使用的厂房、机器设备等固定资产,只有在持续经营假设的前提下,才可以在机器设备的使用年限内,按照其取得时成本及使用情况,确定采用某一折旧方法计提折旧,将其磨损的价值计入成本费用。在持续经营假设的前提下,对于与若干个会计期间的收益有联系的费用,应当在各个受益的会计期间进行合理的分配。但是如果企业即将破产清算,就不存在费用的跨期摊配问题。因此,在持续经营的前提下,企业的会计计量、记录和报告才能客观可靠。

如上所述,会计主体假设规定了会计核算的空间范围,而持续经营假设为会计核算作出了时间规定。

(三) 会计分期

会计分期是指把企业持续不断的生产经营过程划分为较短的相对等距的会计期间。会计分期假设的目的在于通过会计期间的划分,分期结算账目,按期编制会计报表,从而及时地向有关方面提供反映财务状况和经营成果的会计信息,满足有关方面的需要。从理论上来说,在企业持续经营情况下,要反映企业的财务状况和经营成果只有等到企业所有的生产经营活动结束后,才能通过收入和费用的归集与比较,进行准确的计算,但那时提供的会计信息已经失去了应有的作用,因此,必须人为地将这个过程划分为较短的会计期间。

在持续经营的情况下,要计算会计主体的盈亏情况,反映其生产经营成果,从理论上讲只有等到会计主体所有的生产经营活动最终结束时,才能通过收入与费用的归集与比较,进行准确的计算。但是,实际上这是不允许的,也是行不通的。因为,企业的投资者、债权人、国家财税部门需要及时了解企业的财务状况和经营成果,需要企业定期提供会计信息作为决策、管理和纳税的依据。这就要求会计人员将企业持续不断的生产经营活动人为地划分为相等的较短的时期进行核算,反映企业的财务状况和经营成果。这种人为的分期就是会计期间。

会计分期假设是对会计工作时间范围的具体划分,主要是确定会计年度。中外各国所采用的会计年度一般都与本国的财政年度相同。我国以日历年度作为会计年度,即从每年的1月1日至12月31日为一个会计年度。会计年度确定后,一般按日历确定会计半年度、会计季度和会计月度。

会计期间的划分对会计核算有着重要的影响和作用。由于有了会计期间,才产生了本期和非本期的区别,在此基础上,会计处理可以运用预收、预付、应收、应付、预提和摊销等一系列会计处理方法。

从上面的分析,不难看出,会计分期假设是持续经营假设的必要补充。当一个会计主体持续经营而无限期时,就需要为会计信息的提供规定期间。

(四)货币计量

货币计量是指会计主体在会计核算过程中采用货币作为计量单位,记录、反映会计主体的经营情况,并假定在不同时期货币本身的币值不变。可见,货币计量假设包含两层含义:一是一切作为会计事项的经济活动均能用货币计量;二是假定货币币值是稳定不变的。

在我国,要求企业对所有经济业务采用同一种货币作为统一尺度来进行计量。若企业的经济业务有两种以上的货币计量,应该选用一种作为基准,称为记账本位币。记账本位币以外的货币则称为外币。我国有关会计法规规定,企业会计核算以人民币为记账本位币。业务收支以外币为主的企业,也可以选定某种外币作为记账本位币,但编制的会计报表应当折算为人民币反映。

货币计量是以货币价值不变、币值稳定为条件,对于货币购买力的波动不予考虑。因为只有在币值稳定或相对稳定的情况下,不同时点的资产的价值才具有可比性,不同时间的收入和费用才能进行比较,才能计算确定其经营成果,会计核算提供的会计信息才能客观、可靠地反映企业的经营状况。但是,货币本身的币值是不稳定的,币值变动时有发生,也就是说,货币并不是一个充分稳定的计量单位。这就需要假定币值不变。

综上所述,会计假设虽然是人为确定的,但完全是出于客观的需要,有充分的客观必然性。否则,会计核算工作就无法进行。这四项假设缺一不可,既有联系也有区别,共同为会计核算工作的开展奠定了基础,也是确定会计原则的基础。

五、会计的原则

会计原则是指会计工作所应当遵循的指导原则和规范。由于会计主要的、经常的、大量的工作是会计核算,所以这里介绍的是会计核算的一般原则。会计核算的一般原则,是在长期的会计实践中形成的一系列用以指导数据处理的规范,也是会计核算一般规律的概括和总结,它体现了我国社会主义市场经济条件下对会计核算的要求。

根据2006年财政部颁布的《企业会计准则——基本准则》和38个《具体准则》的有关规定,我国会计核算的一般原则主要包括:

(一)客观性原则

客观性原则——企业应当以实际发生的交易或者事项为依据进行会计确认、计量和报告,如实反映符合确认和计量要求的各项会计要素及其他相关信息,保证会计信息真实可靠、内容完整。

客观性原则也称真实性原则,是指会计核算应当以实际发生的经济业务为依据,如实反映企业的财务状况和经营成果。这就是说,会计对于每一项经济业务都必须取得或填制合法的书面凭证,会计记录要做到内容真实、数字准确、手续完备、资料可靠,不能虚构或估计数字。另一方面,会计核算的过程必须是客观的,会计所采用的方法和标准应当符合企业经济业务的特点,而且每一个步骤都是互相衔接,有客观依据的。例如,会计账簿的记录根据会计凭证,会计报表又是根据合法的账簿记载编制的。同一笔经济业务或同一种会计报表即使是由不同的会计人员去处理或编制,也应该得出相同的结果。

客观性是对会计核算工作和它所提供的经济信息是否可靠的基本质量的要求。只有这样,才能符合国家宏观经济管理的要求,满足有关各方了解企业财务状况和经营成果的需要,满足企业加强内部经营管理的需要。

(二)相关性原则

相关性原则——企业提供的会计信息应当与财务会计报告使用者的经济决策需要相关,有助于财务会计报告使用者对企业过去、现在或者未来的情况做出评价或者预测。

相关性原则是指会计信息要同信息使用者的信息需求相关联。收集、处理、传递会计信息过程中,必须考虑信息的及时性、真实性和通用性,既能满足国家宏观经济调控的要求,又能满足有关各方了解企业财务状况和经营成果的需要,还能满足企业加强内部经营管理的需要。

(三)可比性原则

可比性原则——同一企业不同时期发生的相同或者相似的交易或者事项,应当采用一致的会计政策,不得随意变更,确需要变更的,应当在附注中说明。

不同企业发生的相同或者相似的交易或事项,应当采用规定的会计政策,确保会计信息口径一致,相互可比。

可比性原则是指会计核算必须符合国家的统一规定,提供相互可比的会计核算资料。可比性原则体现了社会主义市场经济的必然要求,我国经济是社会主义市场经济,除按市场经济的客观规律运行外,国家仍有必要利用会计核算等方面所提供的信息,对整个国民经济进行宏观管理和调控,这就要求会计核算必须按照国家的统一规定进行,所有企业单位的会计核算都必须建立在相互可比的基础上,使其提供的会计核算资料和数据便于分析、比较和汇总,以满足国民经济宏观调控的需要。

可比性原则是企业采用的会计处理方法和处理程序前后各期必须尽可能保持一致,以便于不同时期的比较。可比性原则有利于提高会计信息的使用价值;同时,可比性原则要求前后各期保持对比关系,不得随意变更会计程序和方法,人为地操纵成本、利润等会计指标,粉饰企业财务状况和经营成果。但是企业确有必要变更会计处理方法时,应当将变更的情况和原因以及对企业财务状况和经营成果的影响,在会计报告中加以说明。

(四)及时性原则

及时性原则——企业对于已经发生的交易或者事项,应当及时进行会计确认、计量和报告,不得提前或者延后。

及时性原则是会计核算工作要讲究时效,要求会计业务的处理必须及时进行,以便于会计信息的及时利用。任何信息的使用价值不仅要求其真实可靠,而且还在于必须保证时效,在信息的使用者需要使用时,能及时提供给使用者使用。为达到及时性的要求,发挥会计信息的重大作用,需要强调以下三点要求:一是要通过有关方法和渠道及时搜集和取得会计信息;二是要对所获得的会计信息迅速进行加工整理;三是要把加工整理后的信息及时传递给有关方面的使用者。

(五)清晰性原则

清晰性原则——企业提供的会计信息应当清晰明了,便于财务会计报告使用者理解和使用。

清晰性原则是会计记录和会计报表应当清晰明了,便于理解和利用。在会计核算中坚持清晰性原则,有利于会计信息的使用者准确、完整地把握会计信息所说明的内容,从而充分发挥会计信息的作用。随着我国社会主义市场经济的不断发展,会计信息的使用者也越来越广泛,不仅包括国家有关行政管理部门和企业内部管理部门,而且还包括社会上广大的信息使用者。特别是随着股份制经济的日益发展,社会上会计信息的使用者越来越多。若会计信息不能达到清晰明了的要求,必然影响相关利益人对企业情况准确、完整地把握,最终会在一定程度上妨碍企业正常的经济关系。

(六)谨慎性原则

谨慎性原则——企业对交易或者事项进行会计确认、计量和报告应当保持应有的谨慎,不应高估资产或者收益、低估负债或者费用。

谨慎性原则在国外又称保守性原则或稳健性原则,是指在会计核算中对于企业可能发生的某些损失和费用,应当作出合理的预计并计入损益。这一原则可以使会计核算尽可能地建立在比较稳妥的基础上,以增强企业应付经营风险的能力。

我国《企业会计准则》要求对应收账款可按规定比率提取坏账准备,对某些固定资产可采用加速折旧法等,都体现了谨慎性原则的要求。但在会计实践中,企业应正确理解和严格遵循这一原则,不得借此乱挤成本、乱列费用,隐瞒利润和偷漏国家税收。

(七)重要性原则

重要性原则——企业提供的会计信息应当反映与企业财务状况、经营成果和现金流量等有关的所有重要交易或者事项。

重要性原则是指在会计核算过程中对交易事项应当区别其重要程度,采用不同的核算方式,对资产、负债、损益等有较大影响,并进而影响财务会计报表使用者据以作出合理判断的重要会计事项,必须按照规定的会计方法和程序进行处理,并在财务会计报告中予以充分、准确的披露;对于次要的会计事项,在不影响会计信息真实性和不至于误导财务会计报告使用者作出正确判断的前提下,可适当简化处理。

(八)实质重于形式原则

实质重于形式——企业应当按照交易或者事项的经济实质进行会计确认、计量和报告,不应仅以交易或者事项的法律形式为依据。

实质重于形式原则,是指企业应当按照交易或者事项的经济实质进行会计核算,而不应当仅仅按照它们的法律形式作为会计核算的依据。新的《企业会计制度》将这一原则明确列入,可见其重要性。因为在会计核算中可能会遇到一些经济实质与法律形式不相一致的情况,例如,融资租入固定资产,在租期未满之前,从法律形式上所有权并未转移给承租人,但从经济实质上讲,与这项固定资产相关的收益和风险却已转移给了承租人,事实上,承租人也能行使对该固定资产的控制,所以承租人应该将其视为自有固定资产,一并计提折旧和大修理费用。过去会计制度对此虽有相关规定,但是没有明确提出是遵循实质重于形式的原则。遵循实质重于形式的原则,体现了对经济实质的尊重,能够保证会计核算信息与客观经济事实相符。

以上是会计核算的一般原则的主要内容,它为企业会计核算提出了指导思想和具体的行为规范。只有遵循会计核算的原则,各类企业的会计制度才能相互协调,企业的会计核算的信息质量才能稳步提高。

六、会计核算的方法

会计方法是用来核算和监督会计对象、完成会计任务的手段。

会计方法主要包括会计核算的方法、会计监督的方法、会计分析的方法和会计预测、决策的方法等。

会计核算的方法是对各单位已经发生的经济活动进行完整的、连续的、系统的核算和监督所应用的方法。它主要包括以下一系列的专门方法:(1) 设置会计科目及账户;(2) 复式记账;(3) 填制和审核凭证;(4) 登记账簿;(5) 成本计算;(6) 财产清查;(7) 编制会计报表。下面简要说明各种方法的特点和它们之间的相互联系。

(一) 设置会计科目

账户是对会计对象的具体内容,按其不同的特点和经济管理的需要,分门别类地进行反映的项目。

设置账户就是根据会计对象的特点和经济管理的要求,科学地确定这些项目的过程。进行会计核算之前,首先应将多种多样、错综复杂的会计对象的具体内容进行科学的分类,通过分类地反映和监督,才能提供管理所需要的各种指标。每个会计账户只能反映一定的经济内容,将会计对象的具体内容划分为若干项目,即设置若干个会计账户,就可以使所设置的账户既有分工又有联系地反映整个会计对象的内容,提供管理所需要的各种信息。

(二) 复式记账

复式记账是记录经济业务的一种方法,是对任何一笔经济业务,都必须用相等的金额在两个或两个以上的有关账户中相互联系地进行登记的方法。

采用这种方法记账,使每项经济业务所涉及的两个或两个以上的账户发生对应关系,登记在对应账户上的金额相等。通过账户的对应关系,了解每项经济业务的来龙去脉;通过账户的平衡关系,可以检查有关经济业务的记录是否正确。由此可见,复式记账是一种科学的记账方法,采用这种方法记录经济业务,可以相互联系地反映经济业务的全貌,也便于检查账簿记录是否正确。

(三) 填制和审核凭证

会计凭证是记录经济业务、明确经济责任的书面证明,是登记账簿的重要依据。在会计核算中要以会计凭证作为记账的依据,填制会计凭证可以保证会计记录完整、真实和可靠,也是审查经济活动是否合理、合法的一种专门方法。

对于已经发生的经济业务,都要由经办人员或有关单位填制凭证,并签名盖章。所有的凭证都要经过会计部门和有关部门的审核,只有经过审核并认为正确无误的凭证,才能作为记账的依据。通过填制和审核凭证,可以保证会计记录有根有据,并明确经济责任;可以监督经济业务的合法性和合理性。

(四) 登记账簿

账簿是用来全面、连续、系统地记录各项经济业务的簿记,也是保存会计数据资料的重要工具。

登记账簿必须以会计凭证为依据,将所有的经济业务按其发生的时间顺序,利用所设置的账户和复式记账的方法,把所有的经济业务分门别类而又相互联系地加以反映,以便提供完整而又系统的核算资料。其目的是主要通过账簿所提供的数据资料来编制财务会计报告。

(五) 成本计算

成本计算是指对生产经营过程所发生的各种费用,按照一定对象和标准进行归集和分配,以计算确定各对象的总成本和单位成本的一种专门方法。

生产过程同时也是消耗过程,成本计算的目的是通过成本计算可以确定物资采购成本、产品生产成本(或产品成本、制造成本)、产品销售成本以及在建工程成本等,可以核算和监督发生的各项费用是否合理、合法,是否符合经济核算的原则,以便不断降低成本,增加企业的盈利。成本计算提供的信息是企业成本管理所需要的主要信息,正确地选择成本计算方法,准确地计算成本,对降低成本有重要意义。

(六) 财产清查

财产清查是指通过实物盘点、核对账目,查明各项财产物质和资金的实有数额,保证账实相符的一种方法。

在日常会计核算过程中,为了保证会计信息真实正确,必须定期或不定期地对各项财产物资、货币资金和往来款项进行清查、盘点和核对。在清查中,如果发现账实不符,应查明原因,调整账簿记录,使账存数额同实存数额保持一致,做到账实相符。通过财产清查,还可以查明各项财产物资的保管和使用情况,以便采取措施挖掘物资潜力和加速资金周转。总之,财产清查对于保证会计核算资料的正确性和监督财产的安全与合理使用等都具有重要的作用。它是会计核算必不可少的方法之一。

(七) 编制会计报表

会计报表是以一定的表格形式,根据账簿记录定期编制的,总括反映企业、行政和事业单位特定时点和一定期间财务状况和经营成果的书面文件。

编制会计报表是对日常核算的总结,将账簿记录的内容定期地加以分类整理和汇总,为会计信息使用者提供所需要的基本数据资料,不仅满足企业管理者进行决策的需要,还可以满足与企业有利害关系的集团和个人了解企业财务状况和经营成果的需要,同时满足税务部门了解企业纳税情况的需要。编制财务会计报告的目的不仅是分析考核财务计划和预算执行情况及编制下期财务计划和预算的重要依据,也是进行经营决策和国民经济综合平衡工作必要的参考资料。

上述会计核算的各种方法是相互联系、密切配合的,构成一个完整的方法体系。在会计核算中,必须正确地运用这些会计核算方法,对于日常发生的各项经济业务,要填制和审核会计凭证,按照会计科目设置账户,应用复式记账的方法登记账簿;对于生产经营过程中所发生的各项费用，应当进行成本计算；对于账簿记录，要通过财产清查加以核实，保证账实相符；利用正确无误的账簿记录，定期编制会计报表。

项目1.2 会计工作的组织与机构

会计工作的组织，主要包括会计制度的制定、会计机构的设置和会计人员的配备等各项内容，它们之间是互相联系、互相作用、互相制约的，且缺一不可。为了正确地组织好会计工作，确保会计工作有条不紊地进行，我国《会计法》规定："各单位根据会计业务需要，设置会计机构，或者在有关机构中设置会计人员并指定会计主管人员。"同时，随着科技的发展，社会的进步，实行会计电算化，也是组织会计工作的一项非常重要的内容。

一、组织好会计工作的重要意义

会计工作是各单位经济管理工作的重要组成部分，也是确保社会主义市场经济正常、有序运行的重要工作。科学、合理、有效地组织会计工作，充分发挥会计工作在经济建设中的重要作用，是建设具有中国特色社会主义的客观要求。具体而言，组织好会计工作具有以下几方面的重要意义。

（一）科学合理组织好会计工作是全面提高企业经济效益和经营管理水平的重要手段

由于企业的经济活动是通过会计工作进行连续、系统和全面地反映和监督的，因此，只有通过科学合理地组织会计工作，利用真实、可靠的会计核算资料分析和检查经济活动情况及其结果，才能进一步挖掘增产节约、增收节支的潜力，科学地协调好各职能部门的管理工作，加强核算与考核工作，制定改善经营管理的措施，不断提高企业经济效益和经营管理水平。

（二）组织好会计工作，能有效地保证各项财经法规和财政纪律的贯彻执行

党和国家的各项财经法规和财经纪律主要通过会计工作的核算和监督来贯彻执行，同时，社会主义市场经济条件下会计工作的一个重要方面是要处理好国家、投资者和职工个人三者的利益关系，因此，合理、有效地组织会计工作，制定严格的会计制度，培养合格的财会人员，是全面贯彻执行党和国家方针、政策和财经法律法规、维护财经纪律的需要和保证。

（三）组织好会计工作，是不断提高会计工作效率的保证

只有严格按照会计工作制度、会计工作程序和会计工作的方法，科学、合理地组织会计工作，才能保证会计各环节在运行中有序地衔接、合理地组织，才能保证会计工作有条不紊地运作，并在此基础上，不断提高会计工作的效率和会计工作的质量。

二、会计工作组织的基本要求

根据《会计法》的要求和我国会计工作组织管理情况，组织会计工作一般应具备以下基本要求。

（一）组织会计工作，必须与国家宏观经济管理的要求相适应

会计工作首先是一项经济管理活动，党和国家的各项财经法规和财经纪律要通过会计工作来贯彻执行，因此，会计组织工作必须与国家宏观经济管理的要求相一致，才能使会计工作更好地为经济管理服务。

（二）组织会计工作，必须坚持实事求是的原则，满足企业微观管理的要求

由于各单位的经济活动、管理要求不尽相同，因此在组织会计工作时必须坚持实事求是的原则：① 设置符合本单位管理要求的、行之有效的会计机构；② 严格遵守在本单位切实可行的会计制度；③ 配备必要的具有一定政治素养和业务水平的会计人员，并明确职责和权限。只有这样组织会计工作，才能满足各单位加强经济管理和财务管理的要求。

（三）组织会计工作，必须坚持保质保量、精简节约、合理高效的原则

保证会计工作的质量，是组织会计工作的目的。在此基础上，对会计机构的设置、会计人员的配备、会计制度的制定和核算方法的采用等必须力求精练、合理，不断提高工作效率，尽量避免无效和重复劳动，同时还要符合会计内部牵制、会计监督制度的要求，以明确会计责任，达到以较少的人、财、物的投入，取得较大的管理效益。

（四）组织会计工作，必须充分发挥基层会计机构和会计人员的积极性

会计核算的原始数据大都来自基层，会计政策的实施又要通过基层会计机构和人员来进行，因此，会计工作必须面向基层，充分发挥基层会计机构和人员的积极性。

三、会计机构

为了保证会计信息质量，提高会计工作管理水平，必须完善和健全会计工作管理体制。会计工作管理体制包括会计工作的管理部门、设置会计工作机构、确定会计工作组织形式、搞好会计工作岗位责任制等方面的问题。

（一）会计工作管理部门

《会计法》规定，各级财政部门是会计工作的管理部门，国务院财政部门主管全国的会计工作，县级以上地方各级人民政府财政部门管理本行政区域内的会计工作。新修订的《会计法》将全国会计工作的"主管部门"定位于国务院财政部门，将原《会计法》中"管理"改为"主管"，充分表达了国家要求集中统一管理全国财务会计工作的精神，这也是规范会计行为，保证会计信息质量的立法宗旨所要求的。在财政部的统一领导下，地方财政部门分级管理，从而使各单位的会计工作都纳入了统一的、有效的管理之中。

（二）会计机构的设置

会计机构是从事和组织领导会计工作的职能部门。《会计法》规定：各单位应当根据会计业务的需要，设置会计机构。或者在有关机构中设置会计人员并指定会计主管人员；不具备设置条件的，应当委托批准设立从事会计代理记账业务的中介机构代理记账。关于会计机构的设置，《会计法》针对3种不同情况作出了相应的不同规定。

（三）独立设置机构

单位规模较大，经济业务较多，财务收支量较大的单位，应独立设置会计机构，以保证会计工作的效率和会计信息的质量。一般来说，大中型企业和具有一定规模的行政事业单位及其他经济组织，都应独立设置会计机构，如会计处、部、科、室、股、组等，以便及时组织本单位各项经济活动和财务收支的核算，实行有效的会计监督。

（四）在有关机构中配备会计人员并指定会计主管人员

对于不具备单独设置会计机构的单位，如财务收支数额不大，经济业务比较简单，规模很小的企业、事业、机关、团体单位和个体工商户等，可在单位内部与财务会计工作比较接近机构或综合部门，如计划、统计、办公室等部门，配备专职会计人员，并指定对财务会计工作负责的会计主管人员。

项目1.3 会计要素

会计的内容,即会计的对象,是会计所要核算和监督的内容。

会计对象就是会计所要反映和监督的内容,即会计所要反映和监督的客体。在社会主义制度下,就是社会再生产过程中的资金运动。

大家知道,任何一个企业单位,要想从事经营活动,必须拥有一定的物资基础,如制造业企业若想制造产品,必须拥有厂房、建筑物、机器设备、材料物资,将这些劳动资料、劳动对象和劳动者相结合后,才能生产出产品。可见,这些物质基础是进行生产经营的前提。而在市场经济条件下,这些物资又都属于商品,有商品就要有衡量商品价值的尺度,即商品价值一般等价物——货币。当各项财产物资用货币来计量其价值时,我们就取得一个会计概念,即资金。资金是社会再生产过程中各项财产物资的货币表现以及货币本身。也就是说,进行生产经营活动的前提是首先必须拥有资金。

企业所拥有的资金不是闲置不动的,而是随着物资流的变化而不断地运动、变化的。例如,制造业企业进行生产经营活动,首先要用货币资金去购买材料物资,为生产过程做准备;生产产品时,再到仓库领取材料物资;生产出产品后,还要对外出售,售后还应收回已售产品的货款。这样,制造业企业的资金就陆续经过供应过程、生产过程和销售过程。资金的形态也在发生变化,用货币购买材料物资的时候,货币资金转化为储备资金(材料物资等所占用的资金);车间生产产品领用材料物资时,储备资金又转化为生产资金(生产过程中各种在产品所占用的资金);将车间加工完毕的产品验收到产成品库后,此时,生产资金又转化为产成品资金(待售产成品或自制半成品占用的资金,简称成品资金);将产成品出售又收回货币资金时,成品资金又转化为货币资金。我们把资金从货币形态开始,依次经过储备资金、生产资金、成品资金,最后又回到货币资金这一运动过程叫做资金循环,周而复始的资金循环叫做资金周转。

至于行政、事业单位,也有财务收支活动,即每年向国家取得一定数额的财政资金,用来购置和增添各种物资设备,并用来支付职工的劳动报酬及其他费用。它们的各项支出实际上是以物质生产部门为社会所创造的剩余产品的价值来补偿的。由此可见,行政、事业单位的财务收支活动,属于产品的分配和消费活动,也是社会再生产过程的组成部分。

上述企业、行政、事业等单位在生产过程中可以用货币表现的经济活动,就是会计核算和监督的内容,会计内容按经济特征所作的最基本分类,即为会计要素。

会计要素作为企业会计内容的具体化,是财务会计报告的具体内容,也是账户所要核算和监督的内容的高度概括。根据我国《企业会计准则》的规定,会计的基本要素有资产、负债、所有者权益、收入、费用和利润六大要素。

一、资产

资产是指由于过去的交易或事项所引起的、企业所拥有或控制的、预期会给企业带来经济利益的资源。

具体说来,资产具有以下特征:

1. 资产是由于过去交易或事项所产生的。

2. 资产是企业拥有或者控制的。
3. 资产能够给企业带来未来经济利益,即资产是可望给企业带来现金流入的经济资源。资产必须具有交换价值和使用价值。

企业全部资产按其流动性质可以分为流动资产和非流动资产两类。

二、负债

负债指企业过去的交易或事项形成的、预期会导致经济利益流出企业的现实义务。

负债具有如下特征:

1. 负债是由过去交易或事项所形成的当前的债务。
2. 负债是企业将来要清偿的义务。
3. 负债需要将来通过转移资产或提供劳务予以清偿。

全部负债按其流动性质可以分为流动负债和长期负债两大类。

流动负债是指在一年或者超过一年的一个营业周期内偿还的债务,包括短期借款、应付账款、预收账款、应付工资、应交税金、应付利润等。

长期负债是指偿还期在一年或超过一年的一个营业周期以上的债务,包括长期借款、应付债券、长期应付款等。

三、所有者权益

所有者权益是企业投资人对企业净资产的所有权,是企业全部资产减全部负债后的余额。

所有者权益与负债有着本质的不同。负债是对内和对外所承担的经济责任,企业负有偿还的义务。而所有者权益在一般情况下不需要企业将其归还给投资者。

使用负债所形成的资金通常需要支付报酬,如借款利息支出等,而使用所有者权益所形成的资金则不需要支付费用。

在企业清算时,负债拥有优先清偿权,而所有者权益只有在清偿所有的负债后,才返还给投资者。

财产所有者可以参与企业经营决策及利润的分配,而债权人则不能。

所有者权益包括以下四项具体内容:

1. 实收资本。实收资本是指投资者实际投入企业经营活动的各种资产的价值。按投资者不同,投入资本可分为国家、法人、个人和外商投资者四类。投入资本在企业经营期内,投资者除依法转让外,不得以任何方式抽走。
2. 资本公积。资本公积是指由投资者投入但不能构成实收资本,或从其他来源取得,由所有者享有的资金,包括股本溢价、接受捐赠资产价值、资产评估增值等。
3. 盈余公积。盈余公积是指按照国家有关规定从利润中提取的公积金。
4. 未分配利润。未分配利润是企业留于以后年度分配的利润或待分配利润。

四、收入

收入是指企业在日常活动中所形成的、会导致所有者权益增加的、与所有者投入资本无关的经济利益的总流入。

收入表明了企业经营活动所获得的成果,是企业收益的主要来源。它导致货币资金的增加,从而也导致所有者权益的增加。收入的实现,是保证生产经营活动正常进行的前提条件,也是企业实现利润的前提条件。企业只有取得收入,并补偿生产经营活动中已耗费的各种支出,才能形成利润。

五、费用

费用是企业在日常活动中发生的、会导致所有者权益减少的、与向所有者分配利润无关的经济利润的总流出。

企业要进行生产经营活动必然相应地发生一定的费用,它是会计期间内经济利益的减少,其形式一般表现为资产流出、资产损耗或是发生负债。企业一定期间内所发生的费用,都要以它的营业收入来补偿。

费用一般可以分为制造成本和期间费用两大类。

制造成本是指费用中能予以对象化的部分;期间费用是指费用中不能予以对象化的部分。

六、利润

利润指企业在一定会计期间的经营成果。利润包括收入减去费用后的净额、直接计入当期利润的利得和损失。

从总额考察,扣减的费用必须低于该期的收入,才会有利润;反之,这一会计期间的经营成果将反映为亏损。企业的经营成果与所有者权益具有密切的联系,如果企业在经营中获得利润,所有者权益将随之增加;反之,如果发生了亏损,所有者权益将随之减少。

项目1.4 会计恒等式

一、资产与权益的平衡关系

会计要素是对会计对象具体内容的高度概括和按其经济特征所作的最基本分类,各项会计要素之间存在着一定的数量关系。

会计恒等式也称为会计平衡公式,它是表明各会计要素之间基本关系的恒等式。会计对象可概括为资金运动,具体表现为会计要素,每发生一笔经济业务,都是资金运动的一个具体过程,每一资金运动过程都必然涉及相应的会计要素,从而使全部资金运动所涉及的会计要素之间就存在一定的相互联系。会计要素之间的这种内在关系,就可以通过会计平衡等式表现出来,这种平衡等式就叫会计平衡公式。基本会计等式表示为:

$$资产=负债+所有者权益$$

众所周知,企业要从事生产经营活动,一方面,必须拥有一定数量的资产。这些资产以各种不同的形态分布于企业生产经营活动的各个阶段,成为企业生产经营活动的基础。另一方面,这些资产要么来源于债权人,形成企业的负债,要么来源于投资者,形成企业的所有者权益。由此可见,资产和负债与所有者权益,实际上是同一价值运动的两个方面。一个是"来龙",一个是"去脉"。因此,这两方面之间必然存在着恒等关系。也就是说,一定数额的资产必然对应着相同数额的负债与所有者权益,而一定数额的负债与所有者权益也必然对应着相同数额的资产。这一恒等关系用公式表示出来,就是:资产=负债+所有者权益。

如果把企业的负债称作债权人权益，那么，这个等式就变化为：

$$资产＝债权人权益＋所有者权益$$

将等式右边的两项权益合并在一起，则等式变为：

$$资产＝权益$$

这一会计等式既表明了某一会计主体在某一特定时点所拥有的各种资产，同时也表明了这些资产的归属关系。资产与权益是同一经济活动的两个方面，二者相互依存，互为条件，没有权益的存在，就不会有资产，同样，没有资产的存在，就不会产生有效的权益。从数量关系看，一定量的资产必有与其等量的权益，反之，一定量的权益也必然有与其等量的资产。

会计恒等式是设置账户、复式记账以及编制报表等会计方法的理论依据，在会计核算体系中有着举足轻重的地位。

例如，某企业月初拥有资产总额 1 000 000 元，包括银行存款 300 000 元，其中 150 000 元由银行短期借款提供转存，150 000 元由所有者提供；材料 100 000 元是从商店赊购；设备 600 000 元由所有者提供。可见，企业总资产 1 000 000 元来自于负债和所有者权益两个方面，即负债总额 250 000 元（短期借款 150 000 元，应付账款 100 000 元）和所有者权益 750 000 元，它们分别表示债权人和投资人享有的资产要求权。此时，会计恒等式"资产＝负债＋所有者权益"可以表示为：

$$1\ 000\ 000＝250\ 000＋750\ 000$$

企业可以通过企业经营成果（利润或亏损）的变动来影响所有者权益的变动。

$$利润＝收入－费用$$

即收入是利润增加因素，费用是利润的减少因素。一定时期的经营成果必然影响一定时点的财务状况，所以会计恒等式可以据此扩张为：

$$资产＝负债＋所有者权益＋利润$$
$$＝负债＋所有者权益＋收入－费用$$

移项得：资产＋费用＝负债＋所有者权益＋收入

假定上例中该企业本月内出售产品一批，银行收到货款收入 60 000 元，转出该批产品成本 50 000 元，得净利润 10 000 元。期末总资产由月初 1 000 000 元增加到 1 010 000 元（银行存款增加 60 000 元，产品成本减少 50 000 元，净增 10 000 元）会计恒等式的扩张形式可以表示为：

$$1\ 010\ 000＝250\ 000＋750\ 000＋60\ 000－50\ 000$$

移项得：　　$1\ 010\ 000＋50\ 000＝250\ 000＋750\ 000＋60\ 000$

此时，期末新的会计恒等式"资产＝负债＋所有者权益"应该表示为：

$$1\ 010\ 000＝250\ 000＋760\ 000$$

由此可见，在期初这个特定时点上，收入和费用为零，会计恒等式的扩张形式实际上与前述的会计恒等式是一致的。在期末收入和费用经过结算转入所有者权益之中，使会计恒等式的扩张形式"资产＝负债＋所有者权益＋收入－费用"转化为会计恒等式"资产＝负债＋所有者权益"。

二、经济业务的九种类型

企业在生产经营过程中发生的各种经济活动在会计上称为经济业务，亦称会计事项。经济活动必须具有两个条件:(1)能客观地用货币量度进行计价;(2)可以改变会计要素的内容和内在联系。

随着经济业务的不断发生,必然会引起各项会计要素经常发生增减变动。但是,无论企业的经济业务的数额如何变动,任何时候都不会改变会计恒等式的数量平衡关系。一个企业在经营过程中所发生的经济业务是多种多样的,但从它们对企业会计要素的影响来看,可以概括为四大类并可以具体分为九种类型:

(1)一项资产增加,另一项资产减少,增减金额相等。
(2)一项权益增加,另一项权益减少,增减金额相等。
这一大类包括以下四种类型经济业务:
① 一项负债增加,另一项负债减少;
② 一项所有者权益增加,另一项所有者权益减少;
③ 一项负债增加,一项所有者权益减少;
④ 一项所有者权益增加,一项负债减少。
(3)资产与权益同时增加,双方增加金额相等。
这一大类包括以下两种类型经济业务:
① 一项资产增加,一项负债增加;
② 一项资产增加,一项所有者权益增加。
(4)资产与权益同时减少,双方减少金额相等。
这一大类包括以下两种类型经济业务:
① 一项资产减少,一项负债减少;
② 一项资产减少,一项所有者权益减少。
经济业务的九种基本类型如表1-4-1:

表1-4-1 经济业务的九种类型

	资产	=	负债	+	所有者权益
1	增加		增加		
2	增加				增加
3	减少		减少		
4	减少				减少
5			增加		减少
6			减少		增加
7	资产一增一减				
8			负债一增一减		
9					所有者权益一增一减

下面举例说明以上四大类经济业务的发生,都不会改变会计恒等式所表示的数量平衡关系。

月初资产与负债和所有者权益的平衡关系见表1-4-2:

表1-4-2 资产、负债和所有者权益的平衡关系(1)

资产	金额	负债和所有者权益	金额
银行存款	300 000	短期借款	150 000
原材料	100 000	应付账款	100 000
固定资产	600 000	所有者权益	750 000
合计	1 000 000	合计	1 000 000

假定本月份发生下列经济业务：

1. 5日，以银行存款购进原材料20 000元

这项经济业务的发生，使企业的银行存款减少了20 000元，即由原来的300 000元减少到280 000元，同时使企业的原材料增加了20 000元，即由原来的100 000元增加到120 000元。这项经济业务使企业的一项资产(原材料)增加，另一项资产(银行存款)减少，增减金额相等，因此企业总资产金额不会发生变化。另外，这项经济业务没有涉及负债和所有者权益项目，不会引起权益总额发生变化。所以，这项经济业务的发生不会改变会计恒等式的平衡关系，见表1-4-3。

表1-4-3 资产、负债和所有者权益的平衡关系(2)

资产	金额	负债和所有者权益	金额
银行存款	280 000	短期借款	150 000
原材料	120 000	应付账款	100 000
固定资产	600 000	所有者权益	750 000
合计	1 000 000	合计	1 000 000

2. 10日，再向银行借入短期借款偿还前欠商店部分赊货款100 000元。

这项经济业务的发生，使企业的短期借款增加了100 000元，即由原来的150 000元增加到250 000元，同时使企业的应付账款减少了100 000元，即由原来的100 000元减少到0元。这项经济业务使企业的一项权益(负债项目：短期借款)增加，另一项权益(负债项目：应付账款)减少，增减金额相等。因此，企业的权益总额不会发生变化。另外，这项经济业务没有涉及资产项目，不会引起资产总额发生变化，所以，这项经济业务的发生，不会改变会计恒等式的平衡关系，见表1-4-4。

表1-4-4 资产、负债和所有者权益的平衡关系(3)

资产	金额	负债和所有者权益	金额
银行存款	280 000	短期借款	250 000
原材料	120 000	应付账款	0
固定资产	600 000	所有者权益	750 000
合计	1 000 000	合计	1 000 000

3. 15日,企业再向商店赊购原材料一批50 000元。

这次经济业务的发生,使企业原材料增加了50 000元,即由原来的120 000元增加到170 000元,同时使企业的应付账款增加了50 000元,即由原来的0元增加到50 000元。这项经济业务使企业的资产(原材料)和权益(负债项目:应付账款)同时增加,双方增加金额相等。因此,会计恒等式的平衡关系不会改变,见表1-4-5。

表1-4-5 资产、负债和所有者权益的平衡关系(4)

资 产	金 额	负债和所有者权益	金 额
银行存款	280 000	短期借款	250 000
原材料	170 000	应付账款	50 000
固定资产	600 000	所有者权益	750 000
合 计	1 050 000	合 计	1 050 000

4. 20日,以银行存款归还银行借款80 000元。

这项经济业务的发生,使企业的银行存款减少80 000元,即由原来的280 000元减少到200 00元,同时使企业的短期借款减少了80 000元,即由原来的250 000元减少到170 000元。这项经济业务使企业的资产(银行存款)和权益(负债项目:短期借款)同时减少,双方减少金额相等。因此,会计恒等式的平衡关系不会改变,如表1-4-6。

表1-4-6 资产、负债和所有者权益的平衡关系(5)

资 产	金 额	负债和所有者权益	金 额
银行存款	200 000	短期借款	170 000
原材料	170 000	应付账款	50 000
固定资产	600 000	所有者权益	750 000
合 计	970 000	合 计	970 000

经济业务的发生对会计恒等式的影响不外乎两种情况:

一是引起会计恒等式一边内部项目有增有减,增减金额相等,相互抵消后,其总额保持原来的不变(如第一大类和第二大类经济业务)。

二是引起会计恒等式两边对应项目同增同减,增减金额相等,双方以变动后的总额保持相等关系。

项目2 建账操作

项目2.1 会计科目

一、会计科目的概念

会计要素是会计对象的具体化,但作为会计数据的归类标准,会计要素仍然过于笼统、概括,不能详细地提供管理所需资料。如资产要素反映了企业的经济资源,但这些经济资源又具有各种具体形式,如有的资源是存在于现金形式,而另一些资源则表现为原材料和设备等,而不同形式的资源对管理的意义是不同的,会计核算必须为管理提供具体的资源形式和金额。为了满足管理需要,还必须在会计要素的基础上进行进一步的分类,即设置相应的会计科目。

会计科目是指对会计要素按照其具体内容进行分类核算的标志或项目。通过设置会计科目,可以分类反映不同的经济业务,将复杂的经济信息变成有规律、易识别的经济信息,并为其转换为会计信息准备条件,提供一系列具体、分类的指标。

二、会计科目的设置

(一)会计科目的设置原则

任何企业都必须设置一套适合自身特点的会计科目体系。无论国家有关部门统一制定会计科目,还是企业单位自行设计会计科目,均应按照一定的原则进行。设置会计科目时应该遵循以下几项原则:

1. 会计科目必须全面反映会计对象的内容

由于会计科目是会计核算的具体分类,因此会计科目的设置必须能够全面地反映会计核算对象的内容。首先会计科目应当能够覆盖一个单位的全部经济活动内容,即所有应当核算的经济业务都必须有相应的会计科目来归集与核算,不能出现没有会计科目而遗漏经济业务的现象出现。其次,会计科目所覆盖的经济内容之间不能相互重叠和交叉,不能出现既可以用这一会计科目核算,又可以用另一会计科目核算的现象。

2. 设置会计科目必须满足统一报告的要求

设置会计科目时,要根据有关会计法规的规定,特别是企业会计准则应用指南中对会计科目的规定,使用统一的会计核算指标与口径。这就可以保证通过统一口径的核算,提供在不同企业、不同地区和不同行业之间相互可比的会计信息,以支持财务信息使用者对本企业的财务状况和经营成果有全面真实的了解,也便于做出相关决策,同样,也为国家宏观管理部门提供相应的企业财务信息。

3. 设置会计科目必须适应会计对象的特点

各企业单位的经济业务复杂多样,这就要求会计科目的设置必须充分地考虑到具体企业经济业务的特点。在服从统一的核算指标的前提下,可根据本企业自己的经营特点和规模、增减变化情况及投资者的要求,对统一规定的会计科目作必要增补或兼并。如在材料按实际成本核算收发的企业,可以不设置"材料采购"和"材料成本差异"科目,而增设"在途材料"科目;在商品流通企业,由于它不生产产品,而是以商品买卖作为主要经营业务,可以不设置"生产成本"和"制造费用"等会计科目。

4. 设置会计科目的名称要含义明确、通俗易懂,并要保持相对的稳定性

含义明确是指设置会计科目时要尽可能明确简洁地反映经济业务特点与内容,不致产生误解;通俗易懂是指要避免使用晦涩难懂、歧义的文字,便于大多数人正确理解,从而避免了误解和混乱。同时,为了便于不同时期的会计资料进行对比分析,会计科目应保持相对稳定,以便在一定范围内综合汇总和在不同时期对比分析其所提供的核算指标。

(二)会计科目的分类

会计科目按不同分类标准,可分为不同的种类。

1. 按经济内容分类

企业会计科目按照经济内容可以分为五大类,即资产类、负债类、所有者权益类、成本类和损益类。

2. 按详细程度分类

为了既能提供总括的会计核算指标,又能提供详细的会计核算指标,会计科目应分层次设置,按会计科目提供指标的详细程度不同,可分为总分类科目和明细分类科目两类。

(1)总分类科目

总分类科目,亦称总账科目,是对会计要素具体内容进行的总括分类,是反映会计核算资料总括指标的科目。如"库存现金""银行存款""库存商品""固定资产""短期借款""实收资本"等。

(2)明细分类科目

明细分类科目,亦称明细科目或细目,是对总分类科目的经济内容所作的进一步分类,是用来辅助总分类科目反映会计核算资料详细、具体指标的科目。如在"应付职工薪酬"总分类科目下设置"工资""职工福利""社会保险费""住房公积金""工会经费""职工教育经费""非货币性福利""辞退福利""股份支付"等明细科目,分类反映应付职工薪酬的具体情况。

明细分类科目的设置,要根据经济管理的具体需要来进行。有的总分类科目需要设置明细科目,如"应收账款""应付账款""管理费用"等;有的总分类科目无须设置明细分类科目,如"累计折旧""本年利润"等。在实际的会计核算工作中,若一个总分类科目下设置的明细分类科目过多,往往会给记账、稽核、查对等带来诸多不变。这时,就可在总分类科目与明细分类科目之间增设二级或多级科目。此时,最明细级科目称为细目,总分类科目与细目之间的科目,统称为子目。也可以按科目由上至下的隶属关系,从总账科目开始依次称为一级科目、二级科目、三级科目等。

同一会计科目内部的纵向级次关系如表2-1-1所示,它们之间是总括与详细、统驭与从属的关系。

表 2-1-1 总分类科目与明细分类科目的关系

总分类科目 (一级科目)	明细分类科目	
	子目(二级科目)	细目(三级科目)
应交税费 (2 221)	应交增值税 (222101)	进项税额(22210101)
		已交税金(22210102)
		销项税额(22210106)
		出口退税(22210107)
		进项税额转出(22210108)
	应交消费税(222102)	
	应交所得税(222104)	

(三)会计科目表

按照《企业会计准则应用指南》的规定,企业会计核算主要包括 156 个具体会计科目,并对会计科目进行了统一编号,其目的是供企业填制会计凭证、登记账簿、查阅会计账目、采用会计软件系统时的参考。根据应用指南的要求,每一个企业可以在此基础上根据本单位实际情况自行增设、分拆、合并会计科目,企业不存在的交易或事项,可以不设置相关科目,并可结合企业实际情况自行确定会计科目的编号。表 2-1-2 列出了企业最常用的会计科目。

表 2-1-2 企业主要会计科目表

序号	编号	会计科目名称	序号	编号	会计科目名称
		一、资产类	17	1511	长期股权投资
1	1001	库存现金	18	1601	固定资产
2	1002	银行存款	19	1602	累计折旧
3	1012	其他货币资金	20	1701	无形资产
4	1101	交易性金融资产	21	1702	累计摊销
5	1121	应收票据	22	1801	长期待摊费用
6	1122	应收账款	23	1901	待处理财产损益
7	1123	预付账款			
8	1131	应收股利			二、负债类
9	1132	应收利息	24	2001	短期借款
10	1221	其他应收款	25	2201	应付票据
11	1231	坏账准备	26	2202	应付账款
12	1401	材料采购	27	2203	预收账款
13	1403	原材料	28	2211	应付职工薪酬
14	1405	库存商品	29	2221	应交税费
15	1411	周转材料	30	2231	应付利息
16	1501	持有至到期投资	31	2232	应付股利

续表 2-1-2

序号	编号	会计科目名称	序号	编号	会计科目名称
32	2241	其他应付款			五、损益类
33	2501	长期借款	42	6001	主营业务收入
34	2502	应付债券	43	6051	其他业务收入
			44	6111	投资收益
		三、所有者权益类	45	6301	营业外收入
35	4001	实收资本	46	6401	主营业务成本
36	4002	资本公积	47	6402	其他业务成本
37	4101	盈余公积	48	6403	营业税金及附加
38	4103	本年利润	49	6601	销售费用
39	4104	利润分配	50	6602	管理费用
			51	6603	财务费用
		四、成本类	52	6711	营业外支出
40	5001	生产成本	53	6801	所得税费用
41	5101	制造费用			

项目 2.2 账户

一、账户的概念

账户是根据会计科目开设的,具有一定的结构,用来分类、系统、连续地记录各项经济业务所引起的会计要素增减变动过程和结果的工具。

会计科目是按照会计要素的具体内容进行分类的项目,是账户的名称;账户则是在会计科目的基础上,通过一定的结构详细反映该类经济业务或事项的增减变动的过程和结果。通过设置相应的账户,将同类经济业务集中反映在同一个账户里,这样就便于对经济业务数据进行信息处理,以提供对决策有用的信息。

设置和运用账户,是会计核算的重要方法之一,其意义主要集中在两个方面:

1. 通过设置和运用账户,可以将原始的经济业务数据进行过滤和甄别,对无序的数据进行集中处理,将相同业务的数据集中到同一个账户中,为进一步整理出符合有关各方决策需要的信息奠定基础。

2. 将相同业务数据连续地、全面地、系统地在账户中进行登录,把大量的、单个的业务数据通过汇总整理计算,压缩数据量,使之系统化、有序化,完整清晰地反映各类经济业务增减变动的过程和结果,以满足决策需要。

二、账户的一般结构

账户包括账户的名称和账户的结构两部分,前已述及,账户的名称又称为会计科目,科目是账户分类的标志。

账户的结构是指账户分为哪几个部分,每一个部分都应反映什么样的内容。

由于账户是用来反映经济业务引起的会计要素增减变动过程和结果的工具,而经济业务引起的会计要素变动不外乎就是增加和减少两种情况。有些经济业务发生后会引起该账户金额的增加,有的经济业务发生后则会引起该账户金额的减少。为此,一个账户的结构,通常分为左右两部分,一部分反映金额的增加,另一部分反映金额的减少。因此,可将账户结构简化为图2-1-1所示,称作"T"型账户或"丁"字账户。

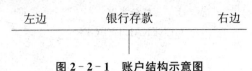

图2-2-1 账户结构示意图

在图2-2-1的账户中,账户的名称即会计科目为"银行存款",该账户分为左边和右边两部分,分别登记银行存款的增加和减少。

【例2.1】腾飞贸易公司期初银行存款为550万元,本月共发生七笔涉及银行存款的经济业务,分别是:

(1) 3日,取得短期借款200万元存入银行。
(2) 7日,销售商品,收回货款300万元存入银行。
(3) 10日,以银行存款购入原材料150万元。
(4) 15日,以银行存款偿还原欠供应单位的材料款100万元。
(5) 24日,以银行存款支付广告宣传费20万元。
(6) 28日,销售商品一批,全部货款150万元,存入银行。
(7) 31日,以银行存款支付本月职工工资计70万元。

腾飞贸易公司将这些涉及银行存款的经济业务逐笔登记到"银行存款"账户中,如图2-2-2所示。

借	银行存款		贷
期初余额	550		
(1)	200		
(2)	300		
(3)	150	(4)	150
		(5)	100
		(6)	20
		(7)	70
本期增加额	650	本期减少额	340
期末余额	860		

图2-2-2

在这个银行存款账户中,可以提供四项核算指标:期初余额、期末余额、本期增加发生额和本期减少发生额。其中,前两项是静态指标,反映一定时点的账户资料,后两项是动态指标,反映一定期间的账户资料。这四项指标的平衡公式为:

期末余额=期初余额+本期增加发生额-本期减少发生额

在一个账户的结构中,左边和右边分别表示增加或减少,采用借贷记账法核算时,账户的左方用"借方"表示,账户的右方用"贷方"表示,但究竟哪一方登记增加,哪一方登记减少,则要取决于账户的具体性质。

实际工作中,为了对引起该账户增减变化的相关经济业务进行简单记录,在账户中除了记录增加和减少的金额栏外,还会根据需要设置日期、凭证字号、摘要、余额等栏目,如图2-2-3所示。

总分类账
GENERAL LEDGER
第1页

会计科目及编号
ACCOUNT NO

×年		凭证字号	摘要	借方										贷方										借或贷	余额										√
月	日			亿	千	百	十	万	千	百	十	元	角	分	亿	千	百	十	万	千	百	十	元	角	分		亿	千	百	十	万	千	百	十	元	角	分	

图2-2-3

项目2.3 建账操作

会计工作具有明显的阶段性,具体可以划分为建账、记账和报账三个阶段,每一阶段都有其特定的工作内容。

建账是根据企业具体行业要求和未来可能发生的经济业务,设置账簿,并将相关账户期初余额登记入账,从而为具体会计核算工作做好准备。建账主要在两种情况下进行:一是在一个会计主体设立时,根据相关规定从事生产、经营的企业应自领取营业执照之日起15日内设置账簿;二是在一个会计年度结束,新会计年度开始时,必须更换旧账簿,设置新账簿。从理论上讲,上一会计期间的期末余额即为下一会计期间的期初余额,会计资料在账簿中会自然衔接起来,但根据我国会计档案管理的要求,会计凭证、会计账簿和会计报表等资料应作为会计档案分期整理归档,会计账簿一般要按年更换,因此,在新的会计年度开始时,需开设出新的账簿,将上年的相关账簿资料结转入新账簿,使新旧年度的会计资料在账簿中衔接起来。

一、会计账簿的种类

(一)会计账簿的意义

会计账簿是以一定格式的账页组成的,以会计凭证为依据,全面、系统、连续地记录各项经济业务的簿籍。

每项经济业务发生后,会计人员应根据相关凭证,按复式记账的方法编制出会计分录,但分录只是用会计语言来反映此项业务所引起的相关会计要素的增减变动情况,提供的是零星、分散的信息资料,不能把各单位在一定会计期间的全部经济业务所引起的会计要素的变化、资金运动的过程及其结果系统、完整地反映出来,不便于会计信息的整理与报告。因此,在会计核算工作中,为了全面记录和反映一个单位的经济业务,需要通过设置和登记账簿,来对分散的数据或资料进行归类整理,并逐步加工成相关会计信息,为编制会计报表提供依据。

设置和登记账簿是会计核算工作的重要环节,它的作用可以概括为以下几方面:

1. 记录、储存会计信息

通过设置和登记账簿,可以将会计凭证中记录的信息记入相关账簿,从而全面地反映一个单位在一定会计期间发生的经济业务所引起的会计要素变化和资金运动情况,储存各项会计信息。

2. 分类、汇总会计信息

通过设置和登记账簿,可以按账户对会计凭证中大量而分散的会计资料进行分类记录,并可进一步汇总加工,从不同详细程度提供多种会计信息。

3. 检查、校正会计信息

通过设置和登记账簿,可以反映各项财产物资的增减变动情况,从而监督财产物资的保管和使用情况,有利于保障财产物资的安全完整,通过账实核对做到账实相符,提供可靠的会计信息。同时会计账簿作为重要的会计档案,是会计检查和会计分析的重要依据。

4. 编报、输出会计信息

通过设置和登记账簿,可以为计算财务成果及编制会计报表提供依据,从而向会计信息使用者提供各项会计信息。

会计账簿与会计账户有着密切的联系。账户是根据会计科目开设的,账户存在于账簿之中,账簿中的每一账页都是账户的存在形式和载体,没有账簿,账户就无法存在。另一方面,账户是账簿的实质内容,账簿对经济业务的全面、系统、连续的记录是在各个账户中分类进行的,账簿是这些账户的外观形式。概括地说,账簿与账户的关系是形式与内容的关系。

(二) 会计账簿的种类

会计账簿可以按不同的分类标准进行分类。

1. 按账簿的用途分类

账簿按其用途可分为序时账、分类账和备查簿三类。

(1) 序时账,也称日记账,它是按经济业务发生或完成时间的先后顺序逐日逐笔登记经济业务的账簿。日记账按其记录经济业务的范围不同又可分为普通日记账和特种日记账两种。普通日记账是用来记录全部经济业务的日记账;特种日记账是用来专门记录某一类经济业务的日记账,如用来登记现金收付业务及其结存情况的现金日记账,用来登记银行存款收付业务及其结存情况的银行存款日记账。

目前,我国各单位一般只设置现金和银行存款两本特种日记账,以加强对货币资金的监督和控制,而不设置普通日记账。

(2) 分类账,是对全部经济业务按账户进行分类登记的账簿。分类账按其提供资料的详细程度不同可分为总分类账和明细分类账。总分类账又称"总账",是根据总账科目开设,提供总括的会计信息;明细分类账又称"明细账",是根据总分类科目所属的明细科目开设,提供详细的会计信息。

分类账可以按账户分类反映和监督企业各项会计要素的增减变化情况,它所提供的数据信息是编制会计报表的主要依据。

(3) 备查簿,也称辅助账,它是对某些在序时账和分类账中不予登记或登记不够详细的经济业务,进行补充登记以备查考的账簿。如租入固定资产登记簿,用来登记那些以经营方式租入、不属于本企业资产、不能记入本企业固定资产账户的固定资产;代销商品登记簿,用来登记代为销售、不属于本企业资产、不能记入本企业库存商品的受托代销商品等。

备查簿与序时账、分类账比较有两点不同:一是备查簿的登记依据是实际发生的经济业务,不一定需要原始凭证或记账凭证;二是备查簿可以根据各单位的实际需要自行设置,没有统一的格式,其登记内容更注重用文字对经济业务相关情况的表述。

2. 账簿按外表形式分类

账簿按外表形式可分为订本式账簿、活页式账簿和卡片式账簿三种。

(1) 订本式账簿,又称"订本账",它是指在启用前对账页顺序编号,并固定地装订成册的账簿。它的优点是能够防止账页散失和非法抽换,比较安全;缺点是账页固定装订,同一时间内只能由一人负责登记,不便于分工记账,每一账户所需账页要事先估计预留,不便于根据记账需要增减账页。订本式账簿一般用于现金、银行存款日记账和总分类账。

(2) 活页式账簿,又称"活页账",它是将若干具有一定格式的账页装订在活页账夹中,启用后可以随时增减或重新排列账页,年终再对实际账页顺序编号并装订成册的账簿。它的优点是应用灵活,便于分工记账,可随时根据记账需要增减账页;缺点是账页容易丢失和被非法抽换。活页式账簿一般用于明细分类账。

(3) 卡片式账簿,又称"卡片账",它是由专门格式、分散的卡片作为账页组成的账簿。这种卡片一般放置在卡片箱中,可以随时取放,其本质也是一种活页账,因此它除具有活页账的优、缺点外,还可以跨年度使用,不需每年更换。卡片式账簿主要用于使用期限较长的财产物资明细账,如固定资产卡片、低值易耗品卡片等。

3. 账簿按账页格式分类

账簿按账页格式,可以分成三栏式账簿、数量金额式账簿和多栏式账簿。

(1) 三栏式账簿,是由设有借方、贷方和余额三个金额栏的账页组成的账簿。这种账簿格式适用于总分类账、现金和银行存款日记账,以及只需进行金额核算的明细分类账户。

(2) 数量金额式账簿,是由在借方、贷方和余额三栏内,分别设置数量、单价和金额栏目的账页组成的账簿。这种账簿适用于既要进行货币量核算,又要进行实物数量核算的明细分类账户,如"原材料""库存商品"等各类存货的明细分类账。它能提供各种财产物资的收入、发出和结存的数量及金额,便于加强对财产物资的实物管理,保障财产物资的安全完整。

(3) 多栏式账簿,是由在借方、贷方或借贷双方下设若干专栏的账页组成的账簿。多栏式账页可以根据账户的内容和管理的需要,通过下设专栏的方式,集中反映有关明细项目的核算情况。多栏式账簿又可分为事先印制好栏目的专用多栏账,如"材料采购明细账""生产成本明细账""应交增值税明细账";以及事先未印制栏目,由单位在使用中根据需要自行设置栏目的普通多栏账,一般用于明细项目多、借贷方向单一的成本、收入和费用等账户。

二、会计账簿的设置

账簿设置是根据企业具体行业要求和未来可能发生的经济业务,确定需开设账簿的种类、外表形式、账页格式,以及规定账簿的登记方法,并将初始账务资料登入有关账簿,为日常经济业务的处理做好准备。

(一)账簿设置原则

各单位的账簿设置,要在符合国家统一会计制度规定的前提下,根据本单位经济业务的特点和管理的需要,遵照以下原则进行:

1. 账簿的设置要组织严密,能够全面、分类、序时地反映和监督经济业务活动情况,便于提供全面、系统的核算资料。

2. 要科学划分账簿的核算范围及层次,账簿之间既要互相联系,能清晰地反映账户间的对应关系,也要防止相互重叠,避免重复记账。

3. 账页格式要符合所记录的经济业务的内容要求,力求简明实用,既要防止过于繁琐,又要避免过于简单,以至于满足日常管理和编制报表的资料需求。

(二)账簿设置方法

以下以某有限公司的案例为例说明企业会计账簿设置的方法。

根据该有限公司经济业务的特点和管理需要,应购买并设置以下账簿:

1. 总分类账:采用订本式账簿、三栏式账页格式。

建账步骤:

(1) 启用账簿

① 填写"账簿启用表"

每本账簿的扉页均附有"账簿启用表",内容包括单位名称、账簿名称、账簿号码、账簿页数、启用日期、单位负责人、单位主管财会工作负责人、会计机构负责人、会计主管人员等,启用账簿时,应填写表内各项内容,并在单位名称处加盖公章,各负责人姓名后加盖私章。

② 填写"经管本账簿人员一览表"

账簿经管人员指负责登记使用该账簿的会计人员,当账簿的经管人员调动工作时,应办理交接手续,填写该表中的账簿交接内容,并由交接双方人共同签名或盖章。

③ 粘贴印花税票

根据税法相关规定,企业的会计账簿中的资金账簿,即反映企业实收资本和资本公积金额增减变化的账簿,按以下方法贴花:在企业设立初次建账时,按实收资本和资本公积金额的0.5‰贴花;次年度实收资本与资本公积未增加的,不再计算贴花,实收资本与资本公积增加的,就其增加部分按0.5‰税率补贴印花。其他会计账簿,每本应粘贴5元面值的贴花。

印花税票粘贴在账簿扉页的右下角"印花粘贴处"框内,并在印花税票中间划几条平行横线即行注销,注销标记应与骑缝处相交。若企业使用缴款书缴纳印花税,应在账簿扉页的"印花粘贴处"框内注明"印花税已缴"以及缴款金额。

(2) 设置总分类账户

总分类账簿中包括本企业使用的全部总分类账户,因此需指定每一总分类账户在总分类账簿中的登记账页,在相应账页的"会计科目及编号"栏处填写指定登记账户的名称及编码。

由于总分类账采用的是订本式账簿,为了便于账户的查找,各总账账户的排列顺序应有一定的规律,一般应按会计科目表中编码顺序排列,因此,只要本单位会计核算涉及的总账账户,不论期初是否有余额,都需在总账中设置出相应账户,并根据实际需要预留账页。

(3) 登记期初余额

对于有期初余额的总账账户,根据相关资料登记账户记录。在该账户账页的第一行日期栏中填入期初的日期、在摘要栏填入"期初余额"(年度更换新账簿时填入"上年结转")、在借贷方向栏标明余额的方向、在余额栏填入账户的期初余额。对于没有余额的总账账户,无需特别标识其余额为零。

在登记账簿记录时应注意:

① 使用蓝黑墨水或者碳素墨水书写,不得使用圆珠笔(银行的复写账簿除外)或者铅笔书写。

② 账簿中书写的文字和数字上面要留有适当空格,不要写满格,一般应占格距的二分之一。

③ 账簿的阿拉伯数字应按图 2-3-1 所示的会计数字的规范书写要求书写。

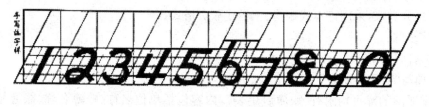

图 2-3-1

数字书写时:不得连笔书写,每个数字要紧贴底线书写,并有 60 度左右的倾斜度。书写数字"6"时,上端比其他数字高出 1/4,书写数字"7"和"9"时,下端比其他数字伸出 1/4。

④ 账簿中的小写金额前不用加上币别符号。

按以上方法设置的"库存现金"总账账页如图 2-3-2 所示。

总分类账

会计科目及编号　　　库存现金 1001　　　　　　　　　　　　　　　　　第 1 页

×年		凭证字号	摘要	借方										贷方										借或贷	余额									
月	日			亿	千	百	十	万	千	百	十	元	角	分	亿	千	百	十	万	千	百	十	元	角	分		亿	千	百	十	万	千	百	十	元	角	分
12	1		期初余额																							借					4	1	4	0	0	0

图 2-3-2

(4) 填写账户目录

由于总账是订本式,在各账页中预先印有连续编号,为方便查找,所有总账账户设置完后,应在账簿启用页后的"账户目录表"中填入各账户的科目编号、名称及起始页码。

2. 日记账：为了加强对货币资金的监督和控制，应设置现金、银行存款日记账各一本。采用订本式账簿、三栏式账页格式。

建账步骤：

(1) 启用账簿

(2) 设置账户

现金日记账按现金的币种分别开设账户，银行存款日记账按单位在银行开立的账户和币种开设账户，每一账户要预留账页。因外币现金和银行存款需采用包含原币信息的复币账页，因此，本位币与外币现金、银行存款分别开设账簿。

(3) 登记期初余额

对于有期初余额的"库存现金"账户，根据相关资料在账户中登记期初余额，如图2-3-3所示。

对于有期初余额的"银行存款"账户，根据相关资料在账户中登记期初余额，如图2-3-4所示。

现金日记账

第1页

×年		凭证字号	摘要	对应科目	借方 亿千百十万千百十元角分	贷方 亿千百十万千百十元角分	余额 亿千百十万千百十元角分	
月	日							
12	1		期初余额				4 1 4 0 0 0	

图2-3-3

银行存款日记账
CASH JOURNAL

第1页
开户银行　模拟银行
座　号　20030021087

×年		凭证字号	银行凭证	摘要	对应科目	借方 亿千百十万千百十元角分	贷方 亿千百十万千百十元角分	借或贷	余额 亿千百十万千百十元角分	
月	日									
12	1			期初余额				借	2 0 1 2 0 0 0 0	

图2-3-4

(4) 填写账户目录

3. 明细分类账

明细分类账一般采用活页式账簿，有三栏式、数量金额式及多栏式多种账页格式，相同格式的账页装订成本。

由于活页账可以在使用过程中根据需要增减账页，以及对账页的顺序进行调整，因此，设置明细分类账时，不用给每一明细账户预留账页，可以先在相关账簿中设置出有期初余额的明细账户，对期初无余额的明细账户，可暂时不设，待日常账务处理中用到时再行设置，并插入账簿中同属一个总分类账户的明细账户顺序中去。

为了便于查找账户,明细账户在账簿中一般也按会计科目编码顺序排列,同属于一个总分类账户的明细账户应集中连续排列。在每一明细分类账户起始页上端或右侧粘贴标签(取口纸),在标签上注明该账户名称,不同账户的标签相互错开排列。

并不是所有的总分类账户都需要设置明细分类账户,企业可以根据实际需要决定明细分类账户的设置,以及所采用的账页格式。佳视达实业有限公司的明细分类账户设置及账页格式如表2-3-1所示。

表2-3-1 佳视达实业有限公司的明细分类账户设置及账页格式

总账科目	明细分类账页格式	总账科目	明细分类账页格式
库存现金	日记账	其他应付款	三栏式
银行存款	日记账	长期借款	三栏式
其他货币资金	三栏式	实收资本	三栏式
应收票据	三栏式	资本公积	三栏式
应收账款	三栏式	盈余公积	三栏式
其他应收款	三栏式	本年利润	不设明细账
材料采购	三栏式(专用多栏式)	利润分配	三栏式
原材料	数量金额式	生产成本	专用多栏式
库存商品	数量金额式	制造费用	普通多栏式
长期待摊费用	三栏式	主营业务收入	普通多栏式
固定资产	卡片	其他业务收入	普通多栏式
累计折旧	不设明细账	营业外收入	普通多栏式
短期借款	三栏式	主营业务成本	普通多栏式
应付票据	三栏式	其他业务成本	普通多栏式
应付账款	三栏式	营业税金及附加	普通多栏式
其他应付款	三栏式	销售费用	普通多栏式
应付职工薪酬	三栏式	管理费用	普通多栏式
应交税费	应交增值税为专用多栏式;其他明细账户为三栏式	财务费用	普通多栏式
应付利息	三栏式	营业外支出	普通多栏式
应付股利	三栏式	所得税费用	不设明细账

注:在存货核算采用计划成本时,需要设置材料采购账户,其明细账采用专用的多栏式账页,用以归集存货的实际采购成本,结转入库材料计划成本以及实际成本与计划成本的差异。而在本书中设置材料采购账户的目的,是为了说明材料实际成本的归集方法,因此,对材料采购明细账采用三栏式账页格式。

据此,设置以下明细分类账簿:
(1)三栏式明细分类账
建账步骤:

① 启用账簿

② 设置账户:在其中设置出应收账款、其他应收款、长期待摊费用、短期借款、应付账款、应付职工薪酬、应付利息、应交税费、长期借款、实收资本、盈余公积、利润分配等所属各有期初余额的明细分类账户,其他无期初余额的明细账户暂不设置。

开设明细账户时,首先在选定明细账页上方填写该明细账户所属总分类科目名称、明细科目名称、明细科目编码及该明细账户当前页码。

活页式账簿内账页事先未印制固定页码,由企业根据使用情况填写。每一账页均有两个页码:

"第　页"("分第　页"),指按明细分类账户对账页所进行的编码,即该账页为该明细分类账户的第几页,在启用新账页时进行编码。如开设"应收账款——深圳三勇建材有限公司"账户时,选定的账页为该账户的"第1页",该页登记满,转入下页继续登记时,下页即为该账户的"第2页"。

"连续　页"("总第　页"),指不区分明细分类账户,对账簿中包含的账页按排列顺序进行的编码,即该账页为该明细账簿中的第几页。由于活页账在使用过程中会根据需要对账页进行增减,以及调整账页的顺序,所以该编码在年度结束时,将账簿中空白账页抽出,并对账页顺序进行整理后填写。

③ 登记期初余额

根据相关资料在明细分类账户中登记期初余额。

根据以上方法开设的应收深圳三勇建材有限公司账款明细分类账户如图2-3-5所示。

明细分类账

连续第　页第1页

科目编号 112201　总账科目　应收账款　　明细科目　深圳三勇建材有限公司

×年		凭证字号	摘要	借方										贷方										借或贷	余额									
月	日			亿	千	百	十	万	千	百	十	元	角	分	亿	千	百	十	万	千	百	十	元	角	分		亿	千	百	十	万	千	百	十	元	角	分
12	1		期初余额																							借				2	3	4	0	0	0	0	0

图2-3-5

应注意的是:

明细科目的编码一般采用群码的编码方式,以清楚地反映科目的隶属关系,其中一级科目编码已由会计制度明确规定,其他各级科目编码长度根据各单位需要自行确定,其长度既不能过长不便运用,也不能太短,致容量不够使用。

④ 粘贴账户标签

由于活页账簿中账页数量和位置的可变性,账簿登记过程中不能通过账户目录来查找账户,因此,为了便于账户查找,在每个账户首页上加贴取口纸标签。

(2) 数量金额式明细分类账

建账步骤:

① 启用账簿

② 设置账户：在其中开设出原材料、库存商品所属的有期初余额的明细分类账户。
③ 登记期初余额：根据相关资料在明细分类账户中登记期初余额。
④ 粘贴账户标签。

根据以上方法开设的甲材料明细分类账户如图2-3-6所示。

原材料 进销存

总第　页分第1页

部类＿＿＿＿ 产地＿＿＿＿ 单位 公斤 规格＿＿＿＿ 品名 甲材料

×年		凭证字号	摘要	收入			发出			结存			√
月	日			数量	单价	金额	数量	单价	金额	数量	单价	金额	
12	1		期初结存							1500	100	850000 00	

图2-3-6

(3) 多栏式明细账，包括：
① 应交增值税明细账

该账簿是专用账簿，用以登记应交增值税的增减变化情况。因此，无须再进行账户设置，在启用账簿后，将应交增值税账户的期初余额登记进账簿即可，如图2-3-7所示。

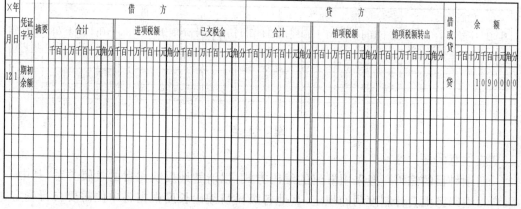

图2-3-7

② 生产成本明细账

建账步骤：

第一，启用账簿。

第二，开设账户。

生产成本明细账用以登记各成本核算对象的实际生产成本，按产品品种开设明细分类账户，对每种产品设置直接材料、直接人工及制造费用三个成本构成项目。开设时，在选定的账页左上方填入总账科目、产品名称、规格型号及计量单位等资料,并填写账页编码。

第三,登记期初余额。

根据相关资料将该种产品期初在产品成本登记入账。登记时在"合计栏"中填入期初总成本,"直接材料""直接人工"和"制造费用"栏中填入各成本构成项目金额。

应注意的是,在各多栏式明细账簿中,一般将多栏方向的起始栏设为"合计"栏,"合计"是指本行本方向登记的各栏金额合计数,上下行数据不累积。

第四,粘贴账户标签。

按以上方法开设的B产品生产成本明细分类账如图2-3-8所示。

生产成本账

连续第　页第1页

总账科目 生产成本　产品名称 B产品　规格型号_____　计量单位 个

×年		凭证字号	摘要	合计										成本项目																			
															直接材料									直接人工								制造费用		
月	日			亿	千	百	十	万	千	百	十	元	角	分	百	十	万	千	百	十	元	角	分	百	十	万	千	百	十	元	角	分	百	十	万	千	百	十	元	角	分
12	1		期初余额				1	1	2	0	0	0	0	0				6	0	0	0	0	0				3	0	0	0	0	0				3	2	0	0	0	0

图2-3-8

③ 普通多栏式明细分类账

建账步骤:

第一,启用账簿。

第二,开设账户。

普通多栏式明细分类账主要用来登记制造费用及各损益类账户,这些账户一般没有期初余额。开设账户时,首先将总分类科目填入账户的"科目名称"栏;然后确定多栏方向并写入栏目上方,一般将该账户登记增加的一方设为多栏方向,如"制造费用"和损益类中的费用账户设借方多栏,损益类中的收入账户设贷方多栏;最后将所属明细科目作为账户中栏目名称写入各栏目,注意将第一栏设为"合计"栏。

第三,粘贴账户标签。

(4) 备查簿

设置备查簿一本,用以登记租入的行政办公用房相关信息,该账簿没有固定的账本形式和账页格式,企业可以根据实际情况选择适用账簿。

另外,企业在经营过程中涉及应收票据的,还应设"应收票据备查簿",逐笔登记商业汇票的种类、号数和出票日、票面金额、交易合同号和付款人、承兑人、背书人的姓名或单位名称、到期日、背书转让日、贴现日、贴现率和贴现净额以及收款日和收回金额、退票情况等资料。商业汇票到期结清票款或退票后,在备查簿中注销。

企业在经营过程中涉及应付票据的,应设"应付票据备查簿",详细登记商业汇票的种类、号数和出票日期、到期日、票面金额、交易合同号和收款人姓名或单位名称以及付款日期和金额等资料。应付票据到期结清时,在备查簿中注销。

项目3 记账基础(一)

项目3.1 记账方法

一、复式记账法

(一)复式记账方法概述

复式记账是从单式记账法发展起来的一种比较完善的记账方法。

复式记账是指对任何一笔经济业务都必须同时在两个或两个以上的有关账户中进行相互联系地登记的记账方法。

复式记账要求任何一笔经济业务都需要在至少两个账户中进行登记(即作双重记录,故被称为"复式")。如从银行提取现金,同时涉及"库存现金"和"银行存款"两个账户;生产车间领用原材料也会同时涉及"生产成本"和"原材料"两个账户;购入材料、只支付一部分货款,其余货款暂欠的业务则会同时涉及"原材料""银行存款"和"应付账款"三个账户。

采用复式记账法时,每一笔经济业务所涉及两个或两个以上的账户之间,是有着相互联系的关系,被称为对应关系。一笔经济业务可以将两个或两个以上的账户联系在一起,一方面可以全面而详细地反映该项经济业务的来龙去脉,可以利用资金运动的来龙去脉再现经济业务的全貌,另一方面有助于进行检查,以保证账簿记录结果的正确性。

(二)复式记账的理论依据

复式记账的理论依据是"资产=负债+所有者权益"的会计恒等式所反映的资金平衡原理。它以记账内容之间所表现出来的数量上的平衡关系,作为记账技术方法的基础。

如前所述,企业中资产、负债和所有者权益是相互依存的,从数量上来看,它们是同一个量,是必然相等的,即有一定数额的资产,就必然有一定数额的负债和所有者权益;反之,有一定数额的负债和所有者权益,就必然有一定数额的资产。而任何经济业务的发生,都必然引起资产、负债和所有者权益一方或双方发生相互联系的、等量的绝对额的变化,即当涉及资产、负债和所有者权益的双方时,必然会出现相同方向(同增或同减)的变化。因此,增减变动的结果是永远不会破坏资产、负债和所有者权益之间的平衡关系。而复式记账法就是把这种客观存在的资金增减变动的必然现象,通过两个或两个以上相互关联的账户记录下来,然后再用这种恒等关系检查记录的结果是否正确的一种方法。

二、借贷记账法

(一)借贷记账法的账户结构

借贷记账法是以"借"和"贷"为记账符号,对每一笔经济业务,同时在两个或两个以上的有关账户中以借贷相等的金额进行相互联系地登记的复式记账方法。

1. 借贷记账法的记账符号

借贷记账法的记账符号是"借"和"贷"。在借贷记账法下,"借"和"贷"本身没有确切的含义,纯粹是一种记账符号,代表了相应的金额记录方向,但究竟是由"借"还是由"贷"来表示增加或是减少,需要结合具体性质的账户才能确定。

2. 借贷记账法的账户结构

在借贷记账法下,账户的左方用借方表示,账户的右方用贷方表示,如图3-1-1所示。

图3-1-1 借贷记账法的账户结构

根据经济业务的发生记入借方或贷方,反映该项经济业务所引起的该科目增减变化的金额称为"发生额",凡是记入账户借方的金额称为"借方发生额",凡是记入账户贷方的金额称为"贷方发生额"。

在一个会计期间内(月、季、年),借方记录的金额合计数称为"本期借方发生额",贷方记录的金额合计数称为"本期贷方发生额"。

某一时点上账户借方累计发生额和贷方累计发生额的差额称为余额,若借方累计发生额大于贷方累计发生额,余额在借方,称"借方余额";若贷方累计发生额大于借方累计发生额,则余额在贷方,称为"贷方余额"。一般来讲,账户的余额在其登记增加的那一方。上一会计期间的期末余额,即为下一会计期间的期初余额。

借贷记账法下的账户具体结构是由账户的性质决定的,其中:

(1) 资产类账户的结构

在借贷记账法下,资产类账户借方登记增加,贷方登记减少,期末余额在借方,如图3-1-2所示。

借	账户名称		贷
期初余额	×××		
本期增加额	×××	本期减少额	×××
本期借方发生额	×××	本期贷方发生额	×××
期末余额	×××		

图3-1-2 资产类账户的结构

资产类账户的余额应根据下列公式计算:

期末(借方)余额＝期初(借方)余额＋本期借方发生额－本期贷方发生额

(2) 负债类账户的结构

在借贷记账法下,负债类账户的结构与资产类账户的结构相反,即借方登记减少,贷方登记增加,期末余额在贷方,如图3-1-3所示。

借	账户名称		贷
	期初余额		×××
本期减少额 ×××	本期增加额		×××
本期借方发生额 ×××	本期贷方发生额		×××
	期末余额		×××

图3-1-3 负债类账户的结构

负债类账户的余额应根据下列公式计算：

期末（贷方）余额＝期初（贷方）余额＋本期贷方发生额－本期借方发生额

（3）所有者权益类账户的结构

在借贷记账法下，所有者权益类账户的结构与负债类账户的结构相同，即借方登记减少，贷方登记增加，期末余额在贷方，如图3-1-4所示。

借	账户名称		贷
	期初余额		×××
本期减少额 ×××	本期增加额		×××
本期借方发生额 ×××	本期贷方发生额		×××
	期末余额		×××

图3-1-4 所有者权益类账户的结构

所有者权益类账户的余额可根据下列公式计算：

期末（贷方）余额＝期初（贷方）余额＋本期贷方发生额－本期借方发生额

（4）损益类账户的结构

损益类账户包括收入和费用两小类账户，在借贷记账法下，这两小类账户的结构正好相反。

收入类账户的结构与所有者权益类账户的结构相似，即借方登记减少，贷方登记增加，期末没有余额，如图3-1-5所示。

借	账户名称		贷
	期初余额		×××
本期减少额 ×××	本期增加额		×××
本期借方发生额 ×××	本期贷方发生额		×××
	期末余额		×××

图3-1-5 收入类账户的结构

费用类账户则与资产类账户的结构相似，借方登记增加，贷方登记减少，期末也没有余额，如图3-1-6所示。

借	账户名称		贷
期初余额 ×××			
本期增加额 ×××	本期减少额		×××
本期借方发生额 ×××	本期贷方发生额		×××
期末余额 ×××			

图3-1-6 费用类账户的结构

(5) 成本类账户的结构

在借贷记账法下,成本类账户的结构与费用类账户的结构相同,即借方登记增加,贷方登记减少,期末一般无余额,若有余额则在借方,如图3-1-7所示。

借	账户名称	贷	
期初余额	×××		
本期增加额	×××	本期减少额	×××
本期借方发生额	×××	本期贷方发生额	×××
期末余额	×××		

图3-1-7 成本类账户的结构

为了便于了解所有账户借贷两方所反映的经济内容,现将各类账户的具体结构概括如图3-1-8所示:

借	账户名称	贷
资产的增加		资产的减少
负债的减少		负债的增加
所有者权益的减少		所有者权益的增加
成本费用的增加		成本费用的减少
收入的减少		收入的增加

图3-1-8 各类账户的具体结构

(二) 借贷记账法的记账规则

记账规则又称记账规律,概括地说,借贷记账法的记账规则是:有借必有贷,借贷必相等。即借贷记账法要求对每笔经济业务,都要以相等的金额,在记入一个或若干个账户借方的同时,记入另一个或若干个账户的贷方。

在会计等式的恒等性中已述及,企业发生的各项经济业务会引起资产、负债或所有者权益等会计要素发生增减变化,但不会破坏会计等式的平衡关系。因此,企业发生的经济业务所引起的会计要素变化,可以归纳为九种类别,在借贷记账法下的账户结构中进行记录时,必然遵循"有借必有贷、借贷必相等"的记账规律,如表3-1-1所示。

表3-1-1 经济业务类型

经济业务类型	各类账户应记方向			记入金额	记账规则
	资产类	负债类	所有者权益类		
1. 资产、负债同时增加	借	贷		等量增加	有借必有贷,借贷必相等
2. 资产、负债同时减少	贷	借		等量减少	
3. 资产、所有者权益同时增加	借		贷	等量增加	
4. 资产、所有者权益同时减少	贷		借	等量减少	
5. 资产一增一减	借、贷			一增一减	
6. 负债一增一减		贷、借		一增一减	
7. 所有者权益一增一减			贷、借	一增一减	
8. 负债增加、所有者权益减少		贷	借	一增一减	
9. 所有者权益增加、负债减少		借	贷	一减一增	

(三)账户的对应关系和会计分录

会计分录,简称"分录",是指用来反映每一笔经济业务所应借应贷的账户及其金额的记录。

【例3.1】从银行提取现金2 000元。

该项经济业务使得企业库存现金增加了2 000元,银行存款减少了2 000元,库存现金和银行存款均属于资产类账户,因此,库存现金的增加应记入账户借方,银行存款的减少应记入账户贷方。上述分析结果以会计分录形式记录如下:

  借:库存现金   2 000
    贷:银行存款   2 000

会计分录在实际工作中,是通过填制记账凭证来实现的,它是保证会计记录正确可靠的重要环节,所以会计分录是会计凭证的抽象形式,需要按照规定的格式编制,通常是上一行为借,下一行为贷;借与贷需要错开一至两个字符。会计核算中,不论发生什么样的经济业务,都需要在登记账户以前,按照记账规则,通过填制记账凭证来确定经济业务的会计分录,以便正确地进行账户记录和事后检查。

会计分录中各账户间形成的应借应贷的关系称为"账户的对应关系",存在对应关系的账户相互称为"对应账户"。如上述从银行提取现金的经济业务,使"库存现金"与"银行存款"账户形成了对应关系,"库存现金"的对应账户为"银行存款","银行存款"的对应账户为"库存现金"。见图3-1-9。

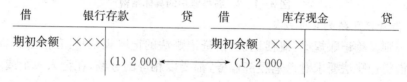

图3-1-9 账户对应关系示意图

会计分录有简单分录和复合分录两种。其中简单会计分录是指只涉及两个会计账户,即一借一贷的会计分录,如例3.1中编制的就属于简单会计分录。复合会计分录是指涉及三个或三个以上账户的会计分录,包括一借多贷、多借一贷或多借多贷的会计分录。如:

【例3.2】以现金10 000元和银行存款30 000元偿还原欠顺风公司材料款。

此笔经济业务一方面偿还了前欠账款,使应付账款这项负债减少,应记入"应付账款"账户的借方,另一方面,企业的库存现金和银行存款减少,应分别记入"库存现金"和"银行存款"账户的贷方。以上分析结果以会计分录形式记录如下:

  借:应付账款——顺风公司   40 000
    贷:库存现金   10 000
      银行存款   30 000

上述会计分录涉及了三个会计账户,所以属于复合会计分录。由于该项经济业务的发生,使"应付账款""库存现金"和"银行存款"账户间形成了对应关系,"应付账款"的对应账户是"库存现金"和"银行存款","库存现金"的对应账户是"应付账款","银行存款"的对应账户也是"应付账款",而"库存现金"和"银行存款"账户间没有对应关系。

可见,账户的对应关系是由于特定经济业务形成的,通过账户的对应关系,可以反映经济业务的来龙去脉,便于检查经济业务本身是否合理合法,以及对经济业务的处理是否正确。由于"多借多贷"的会计分录不能清楚地反映账户之间的对应关系,不便于揭示经济业务的详细内容,所以,在实际工作是通常尽可能不编制"多借多贷"的会计分录,以保持账户的对应关系清楚。

通常一个复合会计分录可以分解为多个简单会计分录,如上例,可以分解为两个一借一贷的会计分录:

借:应付账款——顺风公司　　　　10 000
　　贷:库存现金　　　　　　　　　　　10 000

以及:

借:应付账款——顺风公司　　　　30 000
　　贷:银行存款　　　　　　　　　　　30 000

(四)借贷记账法的试算平衡

试算平衡是指通过验算账户之间的数量平衡关系来检验账户记录是否正确的方法。

在借贷记账法下,对每笔经济业务,都遵从"有借必有贷,借贷必相等"的记账规律,因此,在一定时期内(如一个月),所有账户的借方本期发生额合计数与贷方本期发生额合计数必然相等,用公式表示为:

全部账户借方发生额合计=全部账户贷方发生额合计

以上公式称为发生额试算平衡公式,由于发生额属于动态的会计指标,因此,又称为动态平衡公式。

此外,根据借贷记账法下的账户结构,只有资产类账户才有借方余额,所以全部总分类账户借方余额的合计数就表示全部资产总额,而只有负债类账户和所有者权益账户存在着贷方余额,因此全部总分类账户的贷方余额合计数就表示企业的负债和所有者权益总计,根据"资产=负债+所有者权益"的会计等式,资产总额等于负债加所有者权益,所以所有账户的借方余额合计与所有账户的贷方余额合计也必然相等。用公式表示为:

全部账户期初借方余额合计=全部账户期初贷方余额合计
全部账户期末借方余额合计=全部账户期末贷方余额合计

以上公式称为余额试算平衡公式,由于余额是某一时点的静态会计指标,因此,又称为静态平衡公式。

但是,在运用借贷记账法对经济业务进行记录的过程中,难免会发生各种记账错误,从而破坏上述的各种平衡关系。为了及时发现账户记录中的错误,保证会计核算资料的正确性,需要定期对账户的发生额及余额做是否保持以上平衡关系的验算,即进行试算平衡。在实际工作中,试算平衡通常是通过编制试算平衡表来进行的。

"总账科目试算平衡表"是借贷记账法最重要的试算平衡工具,它是将该企业的全部会计账户分为"期初借方余额""期初贷方余额""本期借方发生额""本期贷方发生额""期末借方余额"和"期末贷方余额"六个专栏,通过汇总计算后,以确定账簿记录的正确性。其格式见表3-1-2。

表 3-1-2　试算平衡表

会计科目	期初余额		本期发生额		期末余额	
	借方	贷方	借方	贷方	借方	贷方
库存现金						
银行存款						
……						
合计	A1	A2	B1	B2	C1	C2

经过计算后,如果总分类账户本期发生额及余额表中的"期初借方余额"(A1)与"期初贷方余额"(A2)相等、"本期借方发生额"(B1)与"本期贷方发生额"(B2)相等、"期末借方余额"(C1)和"期末贷方余额"(C2)相等,说明过账基本正确,反之,说明账簿登记存在错误。

通过总分类账户试算平衡表来试算,如果上述三对汇总数据相等,说明记账基本正确,但不是绝对正确,因为有些错误并不能通过试算平衡表来检查出来,这些错误主要包括:

(1) 漏记或重记某项业务;
(2) 一笔经济业务的借贷双方,在编制会计分录时,金额上发生同样的错误;
(3) 一笔业务在编制会计分录时,应借应贷的账户颠倒,或用错了账户;
(4) 一笔业务过账时记账方向相反登录,或账户登录错误,或将借贷方金额同时多记或少记;
(5) 两笔或多笔经济业务金额登录错误,但借方金额合计正好等于贷方金额合计,或恰好相互抵消。

对于这些记账错误,通过编制总分类账户本期发生额及余额表无法甄别,需要通过其他方法来进一步检查。

【例3.3】已知飞跃公司×年5月1日账户期初余额如表3-1-3:

表 3-1-3

资产	期初余额	负债及所有者权益	期初余额
库存现金	1 000	应付账款	30 000
银行存款	40 000	应交税费	20 000
应收账款	50 000	长期借款	171 000
原材料	80 000	实收资本	400 000
库存商品	150 000		
固定资产	300 000		
合计	621 000	合计	621 000

公司本月发生如下经济业务：

(1) 投资人投入资本 120 000 元，存入银行。

企业收到投资者投入货币资金，一方面银行存款增加，记入"银行存款"账户借记，另一方面，投资者投入企业资本增加，记入"实收资本"账户贷方，编制的会计分录如下：

  借：银行存款   120 000
    贷：实收资本   120 000

(2) 以银行存款购入机器一台，计 60 000 元，投入使用。

以银行存款购入机器设备，一方面使企业的固定资产增加，记入"固定资产"账户的借方，另一方面企业银行存款减少，记入"银行存款"账户的贷方，编制会计分录如下：

  借：固定资产   60 000
    贷：实收资本   60 000

(3) 从银行提取现金 8 000 元。

从银行提取现金，一方面使库存现金增加，记入"库存现金"账户的借方，另一方面使银行存款减少，记入"银行存款"账户的贷方，编制如下会计分录：

  借：库存现金   8 000
    贷：银行存款   8 000

(4) 职工预借差旅费 5 000 元。

企业职工从企业借款，一方面使企业应从职工收回的款项增加，记入"其他应收款"账户借方，另一方面使企业库存现金减少，记入"库存现金"账户贷方，编制如下会计分录：

  借：其他应收款   5 000
    贷：库存现金   5 000

(5) 以银行存款偿还所欠供货单位材料款 10 000 元。

企业偿还前欠购料款，一方面使应付账款这项负债减少，记入"应付账款"账户借方，另一方面企业银行存款减少，记入"银行存款"账户贷方，编制如下会计分录：

  借：应付账款   10 000
    贷：银行存款   10 000

(6) 以银行存款缴纳税金 20 000 元。

以银行存款缴纳相关税费，一方面使应交税费这项负债减少，记入"应交税费"账户借方，另一方面企业银行借款减少，记入"银行存款"账户贷方，编制如下会计分录：

  借：应交税费   20 000
    贷：银行存款   20 000

(7) 收到购货单位偿还前欠货款 15 000 元。

收到客户偿还前欠款项，一方面企业银行存款增加，记入"银行存款"账户的借方，同时应收账款减少，记入"应收账款"账户的贷方，编制如下会计分录：

  借：银行存款   15 000
    贷：应收账款   15 000

(8) 经批准，将长期借款 100 000 元，转为投入资本。

将长期借款转为资本金，一方面企业长期借款减少，记入"长期借款"账户的借方，另

一方面投资者投入资本增加,记入"实收资本"账户的贷方,编制如下会计分录:

    借:长期借款   100 000

      贷:实收资本   100 000

根据上述经济业务资料及会计分录过账,在有关账户中登记,并结算出每个账户的本期发生额合计数和期末余额如下:

借	库存现金	贷
期初余额 1 000		
(3) 8 000	(4) 5 000	
本期发生额:8 000	本期发生额:5 000	
期末余额: 4 000		

借	银行存款	贷
期初余额:40 000		
(1) 120 000	(2) 60 000	
	(3) 8 000	
	(5) 10 000	
	(6) 20 000	
(7) 15 000		
本期发生额:135 000	本期发生额:98 000	
期末余额: 77 000		

借	应交税费	贷
(6) 20 000	期初余额: 20 000	
本期发生额:20 000		
期末余额: 0		

借	长期借款	贷
(8) 100 000	期初余额:171 000	
本期发生额:100 000		
	期末余额: 71 000	

借	实收资本	贷
	期初余额 400 000	
	(1) 120 000	
	(8) 100 000	
	本期发生额:220 000	
	期末余额: 620 000	

根据账簿记录,编制总分类账户试算平衡表进行试算平衡,如表3-1-4所示。

表3-1-4 试算平衡表

×年5月31日   单位:元

会计科目	期初余额		本期发生额		期末余额	
	借方	贷方	借方	贷方	借方	贷方
库存现金	1 000		8 000	5 000	4 000	
银行存款	40 000		135 000	98 000	77 000	
应收账款	50 000			15 000	35 000	
其他应收款			5 000		5 000	
原材料	80 000				80 000	
库存商品	150 000				150 000	
固定资产	300 000		60 000		360 000	

续表 3-1-4

会计科目	期初余额		本期发生额		期末余额	
	借方	贷方	借方	贷方	借方	贷方
应付账款		30 000	10 000			20 000
应交税费		20 000	20 000			
长期借款		171 000	100 000			71 000
实收资本		400 000		220 000		620 000
合计	621 000	621 000	338 000	338 000	711 000	711 000

项目 3.2 总分类账户与明细分类账户及其平行登记

一、总分类账户与明细分类账户的意义

按照账户反映资料的详细程度，账户分为总分类账户和明细分类账户两类。

总分类账户：又称总账账户，是指按照会计科目开设的账户，用来反映某一类经济业务的总括资料，如银行存款、固定资产、实收资本等。

明细分类账户：又称明细账户，是指按照明细科目开设的，用来反映某一类经济业务详细资料的账户，比如在应收账款总账账户下，可以按照购货单位的名称分别设置明细分类账户，以提供应收每一客户货款增减变动的详细资料。

设置总账账户和明细账户，提供不同详细程度的会计核算资料，主要是为了满足经营管理的需要。在原材料管理中，有时候需要了解原材料的总体状况，以便分析原材料的总体资金占用水平，这就需要通过"原材料"总分类账户获得相关资料，另一些时候，则需要掌握某类材料的详细情况，以便对具体材料的库存与采购加强管理，保证企业财产的安全与完整，这就需要在"原材料"总分类账户提供原材料总体资料的基础上，进一步按照更加详细的材料项目开设原材料明细分类账户，以提供某一类原材料的详细资料。

明细分类账户是在总分类账户的基础上，进一步按照更加详细的内容设置的账户，所以明细分类账户所提供的资料比较具体，它对总分类账户的资料起到具体的补充说明作用；总分类账户是按照会计要素具体内容设置的账户，提供的资料比较概括，它对明细分类账户起到控制和统驭的作用。

在会计实务中，有时会在总分类账户和明细分类账户之间，再增设二级账户，如流通企业对库存商品在反映商品品种资料的基础上，按照商品大类来反映某一大类商品的经营数据，二级账户所提供的资料比总分类账户提供的资料要具体，但比明细账户提供的资料要概括，它是介于总分类账户和明细分类账户之间的账户。

二、总分类账户与明细分类账户的平行登记

（一）总分类账户与明细分类账户的平行登记

为了保证总分类账户资料与明细分类账户资料的一致性，需要采用平行登记法来登记总账账户和设置明细账户，平行登记法的主要内容是：

1. 同时登记。一笔业务在登记到总分类账户的同时，在同一会计期间内要在该总账

账户所属的明细分类账户中进行登记。

2. 同方向登记。如果在总分类账户的借方登记,也要在相应的明细分类账户的借方登记,如果在总分类账户的贷方登记,也应在明细分类账户的贷方登记,登记到总分类账户的方向应与登记到明细分类账户的借贷方向相同。

3. 等金额登记。一笔经济业务发生后,登记到总分类账户的金额应与登记到明细分类账户的金额相等。如果涉及多个明细分类账户,由各明细分类账户的金额合计数应等于总分类账户的金额。

【例3.4】已知南方公司×年3月1日"其他应收款"总账账户余额为15 000元,为企业职工预借的差旅费,其所属明细账户为:张红7 000元,王丽8 000元。

公司本月发生的与差旅费预借及报销相关的经济业务及会计分录如下:

① 王芳报销差旅费7 700元,补付现金700元。

借:管理费用　　　　　　7 700
　　贷:其他应收款—张红　　　7 000
　　　　库存现金　　　　　　　700

② 张红、王丽各借差旅费3 000元,以现金支付。

借:其他应收款—张红　　3 000
　　　　　　　—王丽　　3 000
　　贷:库存现金　　　　　　　6 000

③ 王丽报销差旅费9 400元,余款退回现金1 600元。

借:库存现金　　　　　　1 600
　　管理费用　　　　　　9 400
　　贷:其他应收款—王丽　　　11 000

④ 王丽预借差旅费4 000元,以现金支付。

借:其他应收款—王丽　4 000
　　贷:库存现金　　　　　　　4 000

根据以上资料采用平行登记的方法,登记"其他应收款"及其所属明细分类账户如下:

借	其他应收款		贷
期初余额	15 000		
(2)	6 000	(1)	7 000
(4)	4 000	(3)	11 000
本期发生额:10 000		本期发生额:18 000	
期末余额: 7 000			

借	其他应收款—张红		贷	借	其他应收款—王丽		贷
期初余额:	7 000			期初余额:	8 000		
(2)	3 000	(1)	7 000	(2)	3 000	(3)	11 000
				(4)	4 000		
本期发生额:3 000		本期发生额:7 000		本期发生额: 7 000		本期发生额:11 000	
期末余额: 3 000				期末余额: 4 000			

（二）总分类账与明细分类账的核对

为了检查总分类账户与明细分类账户登记的正确性，需要将总分类账户和明细分类账户进行核对，通常是编制明细分类账户本期发生额及余额表来进行。

通过明细分类账户本期发生额及余额表的计算，总分类账户的有关指标与其所属明细分类账户相关指标的合计数应当相等，它们是：

总分类账户期初余额＝所属明细分类账户期初余额合计

总分类账户本期借方发生额＝所属明细分类账户本期借方发生额合计

总分类账户本期贷方发生额＝所属明细分类账户本期贷方发生额合计

总分类账户期末余额＝所属明细分类账户期末余额合计

【例 3.5】承例 3.4，根据南方公司"其他应收款"总账账户及明细账户资料，编制明细分类账户本期发生额及余额表如表 3-2-1 所示。

表 3-2-1 其他应收款明细分类账户本期发生额及余额表

×年 3 月 31 日

明细分类账户	期初余额	本期发生额		期末余额
		借方	贷方	
张　红	7 000	3 000	7 000	3 000
王　丽	8 000	7 000	11 000	4 000
合　计	15 000	10 000	18 000	7 000

上述计算可以发现，其他应收款的两个明细账金额合计后，期初余额合计等于其他应收款总账科目的期初余额，两个明细账本期借方发生额合计数等于总账科目借方发生额，两个明细账户贷方发生额合计数等于总账科目的贷方发生额，两个明细分类账户的期末余额合计数等于总账科目的期末余额，所以是按照平行登记的要求对总账和明细账进行了登记。

明细分类账户本期发生额及余额表的格式有两种：一种适用于只需用货币指标反映的"应收账款""应付账款"等明细分类账户，如表 3-2-1 所示的"其他应收款明细账户发生额及余额表"。

另一种是适用于需要同时以货币和实物量指标来反映的财产物资，如"原材料""库存商品"等账户，其格式如表 3-2-2 所示。

表 3-2-2 库存商品明细分类账户本期发生额及余额表

×年 3 月 31 日

明细账户名称	计量单位	单价	月初结存		本期发生额				月末结存	
					收入		发出			
			数量	金额	数量	金额	数量	金额	数量	金额
A 产品	件	150	20	3 000	40	6 000	50	7 500	10	1 500
B 产品	件	100	40	4 000	120	12 000	150	15 000	10	1 000
合　计				7 000		18 000		22 500		2 500

项目4 记账基础(二)

项目4.1 企业基本经济业务概述

由于工业企业的生产经营活动复杂,涉及的环节多,本项目将以工业企业的基本经济业务为例,阐述账户和借贷记账法的应用。

工业企业是从事商品生产和经营,并通过经营活动取得利润的单位。

企业要开展经营活动完成经营目标,就需要从各种渠道筹集一定的资金。投资者投入的资本金是一个重要的资金来源,另外,企业还可以通过负债方式向债权人借入资金。这些资金进入企业后,会随着企业经营过程的开展和经济业务的发生,转换其占用形态。

工业企业的经营过程包括供应过程、生产过程和销售过程。企业的经营资金,依次经过这三个过程不断地循环和周转。而会计核算就是要反映、监督经营资金的循环和周转,以及其保值和增值情况。

在供应过程,企业要购置生产所需的机器设备,以及为生产采购准备各种材料,企业经营资金由货币资金转化成储备资金。其主要的经济业务是固定资产购建,材料采购成本的计算和结转,以及由此产生的相关账款的结算。

在生产过程,企业为制造产品会发生各种耗费,在供应过程采购的原材料随着生产的领用,由材料储备资金变成生产资金,固定资产随着在生产中的损耗,以折旧的形式逐渐变成生产资金;生产工人在生产中的活劳动形成了工资及福利费等人工费;生产车间为管理和组织生产而发生各种间接耗费。最终经过生产制造过程,形成产成品,生产资金转化为成品资金。其主要的经济业务是生产制造过程中发生的各种费用的归集和分配,以及产品生产成本的计算和结转。

在销售过程,企业销售产品,收回货款,一方面,企业产品的生产成本等形成了产品的销售成本,在销售中发生的各种耗费形成销售费用。另一方面,取得了销售收入,企业的销售成本和销售费用得到了补偿,其超出部分则形成了企业的利润。企业的产品资金转化为货币资金,实现了经营资金的保值和增值。其主要的经济业务为产品销售收入及销售成本的确认,以及由此形成的销售账款的结算,并在此基础上确定利润,按规定的办法和分配顺序进行利润的分配。

以下以鸿源有限公司某年12月发生的相关经济业务为例,说明工业企业主要经济业务的核算。

项目4.2 资金筹集资金业务的核算

一、投入资本的核算

【例4.1】接受众和实业有限公司投入的资本金400 000元,存入银行。

此项经济业务一方面使企业银行存款增加,应借记"银行存款"科目;另一方面,收到了众和投入的货币资金,投资者投入的实收资本增加,应贷记"实收资本"科目。因此,编制会计分录如下:

  借:银行存款　　　　　　　　　400 000
    贷:实收资本—众和实业　　　　　400 000

【例4.2】收到江河有限公司投入机器设备一台,原值500 000元,已提折旧100 000元,投资协议作价350 000元。

此项经济业务一方面使得企业固定资产增加,应按固定资产的成本借记"固定资产"科目;另一方面,收到了江河有限公司投入的实物资产,投资者投入的实收资本增加,应贷记"实收资本"科目。而投资者投入的固定资产的成本,应当按照投资合同或协议约定的价值确定,因此,编制会计分录如下:

  借:固定资产　　　　　　　　　350 000
    贷:实收资本—江河有限公司　　　350 000

【例4.3】收到江河有限公司投入专利权一项,投资协议作价90 000元。

此项经济业务一方面使得企业无形资产增加,应按无形资产的成本借记"无形资产"科目;另一方面,收到了江河有限公司投入的无形资产,投资者投入的实收资本增加,应贷记"实收资本"科目。投资者投入的无形资产的成本,应当按照投资合同或协议约定的价值确定,因此,编制会计分录如下:

  借:无形资产　　　　　　　　　90 000
    贷:实收资本—江河有限公司　　　90 000

二、借入资金的核算

【例4.4】企业从银行取得流动资金贷款100 000元,期限6个月,年利率4.8%,按季付息,到期还本。

根据相关规定,企业向银行借入的贷款,应先转入企业在贷款银行开立的账户后再支用,因而,此项经济业务一方面使得企业银行存款增加,应借记"银行存款"科目;另一方面,企业向银行借入的期限在一年以下的借款增加,应贷记"短期借款"科目。因此,编制会计分录如下:

  借:银行存款　　　　100 000
    贷:短期借款　　　　100 000

【例4.5】企业为建造厂房向银行取得固定资产贷款600 000元,期限三年,年利率7.2%,按年付息,到期还本。

此项经济业务一方面使企业银行存款增加,应借记"银行存款"科目;另一方面,企业向银行借入的期限在一年以上的借款增加,应贷记"长期借款"科目。因此,编制会计分录如下:

  借:银行存款　　　　600 000
    贷:长期借款　　　　600 000

三、资金退出业务的核算

1. 上交税费

【例4.6】企业以银行存款上交增值税9 000元、消费税1 000元。

此项经济业务一方面使企业银行存款减少,应贷记"银行存款"科目;另一方面企业实际交纳了增值税、消费税,使得应交税费这项负债减少,应借记"应交税费"科目。因此,编制会计分录如下:

  借:应交税费——应交增值税(已交税金) 9 000
     ——应交消费税   1 000
   贷:银行存款   10 000

2. 支付利润

【例4.7】企业以银行存款向众和实业有限公司和江河有限公司分别支付利润100 000元和150 000元。

此项经济业务一方面使企业银行存款减少,应贷记"银行存款"科目;另一方面企业实际向投资者支付了现金利润,使得应付股利这项负债减少,应借记"应付股利"科目。因此,编制会计分录如下:

  借:应付股利——众和实业 100 000
     ——江河有限公司 150 000
   贷:银行存款   250 000

3. 偿还债务

【例4.8】企业以银行存款偿还到期的短期借款1 000 000元。

此项经济业务一方面使企业的银行存款减少,应贷记"银行存款"科目;另一方面企业偿还了到期的借款,使得短期借款这项负债减少,应借记"短期借款"科目。因此,编制会计分录如下:

  借:短期借款 1 000 000
   贷:银行存款 1 000 000

项目4.3 采购过程业务的核算

工业企业在采购过程的主要经济活动是购建机器设备形成固定资产,根据生产的需要采购各种原材料,并根据经济合同和相关结算制度进行账款的结算。因此,采购过程的主要核算任务是归集、计算和结转固定资产购建成本以及材料采购成本,并反映由此产生的相关账款的结算情况。

一、原材料及其采购成本

1. 材料采购成本的构成

材料采购成本是指为采购原材料而发生的各项费用,具体包括:

(1) 材料的买价:指供货发票上记载的销售价格。

(2) 运杂费:指材料在运输过程中发生的运输费、装卸费、保险费、包装费、仓储费等。

(3) 合理损耗:指材料在采购过程中发生的、在合理损耗范围内的损毁、短缺等。

(4) 挑选整理费:指需要经过挑选整理才能使用的购入材料,在挑选过程中发生的工资、费用支出以及物资损耗的价值。

(5) 其他费用:指其他可直接归属于材料采购成本的费用,如进口材料的关税等。

以上(2)至(5)项又称为采购费用,材料的买价加上采购费用,就构成了材料的采购成本。

2. 材料采购费用的分配

材料在采购过程中发生的采购费用,凡由某种材料负担的直接计入该材料的采购成本;由几种材料共同负担的采购费用,则需按材料的数量、重量、体积、买价等标准,在这几种材料之间进行分配,根据分配的各材料应负担的采购费用计入材料的采购成本。

例如,企业从腾飞电子厂购入甲材料100公斤,价格15 000元,乙材料400公斤,价格40 000元,将两种材料运回企业时,发生运杂费2 500元。

此笔采购业务中,甲材料的买价15 000元和乙材料的买价40 000元,均可直接记入甲材料的采购成本和乙材料的采购成本,而运杂费是为采购两种材料发生,需采用合理的标准进行分配,此处选择按采购材料的重量进行分配如下:

每公斤材料应负担的运杂费=2500/(100+400)=5(元/公斤)

甲材料负担的运杂费=100×5=500(元)

乙材料负担的运杂费=400×5=2 000(元)

甲材料采购成本=15 000+500=15 500(元)

乙材料采购成本=40 000+2 000=42 000(元)

二、采购过程核算应设置的账户

为完成采购过程核算的主要核算任务,需设置以下账户:

1. 固定资产

根据资产类"固定资产"科目设置,用以核算企业持有的固定资产的原值。企业购建的固定资产以购建成本为原值记入该账户的借方;处置固定资产时,按其账面原值记入该账户的贷方。该账户的期末余额在借方,反映企业持有的固定资产的原值。

2. 累计折旧

根据资产类"累计折旧"科目设置,是"固定资产"账户的备抵账户,用以反映企业持有固定资产的累计折旧。企业的固定资产在使用过程中损耗的价值,以折旧的方式按月计提,记入该账户的贷方,反映的是企业固定资产净值的减少;处置固定资产时,按其已计提的累计折旧额,记入该账户的借方。该账户的期末余额在贷方,反映的是企业持有的固定资产已计提的累计折旧,即已损耗的价值,"固定资产"账户的期末借方余额减去"累计折旧"账户的期末贷方余额,即为企业持有的固定资产的净值。

3. 材料采购

根据资产类"材料采购"科目设置,用以归集和计算企业购入材料的采购成本。企业购入材料的价款和采购费用,按应计入材料采购成本的金额,记入该账户的借方;当材料完成采购过程验收入库时,按计算出的实际采购成本,记入该账户的贷方。该账户的期末余额在借方,反映企业在途材料的采购成本。该账户可按材料的采购单位和材料品种设置明细账户进行明细核算。

4. 原材料

根据资产类"原材料"科目设置,用以核算企业库存原材料的收入、发出及结存的增减变化情况。购入材料验收入库时,按实际采购成本记入该账户的借方;材料发出时,按其实际成本记入该账户的贷方。该账户的期末余额在借方,反映的是企业仓库中结存原材料的实际成本。该账户可按材料的品种、规格设置明细账户进行明细核算。

5. 应付账款

根据负债类"应付账款"科目设置,用以核算企业因购买材料、商品等经营活动应支付的款项。企业购入材料、商品等验收入库,但货款尚未支付时,按应付的款项记入该账户的贷方;实际支付前欠款项时,记入该账户的借方。该账户的期末余额在贷方,反映企业尚未支付的应付账款余额。该账户可按债权人设置明细账户进行明细核算。

6. 应付票据

根据负债类"应付票据"科目设置,用以核算企业购买材料时开出、承兑的商业汇票,包括银行承兑汇票和商业承兑汇票。企业开出、承兑商业汇票或以承兑商业汇票抵付货款、应付账款时,按票面金额记入该账户的贷方;商业汇票到期支付票款时,按票面金额记入该账户的借方。该账户的期末余额在贷方,反映企业尚未到期的商业汇票的票面金额。

7. 应交税费——应交增值税

根据负债类"应交税费——应交增值税"明细科目设置,用以核算增值税的交纳情况。

增值税是对我国境内销售、进口货物,或者提供加工、修理修配劳务的增值额征收的一种流转税。按税法的规定,凡在我国境内销售、进口货物,或提供加工、修理修配劳务的单位和个人为增值税的纳税义务人,应依法交纳增值税。按照纳税人的经营规模及会计核算的健全程度,增值税纳税人分为一般纳税人和小规模纳税人。一般纳税人应纳增值税额,根据当期销项税额抵扣当期进项税额后差额确定;小规模纳税人应纳增值税额,根据销售额和规定的征收率计算确定。本书以下均以一般纳税人为例,说明应交增值税的核算方法。

根据税法的规定,一般纳税人应纳增值税额的计算公式为:

$$应纳税额=销项税额-进项税额$$

纳税人在销售货物或提采购税劳务时,应按销售额和规定的税率计算并向购买方收取的增值税额为销项税额。

纳税人在购进货物或接受劳务时,所支付的增值税额为进项税额。准予从销项税额中抵扣的进项税额通常包括:(1) 从销售方取得的增值税专用发票上注明的增值税额;(2) 从海关取得的完税凭证上注明的增值税额。当期的进项税额若抵扣不完,可以留待下期继续抵扣。

为了核算企业应交增值税的发生、抵扣、交纳等情况,应在"应交税费——应交增值税"明细账内设置"进项税额""已交税金""销项税额"等专栏。企业采购物资等,按可抵扣的增值税额,记入该账户的借方(进项税额);销售货物或提采购税劳务时,按应收取的增值税额,记入该账户的贷方(销项税额);企业交纳的增值税,按实际上交税额记入该账户的借方(已交税金)。该账户的期末余额若在贷方,反映企业应交纳的增值税;期末余额若在借方,反映企业尚未抵扣的进项税额。

三、采购过程主要经济业务的核算

【例 4.9】向联合机械厂购入不需安装的设备一台,价款 200 000 元,增值税专用发票上注明的增值税额为 34 000 元,设备已运至企业并交付使用,款项尚未支付。

此项经济业务一方面使企业固定资产增加,应按其成本借记"固定资产"科目,购入固定资产所支付的进项税额,按规定不得从销项税额中进行抵扣,应与买价一同计入固定资产的成本;另一方面,由于企业尚未支付采购账款,使得应付账款这项负债增加,应贷记"应付账款"科目。因此,编制会计分录如下:

借:固定资产 234 000
　　贷:应付账款—联合机械厂 234 000

【例 4.10】向阳光实业公司购入甲材料 3 000 公斤,单价 100 元,增值税专用发票上注明的增值税额为 51 000 元;乙材料 2 000 公斤,单价 20 元,增值税专用发票上注明的增值税额为 6 800 元。款项以商业汇票支付。

此项采购业务一方面发生了采购价款,应记入材料的采购成本,借记"材料采购"科目;同时,增值税专用发票上注明的因采购材料而支付的增值税进项税额,可以在销项税额中进行抵扣,借记"应交税费—应交增值税(进项税额)"科目;另一方面,企业以商业汇票支付了账款,使得应付票据这项负债增加,应贷记"应付票据"科目。因此,编制会计分录如下:

借:材料采购—甲材料 300 000
　　　　　—乙材料 40 000
　　应交税费—应交增值税(进项税额) 57 800
　　贷:应付票据 397 800

【例 4.11】向阳光实业购入的甲、乙材料运至企业验收入库,以银行存款支付运杂费 5 000 元。

此项经济业务一方面发生了记入材料采购成本的运杂费,应借记"材料采购"科目;另一方面使得企业银行存款减少,应贷记"银行存款"科目。

由于材料采购需按材料的采购单位和品种进行明细核算,因此对于由甲、乙材料共同负担的采购费用需采用一定的标准进行分配后,分别记入甲、乙材料的采购成本。若选择材料重量为分配标准,则:

每公斤材料应负担的运杂费=5 000/(3 000+2 000)=1(元/公斤)
甲材料负担的运杂费=3 000×1=3 000(元)
乙材料负担的运杂费=2 000×1=2 000(元)
因此,编制会计分录如下:

借:材料采购—甲材料 3 000
　　　　　—乙材料 2 000
　　贷:银行存款 5 000

【例 4.12】向鼎力电子有限公司购入丙材料 5 000 件,单价 20 元,增值税专用发票上注明的增值税额为 17 000 元,代垫运费 3 000 元,款项以银行存款支付,材料尚未运至企业。

此项经济业务与前述采购业务类似,应注意的是其中的代垫运费,它是指由供货方支付但应由购买方负担的运杂费。从购买方的角度,一方面发生了采购材料的运杂费,应借记"材料采购"科目;另一方面由于此运费已由供货方代为垫付给运输单位,因此,需根据采购账款的结算情况,分别贷记"银行存款""应付账款"或"应付票据"等科目,将运费与购货账款等一并支付给供货单位。此例中,应贷记"银行存款"科目。编制会计分录如下:

借:材料采购—丙材料 103 000
　　应交税费—应交增值税(进项税额) 17 000
　　贷:银行存款 120 000

【例4.13】以银行存款支付前欠联合机械厂采购设备账款。

此项经济业务一方面偿还了前欠账款使得负债减少,应借记"应付账款"科目;另一方面企业的银行存款减少,应贷记"银行存款"科目。因此,编制会计分录如下:

借:应付账款—联合机械厂　　234 000
　　贷:银行存款　　　　　　　　　234 000

【例4.14】结转本期验收入库材料的采购成本。

对那些已经完成了采购过程并验收入库的外购材料,应根据材料采购账户归集的买价和采购费用,计算出其实际采购成本,并按实际采购成本将其从"材料采购"账户的贷方,结转到"原材料"账户的借方,以反映库存原材料的增加。由于企业采购业务发生频繁,为了简化入库材料的日常核算工作,企业一般在月末对本月入库材料进行汇总后,编制"收料凭证汇总表",并据以编制结转入库材料成本的会计分录。

根据前述各项经济业务,本月向阳光实业购入的甲、乙材料已完成采购过程验收入库,通过计算,甲材料3 000公斤,总成本303 000元,单位成本101元,乙材料2 000公斤,总成本42 000元,单位成本21元。对以上材料进行采购成本的结转,编制会计分录如下:

借:原材料—甲材料　　　303 000
　　　　　—乙材料　　　 42 000
　　贷:材料采购—甲材料　　303 000
　　　　　　　　—乙材料　　 42 000

向鼎力电子有限公司购入的丙材料尚未完成采购过程,不能进行采购成本的结转,保留在"材料采购"账户中,反映在途丙材料的实际成本。

根据以上分录登记的"材料采购"相关明细账户记录如下:

借	材料采购—甲材料	贷	借	材料采购—乙材料	贷
(10) 300 000			(10) 40 000		
(11) 3 000		(14) 303 000	(4) 2 000		(14) 42 000
本期发生额:303 000		本期发生额:303 000	本期发生额:5 000		本期发生额:42 000

借	材料采购—丙材料	贷
(10) 103 000		
本期发生额:103 000		
期末余额: 103 000		

项目4.4　生产过程业务的核算

一、生产过程核算应设置的账户

为完成生产成本的核算和期间费用的归集任务,需设置以下账户:

1. 生产成本

根据成本类"生产成本"科目设置,用以归集和计算产品生产过程中发生的各项生产成本。企业发生的各项直接生产成本,记入该账户的借方;期末分配应负担的制造费用,由"制造费用"账户贷方转入该账户的借方;企业已生产完工并验收入库的产成品,应按其实际生产成本记入该账户的贷方。该账户的期末余额在借方,反映企业尚未加工完成的在产品成本。该账户应按成本核算对象(产品的品种等)设置明细账,并按照规定的成本项目设置专栏进行明细核算。

2. 制造费用

根据成本类"制造费用"科目设置,用以归集和分配企业为生产产品而发生的各项间接费用。当企业发生各项间接费用时,记入该账户的借方;期末,按该账户借方归集的间接费用总额,采用一定的方法在各种产品间进行分配,按各种产品分摊的制造费用金额从该账户的贷方,转入"生产成本"账户的借方,结转后该账户无余额。该账户可按不同的生产车间、部门设置明细账,并按照费用项目设置专栏进行明细核算。

3. 库存商品

根据资产类"库存商品"科目设置,用以核算企业库存商品的增减变化情况。企业产品生产完工并验收入库时,按其实际生产成本记入该账户的借方;企业对外销售产品出库,结转销售成本时,按销售产品的实际生产成本记入该账户的贷方。该账户的期末余额在借方,反映企业库存商品的实际成本。该账户可按产品的种类、品种和规格设置明细账进行明细核算。

4. 销售费用

根据损益类"销售费用"科目设置,用以核算企业销售产品和材料过程中发生的各种费用,包括保险费、包装费、展览费和广告费、商品维修费、预计产品质量保证损失、运输费、装卸费以及为销售本企业产品而专设的销售机构(含销售网点、售后服务网点等)的职工薪酬、业务费、固定资产折旧及修理费等经营费用。企业在产品和材料销售过程中发生的各项销售费用,记入该账户的借方;期末,应将该账户的余额转入"本年利润"账户,结转后该账户无余额。该账户可按费用项目设置专栏进行明细核算。

5. 管理费用

根据损益类"管理费用"科目设置,用以核算企业为组织和管理生产经营所发生的管理费用,包括企业在筹建期间发生的开办费、董事会和行政管理部门在企业经营管理中发生的或者应由企业统一负担的公司经费(包括行政管理部门职工薪酬、固定资产折旧及修理费、物料消耗、低值易耗品摊销、办公费和差旅费等)、工会经费、董事会费(包括董事会成员津贴、会议费和差旅费等)、聘请中介机构费、咨询费、诉讼费、业务招待费、房产税、车船使用税、土地使用税、印花税、技术转让费、研究费用、排污费用等。企业发生的各项管理费用,记入该账户的借方;期末,应将该账户的余额转入"本年利润"账户,结转后该账户无余额。该账户可按费用项目设置专栏进行明细核算。

6. 财务费用

根据损益类"财务费用"科目设置,用以核算企业为筹集生产经营所需资金而发生的筹资费用,包括利息支出、汇兑损益以及相关的手续费等。企业发生的各项财务费用,记入该账户的借方;期末,应将该账户的余额转入"本年利润"账户,结转后该账户无余额。该账户可按费用项目设置专栏进行明细核算。

另外,在对生产成本和期间费用进行归集时,还会涉及其他相关账户,如"长期待摊费用""应付职工薪酬""应付利息"等,以下将结合相关经济业务对其进行说明。

二、生产过程主要经济业务的核算

(一)材料费用的核算

【例4.15】月末,根据本月领料凭证进行汇总,编制发出材料汇总表如表4-4-1所示。

表4-4-1 材料发出汇总表

项 目	甲材料 数量（公斤）	甲材料 金额（元）	乙材料 数量（公斤）	乙材料 金额（元）	合 计
生产车间领用					
A产品耗用	600	60 600	800	16 800	77 400
B产品耗用	800	80 800	300	6 300	87 100
车间一般耗用	1 000	101 000	500	10 500	111 500
小 计	2 400	242 400	1 600	33 600	276 000
销售部门领用	50	5 050			5 050
行政管理部门领用			20	420	420
合 计	2 450	247 450	1 620	34 020	281 470

根据本月材料发出汇总表中资料，本月发出材料费用包括：

（1）A产品耗用：为A产品生产耗费的直接材料，应直接计入A产品生产成本，借记"生产成本—A产品"科目；

（2）B产品耗用：为B产品生产耗费的直接材料，应直接计入B产品生产成本，借记"生产成本—B产品"科目；

（3）生产车间一般耗用：为生产A、B两种产品共同耗费的间接材料，应先归集在制造费用中，待期末采用一定的方法在A、B两种产品间进行分配，借记"制造费用"科目；

（4）销售部门领用：为销售部门发生的物料消耗，应计入当期销售费用，借记"销售费用"科目；

（5）行政管理部门领用：为行政管理部门发生的物料消耗，应计入当期的管理费用，借记"管理费用"科目。

另一方面，由于各部门领用了原材料，使得仓库中库存的原材料减少，应贷记"原材料"科目。因此，编制会计分录如下：

借：生产成本—A　　　　　　77 400
　　　　　　—B　　　　　　87 100
　　制造费用　　　　　　　111 500
　　销售费用　　　　　　　 5 050
　　管理费用　　　　　　　 420
　贷：原材料—甲材料　　　　　　247 450
　　　　　 —乙材料　　　　　　 34 020

（二）职工薪酬的核算

职工薪酬是指企业为获得职工提供的服务而给予各种形式的报酬以及其他相关支出。包括：

（1）职工工资、奖金、津贴和补贴：指构成职工工资总额的各个部分；

（2）职工福利费：指为职工集体提供的福利，如补助生活困难职工等，对于非独立法

人和非对外营利性的职工医院、浴室、食堂餐饮等支出均可在福利费中列支;

(3) 社会保险费:指企业按国家规定的基准和比例计算,向社会保险经办机构缴纳的医疗保险金、基本养老保险金、补充养老保险金、失业保险费、工伤保险费和生育保险费等社会保险,以及以商业保险形式提供给职工的各种保险待遇;

(4) 住房公积金:指企业按国家规定的基准和比例计算,向住房公积金管理机构缴纳的住房公积金;

(5) 工会经费和职工教育经费:指根据国家规定的基准和比例计算,用于开展工会活动和职工教育及技能培训的开支;

(6) 非货币性福利:指企业提供给职工的实物福利、服务性福利、优惠性福利及有偿休假性福利等;

(7) 其他职工薪酬:如因解除与职工的劳动关系而给予的补偿,以及其他与获得职工服务相关的支出。

企业应在职工为其服务的会计期间,将应付的职工薪酬确认为负债,并根据职工提供服务的受益对象,分别计入产品生产成本或当期损益。具体分以下情况进行处理:

(1) 直接生产工人的职工薪酬:为产品生产耗费的直接人工,直接计入产品生产成本,借记"生产成本"科目;

(2) 生产车间管理及技术人员的职工薪酬:为产品生产耗费的间接人工,计入制造费用,借记"制造费用"科目;

(3) 销售人员的职工薪酬:借记"销售费用"科目;

(4) 行政管理人员的职工薪酬:借记"管理费用"科目。

为了反映职工薪酬的提取、结算、使用等情况,企业应设置"应付职工薪酬"账户。该账户根据负债类"应付职工薪酬"科目设置,用以核算企业根据有关规定应付给职工的各种薪酬,企业计算出的应付各项职工薪酬记入该账户的贷方,实际发放职工薪酬时记入该账户的借方。该账户的期末余额在贷方,反映企业应付未付的职工薪酬。该账户可按"工资""职工福利""社会保险费""工会经费""职工教育经费""非货币性福利"等设置明细账进行明细核算。

企业在确认各项应付职工薪酬这项负债时,应注意区分其是否有国家明确规定的相关计提标准分别计量。对于国家规定了计提基础和计提比例的,应当按照国家规定的标准计提。例如,应向社会保险经办机构等缴纳的医疗保险费、养老保险费、失业保险费、工伤保险费、生育保险费等社会保险费,应向住房公积金管理机构缴存的住房公积金,以及工会经费和职工教育经费等。国家没有规定计提的基础和计提比例的,企业应当根据历史数据和实际情况,合理预计当期应付职工薪酬。当期实际发生金额大于预计金额的,应当补提应付职工薪酬;当期实际发生的金额小于预计金额的,应当冲回多提的应付职工薪酬。

【例4.16】结算本月应付职工工资110 500元,其中A产品生产工人30人,工资45 000元,B产品生产工人15人,工资22 500元,车间管理人员4人,工资16 000元,销售部门人员2人,工资12 000元,行政管理部门3人,工资15 000元。

企业结算出的职工工资,应在职工为其服务的当月,一方面将其确认为"应付职工薪酬"这项负债,贷记"应付职工薪酬——工资"科目;另一方面,根据职工提供服务的受益对象,分别计入产品生产成本或当期损益,其中从事产品生产的直接生产工人工资借记"生产成本"科目,车间管理人员工资借记"制造费用"科目,销售部门人员工资借记"销售费用"科目,行政管理部门人员工资借记"管理费用"科目。因此,编制会计分录如下:

借:生产成本—A产品　　　45 000
　　　　—B产品　　　　22 500
　　制造费用　　　　　　16 000
　　销售费用　　　　　　12000
　　管理费用　　　　　　15 000
　　贷:应付职工薪酬—工资　　110 500

【例4.17】根据国家规定的计提标准,分别按职工工资总额的9%、7%计提本月应向社会保险经办机构缴纳的职工社会医疗保险和社会养老保险。

根据国家规定的计提基础和计提标准,本月应计提的社会保险费为:
A产品生产工人社会保险费:45 000×(9%+7%)=7 200
B产品生产工人社会保险费:22 500×(9%+7%)=3 600
车间管理人员社会保险费:16 000×(9%+7%)=2 560
销售部门人员社会保险费:12 000×(9%+7%)=1 920
行政管理部门人员社会保险费:15 000×(9%+7%)=2 400
　　合　　计　　　　　　　　　　　　　　　17 680

企业计提的社会保险费,一方面,作为应付职工薪酬的构成部分,贷记"应付职工薪酬"科目;另一方面根据职工提供服务的受益对象,分别计入产品生产成本或当期损益,其中从事产品生产的直接生产工人社会保险费借记"生产成本"科目,车间管理人员社会保险费借记"制造费用"科目,销售部门人员社会保险费借记"销售费用"科目,行政管理部门人员社会保险费借记"管理费用"科目。因此,编制会计分录如下:

借:生产成本—A产品　　7 200
　　　　—B产品　　　3 600
　　制造费用　　　　　2 560
　　销售费用　　　　　1 920
　　管理费用　　　　　2 400
　　贷:应付职工薪酬—社会保险费　　17 680

【例4.18】企业下设一所职工食堂,每月按在岗职工人数每人补贴食堂250元。

对职工的伙食补贴,国家并无规定的计提基础和计提标准,企业每月应根据在岗职工数量及岗位分布情况、相关历史经验数据等计算需要补贴食堂的金额,确定本月因职工食堂而需要承担的福利费金额:
A产品生产工人福利费:30×250=7 500
B产品生产工人福利费:15×250=3 750
车间管理人员福利费:4×250=1 000
销售部门人员福利费:2×250=500
行政管理部门人员福利费:3×250=750
　　合　　计　　　　　　　　　13 500

企业计提的福利费,一方面,作为应付职工薪酬的构成部分,贷记"应付职工薪酬"科目;另一方面根据职工提供服务的受益对象,分别计入产品生产成本或当期损益,其中从事产品生产的直接生产工人福利费借记"生产成本"科目,车间管理人员福利费借记"制造费用"科目,销售部门人员福利费借记"销售费用"科目,行政管理部门人员福利费借记"管理费用"科目。因此,编制会计分录如下:

借:生产成本——A产品　　　　7 500
　　　　　——B产品　　　　3 750
　　制造费用　　　　　　　　1 000
　　销售费用　　　　　　　　　500
　　管理费用　　　　　　　　　750
　　贷:应付职工薪酬——职工福利　　13 500

【例4.19】委托银行代发工资110 500元。

此项经济业务为企业用银行存款发放了职工工资,一方面使得应付职工薪酬这项负债减少,应借记"应付职工薪酬"科目;另一方面,企业银行存款减少,应贷记"银行存款"科目。因此,编制会计分录如下:

借:应付职工薪酬——工资　　110 500
　　贷:银行存款　　　　　　　　110 500

【例4.20】以银行存款向社保局缴纳职工社会保险费17 680元。

此项经济业务一方面使得应付职工薪酬这项负债减少,应借记"应付职工薪酬"科目;另一方面,企业银行存款减少,应贷记"银行存款"科目。因此,编制会计分录如下:

借:应付职工薪酬——社会保险费　17 680
　　贷:银行存款　　　　　　　　　17 680

【例4.21】以现金支付职工周平生活困难补助3 000元。

此项经济业务一方面实际支付了职工福利,使得应付职工薪酬这项负债减少,应借记"应付职工薪酬"科目;另一方面,企业现金减少,应贷记"库存现金"科目。因此,编制会计分录如下:

借:应付职工薪酬——职工福利　　3 000
　　贷:库存现金　　　　　　　　　3 000

(三)固定资产费用的核算

固定资产的费用包括固定资产折旧费用,以及固定资产在使用过程中发生的更新改造、修理费用等后继支出。

固定资产在其使用寿命内,虽然能够保持其原有的实物形态,但其价值却在使用中逐渐损耗,这部分损耗的价值称为折旧。

企业对每项固定资产,应在其使用寿命内,根据确定的折旧方法,计算该项固定资产本月折旧额,一方面减少固定资产账面价值,贷记"累计折旧"科目;另一方面,根据固定资产的用途,分别计入产品成本和期间费用,借记相关成本费用科目如下:

生产车间使用的固定资产,计提的折旧应计入制造费用,借记"制造费用"科目;

行政管理部门使用的固定资产,计提的折旧应计入管理费用,借记"管理费用"科目;

销售部门使用的固定资产,计提的折旧应计入销售费用,借记"销售费用"科目;

经营租出的固定资产,计提的折旧应计入其他业务成本,借记"其他业务成本"科目。

企业生产车间和行政管理部门发生的固定资产修理费用,计入管理费用,销售机构发生的固定资产修理费用,计入销售费用。

【例4.22】按确定的方法计提本月固定资产折旧20 000元,其中生产车间使用固定资产折旧10 000元,行政管理部门使用固定资产折旧7 000元,销售机构使用的固定资产折旧3 000元。

企业按月计提的折旧,一方面根据固定资产的用途计入相关的成本费用,其中生产车间的固定资产折旧借记"制造费用"科目,行政管理部门的固定资产折旧借记"管理费用"科目,销售机构的固定资产折旧借记"销售费用"科目;另一方面,固定资产因使用而损耗的价值应贷记"累计折旧"科目。因此,编制会计分录如下:

借:制造费用　　　　10 000
　　管理费用　　　　 7 000
　　销售费用　　　　 3 000
　贷:累计折旧　　　　20 000

【例4.23】对生产车间的一台生产机器进行日常修理,以银行存款支付修理费1 500元。

此项经济业务一方面发生了生产车间的固定资产修理费,应计入本期管理费用,借记"管理费用"科目;另一方面,企业的银行存款减少,应贷记"银行存款"科目。因此,编制会计分录如下:

借:管理费用　　　　　　1 500
　贷:银行存款　　　　　　　1 500

(四)其他费用的核算

【例4.24】行政管理人员杨超报销差旅费3 600元,原预借5 000元,余款交回现金。

此项经济业务一方面使当期期间费用增加,由于是行政管理人员的差旅费用,应计入管理费用,借记"管理费用"科目;同时,原预借差旅费剩余部分交回现金,企业现金增加,借记"库存现金"科目;另一方面,由于报销了差旅费并交回余款,职工预借企业款项已结清,贷记"其他应收款"科目。因此,编制会计分录如下:

借:管理费用　　　　　　3 600
　　库存现金　　　　　　1 400
　贷:其他应收款—杨超　　　5 000

【例4.25】以银行存款支付本月电费7 740元,其中生产车间应负担7 440元,行政管理部门应负担300元。

此项经济业务一方面发生了生产车间和行政管理部门的电费,其中生产车间的电费应计入制造费用,借记"制造费用"科目,行政管理部门的电费应计入管理费用,借记"管理费用"科目;另一方面,企业的银行存款减少,贷记"银行存款"科目。因此,编制会计分录如下:

借:制造费用　　　　 7 440
　　管理费用　　　　　 300
　贷:银行存款　　　　　 7 740

【例4.26】以银行存款支付预订下一年度报纸杂志费4 500元。

预订下一年度的报纸杂志,虽然款项在本月实际支付,但其受益期为下一年度各月份,此时,企业应设置"长期待摊费用"账户,该账户根据资产类"长期待摊费用"科目设置,用以核算已经支付但应由本期和以后各期负担的分摊期限在一年以上的各项费用,如以经营租赁方式租入的固定资产发生的改良支出等。企业发生的长期待摊费用,记入该账户的借方;在受益期内摊销时,记入该账户的贷方。该账户的期末余额在借方,反映企业尚未摊销完毕的长期待摊费用。该账户可按费用项目设置明细账进行明细核算。

因此,上项经济业务一方面使企业长期待摊费用增加,借记"长期待摊费用"科目,另一方面,企业银行存款减少,贷记"银行存款"科目。编制会计分录如下:

借:长期待摊费用　　　　4 500
　　贷:银行存款　　　　　　4 500

在下一年度,对此项长期待摊费用应按月摊销计入各月的损益。

【例4.27】摊销应由本月负担的租入行政办公用房装修费2 200元。

租入行政办公用房屋装修费属于经营租入固定资产的改良支出,在发生时计入"长期待摊费用"账户,在房屋的租赁期内按月摊销计入各月损益。摊销时一方面本期的相关成本费用增加,借记相关成本费用科目,另一方面长期待摊费用减少,贷记"长期待摊费用"科目。行政办公用房的费用应计入管理费用,因此,编制会计分录如下:

借:管理费用　　　　　　2 200
　　贷:长期待摊费用　　　　2 200

【例4.28】计提按季支付利息的短期借款及按年支付利息的长期借款利息。假定本期利息均不符合资本化条件。

企业的借款利息,可直接归属于符合资本化条件的资产的购建或者生产的,应当予以资本化,计入符合资本化条件的资产成本。其他借款利息,应当在发生时根据其发生额确认为财务费用,计入当期损益。

借款从借入时起即开始发生利息费用,因此,对于按季支付利息的短期借款,以及按年支付利息的长期借款,企业一般采用月末计提的方式进行处理。在借入借款后的每月末,根据借款的本金和利率计算出当月应负担的利息,对于不符合资本化条件的,借记"财务费用"科目;同时增加当期应付利息这项负债,贷记"应付利息"科目。

根据【例4.4】、【例4.5】资料,本月应计提的利息费用为:

短期借款利息=100 000×4.8%÷12=400(元)
长期借款利息=600 000×7.2%÷12=3 600(元)

编制会计分录如下:

借:财务费用　　　4 000
　　贷:应付利息　　　4 000

【例4.29】以银行存款支付本季度短期借款利息1 200元。

此项经济业务一方面使企业银行存款减少,应贷记"银行存款"科目;另一方面,由于企业按月计提了短期借款利息,所以在实际支付借款利息时,冲减应付利息这项负债,借记"应付利息"科目。因此,编制会计分录如下:

借:应付利息　　　1 200

　　　　贷：银行存款　　　　　1 200

（五）制造费用的分配

【例4.30】将本月制造费用按机器工时比例在A、B产品之间进行分配。

根据生产车间工时记录，本月A产品机器工时为7 500工时，B产品机器工时为2 500工时。

根据"制造费用"账户记录，本月共发生制造费用148 500元，按A、B两种产品的机器工时比例进行分配，则：

每机器工时应分摊的制造费用＝148 500/(7 500＋2 500)＝14.85(元/小时)

A产品分摊的制造费用＝7 500×14.85＝111 375（元）

B产品分摊的制造费用＝2 500×14.85＝37 125（元）

"制造费用"账户中归集的是A、B两种产品的间接成本，也属于产品成本的重要构成部分，因此，计算出A、B两种产品应负担的制造费用后，应将其从"制造费用"账户贷方结转到A、B两种产品的"生产成本"账户借方，结转后"制造费用"账户应无余额，同时，A、B两种产品"生产成本"账户中才能反映其直接材料、直接人工及制造费用等全部成本构成项目，从而进一步计算出产品的实际生产成本。编制会计分录如下：

　　借：生产成本——A产品　　　1 11 375
　　　　　　　　——B产品　　　37 125
　　　贷：制造费用　　　　　　　148 500

（六）计算并结转完工产品成本

通过以上各项费用的归集与分配，应计入产品成本的各项费用均已记入了各产品"生产成本"账户的借方。但这些费用仅是本月发生的生产成本，对于在以前月份投产的产品，还必须考虑该产品在以前月份已发生的生产成本，即将本期发生的生产成本加上期初在产品成本，才是该产品至本月所发生的全部生产成本，然后再采用适当的方法，将其在本期完工产品和期末在产品间进行分配，从而计算并结转本期完工产品的实际生产成本。

【例4.31】A产品本月初在产品1 000件，成本65 520元，其中直接材料51 700元，直接人工12 400元，制造费用12 825元，月末全部完工验收入库。B产品无期初在产品，本月投产750件，月末尚未完工。

根据A产品的"生产成本"账户记录，至本月末共归集了A产品的生产成本314 000元，其中直接材料117 700元，直接人工72 100元，制造费用124 200元。由于A产品1 000件期末全部完工，因此，这1 000件A产品的总成本为314 000元，单位成本为314元。A产品完成了加工过程并验收入库，在计算出实际成本后，应将其从"生产成本"账户的贷方结转到"库存商品"账户的借方，按A产品的实际生产成本反映库存商品的增加。

根据B产品的"生产成本"账户记录，至本月末共归集了B产品的生产成本154 075元，其中直接材料87 100元，直接人工29 850元，制造费用37 125元。由于B产品750件全部未完工，因此，其"生产成本"账户中归集的为B产品期末在产品的成本，保留在B产品"生产成本"账户的借方，待下期继续归集B产品的生产成本。

编制会计分录如下：

借:库存商品——A产品　　　　314 000
　　贷:生产成本——A产品　　　　　314 000

根据以上会计分录登记的生产成本及期间费用等相关账户记录如下:

借	生产成本——A产品	贷	借	生产成本——B产品	贷
期初余额: 65 525			期初余额:	0	
(15)	77 400		(15)	87 100	
(16)	45 000		(16)	22 500	
(17)	7 200		(17)	3 600	
(18)	7 500		(18)	3 750	
(30)	111 375	(31)　314 000	(30)	37 125	
本期发生额:248 475		本期发生额:314 000	本期发生额:154 075		
期末余额:	0		期末余额:	154 075	

借	管理费用	贷	借	销售费用	贷
(15)	420		(15)	5 050	
(16)	15 000		(16)	12 000	
(17)	2 400		(17)	1 920	
(18)	750		(18)	500	
(22)	7 000		(22)	3 000	
(23)	1 500				
(24)	3 600				
(25)	300				
(27)	2 200				

借	制造费用	贷	借	财务费用	贷
(15)	111 500		(28)	4 000	
(16)	16 000				
(17)	2 560				
(18)	1 000				
(22)	10 000				
(25)	7 440	(30)　148 500			
本期发生额:148 500		本期发生额:148 500			

项目4.5　产品销售业务的核算

在销售过程中,企业通过出售产品或材料取得营业收入,并按销售额和规定的税率向购买方收取增值税销项税额,因此,销售过程核算的首要任务是反映营业收入的取得、增值税销项税额的发生和销售账款的结算情况,并归集在销售过程中发生的各项销售费用。另一方面,随着产品或材料的销售收入的确认,已销售产品或材料的实际生产成本或采购成本也需计入当期损益,形成营业成本;同时,企业在取得营业收入时,还应按税法的相关规定,计缴相关税费,形成营业税金。因此,销售过程的核算还需反映企业当期的营业成本及营业税金,以便计算企业的营业利润。

一、销售过程核算应设置的账户

为了完成销售过程的核算任务,企业需设置以下账户:

1. 主营业务收入

根据损益类"主营业务收入"科目设置,用以核算企业确认的销售商品等主营业务的收入。企业销售产品确认的销售收入记入该账户的贷方,月末,将该账户的余额转入"本年利润"账户,结转后该账户无余额。

2. 其他业务收入

根据损益类"其他业务收入"科目设置,用以核算企业确认的除主营业务活动以外的其他经营活动实现的收入。包括出租固定资产、出租无形资产、出租包装物和商品、销售材料等实现的收入。企业确认的其他业务收入记入该账户的贷方,月末,将该账户的余额转入"本年利润"账户,结转后该账户无余额。

3. 主营业务成本

根据损益类"主营业务成本"科目设置,用以核算企业确认销售产品等主营业务收入时应结转的成本。在每一会计期末,企业应根据本期销售各种产品等实际生产成本,计算应计入当期损益的已销售产品实际生产成本,并将其从"库存商品"账户的贷方转入"主营业务成本"账户的借方。然后,再将该账户的余额转入"本年利润"账户,结转后该账户无余额。

4. 其他业务成本

根据损益类"其他业务成本"科目设置,用以核算企业确认的除主营业务活动以外的其他经营活动所发生的支出,包括销售材料的成本、出租固定资产的折旧额、出租无形资产的摊销额、出租包装物的成本或摊销额等。企业发生的其他业务成本,记入该账户的借方,期末,应将该账户的余额转入"本年利润"账户,结转后该账户无余额。

5. 营业税金及附加

根据损益类"营业税金及附加"科目设置,用以核算企业经营活动发生的营业税、消费税、城市维护建设税、资源税和教育费附加等相关税费。企业按规定计算确定的与经营活动相关的税费,记入该账户的借方,期末,应将该账户的余额转入"本年利润"账户,结转后该账户无余额。

6. 应收账款

根据资产类"应收账款"科目设置,用以核算企业因销售商品等经营活动应收取的款项。企业发生应收账款时按应收金额,记入该账户的借方;收回应收账款时,记入该账户的贷方。该账户的期末余额在借方,反映企业尚未收回的应收账款。该账户可按债务人设置明细账进行明细核算。

7. 应收票据

根据资产类"应收票据"科目设置,用以核算企业因销售商品等收到的商业汇票,包括银行承兑汇票和商业承兑汇票。企业因销售商品收到商业汇票时,按其票面金额,记入该账户的借方;商业汇票到期,按其票面金额记入该账户的贷方。该账户的期末余额在借方,反映企业持有的商业汇票的票面金额。

二、销售过程主要经济业务的核算

【例4.32】销售给联众公司A产品600件,开具的增值税专用发票上注明售价为300 000元,增值税额为51 000元,收到联众公司开具的银行承兑汇票一张。

此项经济业务一方面使企业收到了一张银行承兑汇票,应按其票面金额即销售产品的价税合计额借记"应收票据"科目;另一方面企业通过销售产品取得的收入属于主营业务收入,应按增值税专用发票上的销售价格贷记"主营业务收入"科目,应向购货方收取的增值税销项税额,贷记"应交税费—应交增值税"科目。因此,编制会计分录如下:

借:应收票据 351 000
  贷:主营业务收入 300 000
    应交税费—应交增值税(销项税额) 51 000

【例4.33】以银行存款支付本月广告费5 000元。

此项经济业务一方面发生了广告费,应计入销售费用,借记"销售费用"科目;另一方面,企业银行存款减少,应贷记"银行存款"科目。因此,编制会计分录如下:

借:销售费用 5 000
  贷:银行存款 5 000

【例4.34】销售甲材料60公斤,开具的增值税专用发票上注明售价为7 200元,增值税额为1 224元,款项已收存银行。

此项经济业务一方面企业收到销售价款及增值税销项税额,银行存款增加,应借记"银行存款"科目;另一方面企业通过销售材料取得的收入属于其他业务收入,应按增值税专用发票上的售价贷记"其他业务收入"科目,向购货方收取的增值税销项税额,贷记"应交税费—应交增值税"科目。因此,编制会计分录如下:

借:银行存款 8 424
  贷:其他业务收入 7 200
    应交税费—应交增值税(销项税额) 1 224

【例4.35】向新辉电子厂销售A产品350件,开具的普通发票上注明价款204 750元,以银行存款代垫运费3 500元,款项尚未收到。

企业将产品销售给小规模纳税人或消费者时,只能开具普通发票,普通发票中的价款为含增值税的销售价格,此时,需将含税销售价格换算成不含税销售价格,换算公式如下:

不含税售价=含税售价/(1+增值税率)=204 750/(1+17%)=175 000(元)

增值税额=不含税售价×增值税率=175 000×17%=29 750(元)

企业销售产品过程中支付的运杂费,有两种情况:一是由销售方负担,应计入当期销售费用。二是由购买方负担,销售方代为垫付,该款项应从购买方收回,计入应向购买方收取的款项总额中。

因此,编制会计分录如下:

借:应收账款—新辉电子 208 250
  贷:主营业务收入 175 000
    应交税费—应交增值税(销项税额) 29 750
    银行存款 3 500

【例4.36】月末,结转本月销售A产品的生产成本。

本月共销售A产品950件,随着该产品的销售,一方面企业库存A产品减少,应贷记"库存商品"科目;另一方面需在本期损益中确认的已销售A产品的生产成本增加,应借记"主营业务成本"科目。根据生产过程的核算,A产品的实际生产成本为314元/件,因此,编制会计分录如下:

借:主营业务成本　　　　　298 300
　　贷:库存商品—A产品　　298 300

【例4.37】月末,结转本月销售甲材料的采购成本。

本月共销售甲材料60公斤,随着该材料的销售,一方面企业库存甲材料减少,应贷记"原材料"科目;另一方面需在本期损益中确认的已销售甲材料的实际采购成本增加,应借记"其他业务成本"科目。根据采购过程的核算,甲材料的实际采购成本为101元/公斤,因此,编制会计分录如下:

借:其他业务成本　　　　　6 060
　　贷:原材料—甲材料　　　6 060

【例4.38】本企业销售A产品属消费税应税产品,适用税率为5%,月末,计算本月销售A产品应负担的消费税。

根据相关账户记录,本月共销售A产品475 000元,按5%的税率计算应交消费税23 750元,一方面应计入当期损益,借记"营业税金及附加"科目;另一方面,由于消费税尚未实际交纳,企业应交税费这项负债增加,贷记"应交税费"科目。因此,编制会计分录如下:

借:营业税金及附加　　　　23 750
　　贷:应交税费—应交消费税　　23 750

【例4.39】月末,计提本月的城市维护建设税及教育费附加。本企业适用的城市维护建设税率及教育费附加的征收比率分别为7%和3%。

城市维护建设税和教育费附加是以企业缴纳的增值税、消费税、营业税税额为依据所征收的附加税费,分别用于城市的公用事业和公共设施的维护建设及教育支出。

经查,本期应交税费相关账户记录如下:

借	应交税费—应交消费税	贷	借	应交税费—应交增值税	贷
		期初余额:1 000			期初余额:9 000
(6)	1 000		(6) 9 000(已交)		
	(38) 23 750		(10)57 800(进项)		
			(12)17 000(进项)		(32)51 000(销项)
					(34)1 224(销项)
					(35)29 750(销项)

根据账户记录,本月应交增值税为7 174元,应交消费税为23 750元,无应交营业税,则:

应交城建税=(7 174+23 750)×7%=2 164.68(元)
应交教育费附加=(7 174+23 750)×3%=927.72(元)

本月应负担的城建税及教育费附加一方面应计入当期损益,借记"营业税金及附加"科目;另一方面,由于城建税及教育费附加尚未实际交纳,企业应交税费这项负债增加,应贷记"应交税费"科目。因此,编制会计分录如下:

借:营业税金及附加　　　　　　3 092.4
　　贷:应交税费——应交城建税　　　2 164.68
　　　　　　　——应交教育费附加　　927.72

项目 4.6　利润形成及其分配业务的核算

一、利润的核算

追求利润的最大化是企业的经营目标之一,因此,在本期收入与费用核算的基础上,需要进一步计算反映企业利润的形成及其分配情况。

(一) 利润的构成

利润是指企业在一定会计期间的财务成果。利润包括收入减去费用后的净额、直接计入当期利润的利得和损失等。

直接计入当期利润的利得和损失,是指应当计入当期损益、会导致所有者权益发生增减变动的、与所有者投入资本或者向所有者分配利润无关的利得或者损失。

收入、费用与利得、损失作为企业利润的构成部分,均会导致所有者权益发生变动,并与所有者投入资本或向所有者分配利润无关,但二者有着本质的区别:

收入与费用是企业在日常活动中形成的经济利益的总流入及总流出,而利得与损失是与企业日常活动没有直接关联的经济利益净流入或净流出。"日常活动"是指企业为完成其经营目标所从事的经常性活动以及与之相关的活动,例如,工业企业制造并销售产品,属企业为完成其经营目标所从事的经常性活动,由此产生的经济利益总流入及总流出,构成企业的收入与费用;而其出售原材料、出租固定资产等,属于与经常性活动相关的活动,由此产生的经济利益的总流入与总流出,也构成企业的收入与费用;对其处置固定资产、对外投资等活动,不是企业为完成其经营目标所从事的经常性活动,也不属于与经常性活动相关的活动,由此产生的经济利益的净流入与净流出,不构成企业的收入与费用,形成企业的利得或损失。

利润的相关计算公式如下:

1. 营业利润

营业利润＝营业收入－营业成本－营业税金及附加－销售费用－管理费用－财务费用－资产减值损失＋公允价值变动收益(－公允价值变动损失)＋投资收益(－投资损失)

其中,营业收入是指企业经营业务所确认的收入总额,包括主营业务收入与其他业务收入。

营业成本是指企业经营业务所发生的实际成本总额,包括主营业务成本和其他业务成本。

2. 利润总额

利润总额＝营业利润＋营业外收入－营业外支出

其中，营业外收入是指企业发生的与其日常活动无直接关系的各项利得。
营业外支出是指企业发生的与其日常活动无直接关系的各项损失。

3. 净利润

企业实现的利润总额，必须按税法的规定计缴企业所得税，从利润总额中扣除了企业确认的所得税费用后，形成企业的净利润。

净利润＝利润总额－所得税费用

（二）利润核算应设置的账户

为了反映利润的形成及分配情况，企业应设置以下账户：

1. 营业外收入

根据损益类"营业外收入"科目设置，用以核算企业发生的与其日常活动无直接关系的各项利得，主要包括非流动资产处置利得、盘盈利得、捐赠利得、确实无法支付而按规定程序经批准后转作营业外收入的应付款项等。企业确认各项利得时，记入该账户的贷方，期末，应将该账户的余额转入"本年利润"账户，结转后该账户无余额。该账户可按营业外收入项目设置明细账进行明细核算。

2. 营业外支出

根据损益类"营业外支出"科目设置，用以核算企业发生的与其日常活动无直接关系的各项损失，主要包括非流动资产处置损失、盘亏损失、罚款支出、公益性捐赠支出、非常损失等。企业确认各项损失时，记入该账户的借方，期末，应将该账户的余额转入"本年利润"账户，结转后该账户无余额。该账户可按营业外支出项目设置明细账进行明细核算。

3. 本年利润

根据所有者权益类"本年利润"科目设置，用以核算企业当期实现的净利润（或发生的净亏损）。企业期末结转利润时，应将各损益类账户的余额转入该账户，结平各损益类账户。结转后该账户的贷方余额为本年度实现的净利润，借方余额为本年度发生的净亏损。年度终了，应将该账户的余额转入"利润分配—未分配利润"账户，结转后该账户应无余额。

4. 所得税费用

根据损益类"所得税费用"科目设置，用以核算企业确认的应从当期利润总额中扣除的所得税费用。企业按照税法规定计算确定的当期所得税费用，记入该账户的借方，期末，应将该账户的余额转入"本年利润"账户，结转后该账户无余额。

5. 利润分配

根据所有者权益类"利润分配"科目设置，用以核算企业利润的分配和历年分配后的余额。该账户应当分别设置"提取法定盈余公积""应付现金股利或利润"和"未分配利润"等明细账进行明细核算。企业按规定提取的法定盈余公积，记入"利润分配—提取法定盈余公积"明细账户的借方；经股东大会或类似机构决议，分配给股东或投资者的现金股利或利润，记入"利润分配—应付现金股利或利润"明细账户的借方。年度终了，企业应将本年实现的净利润或发生的净亏损，自"本年利润"账户转入"利润分配—未分配利润"明细账户；同时，将"利润分配"账户所属其他明细账户的余额，转入"利润分配—未分配利润"明细账户,结转后,除"利润分配——未分配利润"明细账户外,"利润分配"账户所属的其他明细账户应无余额。"利润分配——未分配利润"明细账户的年末余额,反映企业本年度末的累积未分配利润。

6. 盈余公积

根据所有者权益类"盈余公积"科目设置,用以核算企业从净利润中提取的盈余公积。企业按规定提取盈余公积时,记入该账户的贷方;经股东大会或类似机构决议,用盈余公积弥补亏损、转增资本或派送新股时,记入该账户的借方。该账户的期末余额在贷方,反映企业的盈余公积。

7. 应付股利

根据负债类"应付股利"科目设置,用以核算企业分配的现金股利或利润。根据股东大会或类似机构审议批准的利润分配方案,按应支付的现金股利或利润,记入该账户的贷方;实际支付现金股利或利润,记入该账户的借方。该账户的期末余额在贷方,反映企业应付未付的现金股利或利润。该账户可按投资者设置明细账进行明细核算。

(三) 利润的核算

利润相关业务的核算如下:

1. 营业外收支的核算

【例 4.40】获赠机器设备一台,价值 43 000 元。

此项经济业务一方面使得企业机器设备增加,应借记"固定资产"科目;另一方面,企业接受捐赠获得了捐赠利得,应贷记"营业外收入"科目。因此,编制会计分录如下:

借:固定资产　　　43 000
　　贷:营业外收入　　　43 000

【例 4.41】以银行存款交纳违章罚款 3 650 元。

此项经济业务一方面由于被罚款处罚发生了罚款支出,应借记"营业外支出"科目;另一方面企业以银行存款支付了罚款,应贷记"银行存款"科目。因此,编制会计分录如下:

借:营业外支出　　　3 650
　　贷:银行存款　　　3 650

2. 利润的核算

【例 4.42】月末,将各损益类账户的余额结转到"本年利润"账户。

经查,本期损益类相关账户记录如下:

借	主营业务收入	贷	借	其他业务收入	贷
		(32) 300 000			(34) 7 200
		(35) 175 000			

借	营业外收入	贷	借	主营业务成本	贷
		(40) 43 000	(36) 298 300		

根据以上账户记录,将各损益类账户余额从相反方向转出,编制会计分录如下:

(1) 结转收入:

借:主营业务收入　　　　475 000
　　其他业务收入　　　　　7 200
　　营业外收入　　　　　 43 000
　贷:本年利润　　　　　　　　　525 200

借	其他业务成本	贷	借	营业税金及附加	贷
(37)	6 060		(38)	23 750	
			(39)	3 092.4	

借	管理费用	贷	借	销售费用	贷
(15)	420		(15)	5 050	
(16)	15 000		(16)	12 000	
(17)	2 400		(17)	1 920	
(18)	750		(18)	500	
(22)	7 000		(22)	3 000	
(23)	1 500		(33)	5 000	
(24)	3 600				
(25)	300				
(27)	2 200				

借	财务费用	贷	借	营业外支出	贷
(28)	4 000		(41)	3 650	

(2) 结转费用:

借:本年利润　　　　　　399 492.4
　贷:主营业务成本　　　　　　　298 300
　　　其他业务成本　　　　　　　　6 060
　　　营业税金及附加　　　　　 26 842.4
　　　销售费用　　　　　　　　　27 470
　　　管理费用　　　　　　　　　33 170
　　　财务费用　　　　　　　　 　4 000
　　　营业外支出　　　　　　　 　3 650

本月实现的利润总额为:525 200－399 492.4＝125 707.6(元)

【例4.43】已知企业适用的所得税率为25%,计提并结转本月所得税费用。

应交所得税＝125 707.6×25%＝31 426.9(元)

本期实现的净利润＝125 707.6－31 426.9＝94 280.7(元)

计算出的本月应交所得税,一方面增加了应从当期利润总额中扣除的所得税费用,应借记"所得税费用"科目;另一方面,由于该项税费尚未实际交纳,企业应交税费这项负债增加,应贷记"应交税费"科目。

另外,"所得税费用"账户的期末余额应转入"本年利润"账户,以反映当期的净利润。因此,编制会计分录如下:

(1) 计提当期所得税费用:

借:所得税费用　　　　　　　31 426.9
　　贷:应交税费——应交所得税　　31 426.9

(2) 结转所得税费用:

借:本年利润　　　　　31 426.9
　　贷:所得税费用　　　　31 426.9

根据以上相关分录登记"本年利润"账户如下:

借	本年利润	贷	
		期初余额:455 719.3	
(42)	399 492.4	(42)	525 200
(43)	31 426.9		
本期发生额:430 919.3		本期发生额:525 200	
		期末余额: 550 000	

从以上账户记录可以看出,期初余额 455 719.3 元为企业本年度 1~11 月实现的净利润,12 月实现的净利润为 94 280.7 元,当前余额 550 000 元为本年度实现的净利润。

二、利润分配的核算

利润分配是指企业根据国家有关规定和企业章程、投资者协议等,对企业当年可供分配的利润所进行的分配。当年可供分配的利润包括当年实现的净利润与年初未分配利润。

未分配利润是经过提取法定盈余公积、提取任意盈余公积和向投资者分配利润等利润分配后剩余的利润,它是企业留待以后年度进行分配的历年结存的利润,相对于本年度实现的利润来说,企业对未分配利润的使用有较大的自主权。

企业利润分配的顺序依次是:(1) 弥补亏损;(2) 提取法定盈余公积;(3) 提取任意盈余公积;(4) 向投资者分配利润。

根据《公司法》的规定,公司制企业应当按照净利润的 10% 计提法定盈余公积,法定盈余公积累计额已达注册资本的 50% 时可以不再提取。应注意的是,由于年初未分配利润为已提取法定盈余后的留存利润,因此,在计算提取法定盈余公积的基数时,不应包括年初未分配利润。

公司制企业可以根据股东大会的决议提取任意盈余公积,计提的基数与比例由企业自行决定。

公司制企业可经股东大会或类似机构决议,向投资者分配现金股利或利润。

【例 4.44】根据规定按本年税后利润的 10% 计提法定盈余公积。

法定盈余公积计提额 = 550 000 × 10% = 55 000(元)

提取法定盈余公积属于企业利润分配,该项业务一方面使企业已分配利润增加、未分配利润减少,应借记"利润分配——提取法定盈余公积"科目;另一方面,所有者权益中来自于企业盈利的积累增加,应贷记"盈余公积"科目。因此,编制会计分录如下:

借:利润分配—提取法定盈余公积　　55 000
　　贷:盈余公积　　　　　　　　　　　　　　55 000

【例4.45】根据股东大会决议,按投资者出资比例向投资者分配现金利润250 000元。已知企业的投资者众和实业有限公司和江河有限公司的出资比例为4∶6。

向投资者分配现金利润,一方面使企业已分配利润增加、未分配利润减少,应根据股东大会的决议,借记"利润分配—应付现金股利或利润"科目;另一方面,由于分配的利润尚未实际支付给投资者,企业应付股利这项负债增加,应贷记"应付股利"科目。因此,编制会计分录如下:

借:利润分配—应付现金股利或利润　　250 000
　　贷:应付股利—众和实业有限公司　　　　　100 000
　　　　　　　　—江河有限公司　　　　　　　150 000

【例4.46】年末,结转"本年利润"及"利润分配"各明细账户。

经查,结转前"本年利润"账户贷方余额为550 000元,"利润分配—提取法定盈余公积"明细账户借方余额为55 000元,"利润分配—应付现金股利或利润"明细账户的借方余额为250 000元,应将各账户余额从相反方向结转到"利润分配—未分配利润"账户。因此,编制会计分录如下:

(1)结转"本年利润"

借:本年利润　　　　　　　　550 000
　　贷:利润分配—未分配利润　　　　550 000

(2)结转"利润分配"所属各明细账户

借:利润分配—未分配利润　　　　　305 000
　　贷:利润分配—提取法定盈余公积　　55 000
　　　　　　　—应付现金股利或利润　　250 000

根据以上相关分录登记"利润分配—未分配利润"账户如下:

借	利润分配—未分配利润	贷
		期初余额:225 000
(43)　　305 000		(46)　　550 000
本期发生额:305 000		本期发生额:550 000
		期末余额:　470 000

从以上账户记录可以看出,"利润分配—未分配利润"明细账户的期初余额为本年初的累积未分配利润,年末转入其贷方的550 000元为本年度实现的净利润,转入其借方的是本年度分配的利润305 000元,期末余额470 000元为本年末的累积未分配利润。

项目 5 记账操作

项目 5.1 会计凭证的处理

一、会计凭证及其种类

(一) 会计凭证的概念

会计凭证是指记录经济业务发生和完成情况,明确经济责任,作为登记账簿依据的书面证明。

会计主体发生的每一项经济业务,都要由执行或完成该项经济业务的有关人员通过凭证来接收记录经济业务的内容、数量和金额等信息,并在凭证上签名或盖章,以对经济业务的合法性和凭证的真实性、准确性负责。会计凭证还必须经过有关人员审核无误并确认后,才可以将凭证上记录的经济业务数据记入账簿。

会计凭证的填制和审核作为会计核算工作的起点,是会计核算的基础工作,也是会计核算的基本方法之一,对于保证会计信息的客观性、真实性、完整性,如实反映和有效监督企业的经济业务具有十分重要的作用,主要体现在以下几个方面:

1. 反映经济业务,提供记账依据

通过取得或填制会计凭证,可以全面接收并记录企业日常发生的经济业务的信息,为登记账簿提供必要的依据。

2. 检查、监督经济活动

通过审核会计凭证,可以检查和监督企业所发生的经济业务是否合理、合法、合规,以保证企业财产的安全和合理使用,保证财务计划和财政制度的贯彻执行,充分发挥会计的监督作用。

3. 明确经济责任

通过认真填制和审核凭证,可以明确有关部门、有关人员在处理经济业务中的责任,加强经济责任制。

(二) 会计凭证的种类

会计凭证按其编制程序和用途的不同,可以分为原始凭证和记账凭证两大类。

1. 原始凭证

原始凭证,是在经济业务发生或完成时取得或填制的,用于记录或证明经济业务的发生或完成情况的原始凭据。

经济业务发生时,对所产生的含有账务信息的数据,要用原始凭证加以记录,以证明经济业务的完成情况,并作为编制记账凭证的依据。

原始凭证可以按不同的标准分为不同的类别。

(1) 按原始凭证来源的不同,可分为自制凭证和外来凭证

① 外来凭证,是在经济业务完成时从其他单位和个人取得的原始凭证,如外购商品

时取得的由售货单位开具的发票(增值税专用发票见图5-1-11;普通发票见图5-1-12);发运商品时取得的由运输部门开具的运输单据等。

② 自制凭证,是本企业经办人员在执行或完成某项经济业务时所填制的原始凭证,如本企业在对外销售商品时所开具的销货发票的副联(记账联)、采购员出差前借款时填写的借款单(见图5-1-1)、仓库保管人员在验收材料入库时填制的"收料单"(见图5-1-2)、"支票"(见图5-1-10)、"银行进账单""差旅费报销单"(见图5-1-3)等。

不论是外来凭证还是自制凭证,只要能证明经济业务已经执行或已经完成,经过审核后可以作为会计记账的依据。凡是不能证明经济业务已经执行或已经完成的文件,如材料请购单等,因其表明的是预期的经济业务,不属于会计的原始凭证,因而不能单独作为会计记账的依据。

借 款 单
2008年9月18日

部　　门	供应科	姓名	王志义
借款事由	出差		
借款金额	(大写) 零 十万 零 万 贰 仟 伍 佰 零 拾 零 元		
预计还款报销日期	2008年11月10日	￥2 500.00	
审 批 意 见	同意　　田勇	借款人签收	王小明 2008年9月18日

会计主管　　王平　　　　　　　　　　　　　　　　　　　　　　出纳　　田萍

图 5-1-1

收 料 单

供货单位:武汉全网有限公司
发票号码:00079372　　　　2008年9月28日　　　　收货仓库:1号仓

材料类别	名称及规格	计量单位	数量		实际成本		计划单价	金额	差异
			应收	实收	单价	金额			
甲材料		公斤	1 000	1 000		100 000		100 000	
合　　计			1 000	1 000	×	100 000	×	100 000	

质量检验:李新梅　　　　　收料:陈忠生　　　　　制单:王珍

图 5-1-2

差旅费报销单

报销部门:销售科　　　　　　　　　　　　　　填报日期: 2008 年 9 月 25 日

姓名　田魁　　职别　经理　　出差事由　洽谈业务

出差起止日期自 2008 年 6 月 1 日起至 2008 年 6 月 10 日止共 10 天附单据 10 张

日期		起讫地点	天数	机票费	车船费	市内交通费	住宿费	出差补助	住宿节约补助	其他	小计
月	日										
6	1	乌市—上海	8	1 150		20×8 =160	300×7 =2 100	120×8 =960		500	4 870
6	8	上海—杭州	2		80	20×2 =40	300×2 =600	120×2 =240			960
6	10	杭州—乌市		1 150							1 150
		合计	10	2 300	80	200	2 700	1 200		500	6 980

总计金额(大写) 零 万 陆 仟 玖 佰 捌 拾 零 元 零 角 零 分　预支 5 000 元　补助 1 980 元

负责人 李忠锐　　会计 肖文龙　　审核 李刚　　部门主管 温华　　出差人 田魁

图 5-1-3

(2) 按原始凭证填制手续的不同,可以分为一次凭证、累计凭证和汇总原始凭证

① 一次凭证,是指一次性填制完成的原始凭证。此类凭证在日常经济活动中出现较多,如"发票""现金收据"(见图 5-1-4)、"入库单""收料单""借款单""银行支票"等。

收款收据

2008 年 8 月 28 日　　　　　　　　　　　　　　　　　　NO. 3213657

兹　收　到　　维龙商店
交　来购买　　计算机配件款　　　　　¥3 000.00

人民币(大写) 零 拾 零 万 叁 仟 零 佰 零 拾 零 元 零 角 零 分
收款单位:(盖章)　　　　　收款人:李华　　　　　　交款人:张文阁

图 5-1-4

② 累计凭证,是指一定时期内,将同类重复发生的经济业务在一张凭证中多次进行记载而完成的原始凭证。

一般情况下,为了简化手续,对于日常重复发生的同类经济业务,平时随时登记每笔经济业务的发生额,并计算累计数,期末计算总数后作为记账的依据。此类凭证多为自制凭证,典型的累计凭证有"限额领料单"(见图 5-1-5)。

限额领料单

领料部门：　　　　　　　　年　月　日　　　　　　　　凭证编号：
用途：　　　　　　　　　　　　　　　　　　　　　　　发料仓库：

材料类别	材料编号	材料名称及规格	计量单位	领用限额	实际领用	单　价	金　额	备　注

供应部门负责人：　　　　　　　　　生产计划部门负责人：

日期	数量		领料人签章	发料人签章	扣除代用数量	退　　料			限额结余
	请领	实发				数量	收料人	发料人	

图 5-1-5

③ 汇总原始凭证，是指根据许多同类业务的一次凭证或累计凭证定期汇总编制的原始凭证。此类凭证一般为自制凭证，其作用是为了简化编制记账凭证及记账的手续。常见的原始凭证汇总表有"发出材料汇总表""工资汇总表"等。

2. 记账凭证

记账凭证，是由会计人员根据审核无误的原始凭证或原始凭证汇总表填制的，记载经济业务简要内容及会计分录，直接作为登记账簿依据的会计凭证。

会计部门首先是利用原始凭证将企业所发生的经济业务产生的会计数据收集起来，再通过会计确认，运用会计特有的复式记账方式，将该会计数据填写在记账凭证上，做成会计分录，来表述数据中含有的财务信息。

记账凭证按不同的标准可分为不同的类别。

（1）按记账凭证的格式，可分为专用凭证和通用凭证

① 专用凭证，是专门用于记录某一类经济业务的记账凭证。在实际工作中，按经济业务与货币资金的收付关系，将专用凭证分为收款凭证、付款凭证和转账凭证三种。

收款凭证用于记载与现金或银行存款收入有关的经济业务（见图 5-1-6）；付款凭证用于记载与现金或银行存款付出有关的经济业务（见图 5-1-7）；转账凭证用于记载与现金或银行存款收付无关的其他经济业务（见图 5-1-8）。

收款凭证

借方科目 _____   年 月 日   字第 号

摘要	贷方总账科目	明细科目	记账符号	金额 千百十万千百十元角分
合计				

财务主管   记账   出纳   审核   制单

附单据   张

图 5-1-6

付款凭证

贷方科目 _____   年 月 日   字第 号

摘要	借方总账科目	明细科目	记账符号	金额 千百十万千百十元角分
合计				

财务主管   记账   出纳   审核   制单

附单据   张

图 5-1-7

转账凭证

年 月 日   字第 号

摘要	总账科目	明细科目	✓	借方金额 十亿千百十万千百十元角分	✓	贷方金额 十亿千百十万千百十元角分
合计						

财务主管   记账   出纳   审核   制单

附单据   张

图 5-1-8

如果企业经济业务较多时,还可以按现金和银行存款的不同,将收款凭证、付款凭证进一步分为现金收款、现金付款、银行存款收款、银行存款付款凭证,连同转账凭证共五种。

值得注意的是,在实际工作中会发生同时涉及现金和银行存款的业务,引起现金和银行存款此增彼减的情况,例如从银行提取现金,或将现金送存银行,为了避免重复记账,对此类业务处理的惯例是,统一按减少方编制付款凭证,即:现金送存银行时,只填制现金付款凭证,不填制银行存款收款凭证;从银行提取现金时,只填制银行存款付款凭证,不填制现金收款凭证。

②通用凭证,是不分收款、付款和转账业务,全部业务一律使用一种通用格式的记账凭证。该凭证格式与转账凭证相似,名称统一为记账凭证(见图5-1-9)。

通用记账凭证

日期:2008年9月25日　　　　　　　　　　　　　　第023号

摘要	借方科目		借方金额									贷方金额									记账
	总账科目	明细科目	亿	千	百	十	万	千	百	十	元	角	分	亿	千	百	十	万	千	百	十	元	角	分	
赊销产品	应收账款	三勇建材					2	3	4	0	0	0	0												√
	主营业务收入	A产品																2	0	0	0	0	0	0	√
	应交税费	应交增值税(进项税额)																	3	4	0	0	0	0	√
附单据1张	合　计					¥	2	3	4	0	0	0	0				¥	2	3	4	0	0	0	0	

核准:王海涛　　　复核:郭江　　　记账:韩华　　　制单:韩华

图5-1-9

(2) 按记账凭证所记载的经济业务是否为外币业务,可分为本位币记账凭证和外币记账凭证

本位币记账凭证所记载的内容只涉及本位币种;外币记账凭证也称为复币记账凭证,要求同时反映经济业务中的外币金额、汇率、本位币金额。

(3) 按记账凭证用途的不同,可分为分录凭证、汇总凭证和联合凭证

① 分录凭证,是直接根据原始凭证编制、载明会计科目、记账方向和金额的凭证。如前述的收、付、转凭证。

② 汇总凭证,是对分录凭证加以汇总,据以登记分类账的记账凭证。如"汇总记账凭证""科目汇总表"等。

③ 联合凭证,是既有原始凭证或原始凭证汇总表的内容,同时具备记账凭证内容的凭证。例如在自制的原始凭证或原始凭证汇总表上同时印有会计科目,用于替代记账凭证作为记账的依据。实际工作中此类凭证在银行等金融机构较为常见。

二、会计凭证的书写要求

会计人员在利用原始凭证收集并记录经济活动所产生的数据,使用记账凭证对经过确认的数据进行加工处理形成会计信息,以及根据原始凭证和记账凭证将会计数据记入账簿的过程中,都要涉及数字的填写,而我国的文字中数字大小写之间的差别是很大的,同时在凭证、账簿中对数字的书写又有一定的规范性要求,因此,数字的书写作为会计工作的基本技能,显得十分重要。具体有以下要求:

1. 对阿拉伯数字书写的要求

(1) 要逐个填写，不得连笔写。

(2) 在数字前应写明币种符号或者货币名称简写和币种符号，例如人民币符号"￥"、港币符号"HK＄"、美元符号"US＄"。币种符号与数字之间不得留有空白。凡数字前写有币种符号的，数字后面不再写货币单位，如不能写成"HK＄1 000元"。

(3) 所有以元为单位的数字，一律填写到角分；无角分的，角位和分位写"00"或"—"；有角无分的，分位应当写"0"，不得用"—"代替。

(4) 在阿拉伯数字的整数部分，可以从小数点起向左按"三位一节"用分位点"，"或空一格分开，例如"89,183.00"或"89 183.00"除此之外，还应注意不要把"0"和"6""1"和"7""3"和"8""7"和"9"写得辨认不清。

2. 中文大写数字的书写要求

(1) 中文大写金额数字应用正楷或行书填写，如"壹、贰、叁、肆、伍、陆、柒、捌、玖、拾、佰、仟、万、亿、元、角、分、零、整(正)"等；不得用"一、二(两)、三、四、五、六、七、八、九、十、念、毛、另(或 0)"填写；不得自造简化字。

(2) 大写金额前要冠以"人民币"字样，其与大写金额首位数字之间不留空位，数字之间也不能留空位。

(3) 中文大写金额数字到"元"为止的，在"元"之后，应写"整"(或"正")字；中文大写金额数字到"角"为止的，在"角"之后，可以写"整"(或"正")字，也可不写"整"(或"正")字；大字金额数字有分的，在"分"字之后不写"整"(或"正")字。

(4) 大写金额数字前未印有货币名称的，应当加填货币名称，货币名称与金额数字之间不得留有空白。如"人民币捌万元整"。

3. 阿拉伯数字与中文数字之间的对应要求

阿拉伯小写金额数字中有"0"时，中文大写应按照汉语语言规律、金额数字构成和防止涂改的要求进行书写，例如：

(1) 阿拉伯数字中间有"0"时，中文大写金额要写"零"字。如￥3 509.60，应写成"人民币叁仟伍佰零玖元陆角"。

(2) 阿拉伯数字中间连续有几个"0"时，中文大写金额中间可以只写一个"零"字。如￥5 008.12，应写成"人民币伍仟零捌元壹角贰分"。

(3) 阿拉伯金额数字万位或元位是"0"，或者数字中间连续有几个"0"，万位、元位也是"0"，但千位、角位不是"0"时，中文大写金额中可以只写一个零字，也可以不写"零"字。

例如"￥102 568.35"，应写成"人民币壹拾万零贰仟伍佰陆拾捌元叁角伍分"，也可写成"人民币壹拾万贰仟伍佰陆拾捌元叁角伍分"；

例如"￥2 560.22"，应写成"人民币贰仟伍佰陆拾元零贰角贰分"，或写成"人民币贰仟伍佰陆拾元贰角贰分"；

例如"￥105 000.35"，可写成"人民币壹拾万伍仟元零叁角伍分"，或写成"人民币壹拾万零伍仟元叁角伍分"。

(4) 阿拉伯金额数字角位是"0"，而分位不是"0"时，中文大写金额"元"后面应写"零"字。

例如"￥2 568.05"，应写成"人民币贰仟伍佰陆拾捌元零伍分"。

三、原始凭证

（一）原始凭证的基本内容

原始凭证的种类较多，不同的原始凭证的具体内容不可能完全一致。例如，差旅费报销单是记录职工出差发生各项差旅费情况的，而发票记录的则是销售商品的数量和金额，两者显然差别很大。但是，原始凭证作为收集和记录经济数据的载体，都起着证明经济业务已经发生或完成的作用，因此，都应当具备说明经济业务完成情况和明确有关人员经济责任等共同的因素。

构成原始凭证的基本内容有：

1. 原始凭证的名称

不同的原始凭证有不同的名称，例如收据、发票、收料单、入库单、工资汇总表等。通过原始凭证的名称，可以说明该凭证所代表的经济业务的类型。例如，收据反映了企业收取款项的行为；发票反映了商品交易行为；收料单反映了仓库管理人员验收购入的材料的业务；运输单据反映了运输部门承运货物的经济业务等。

2. 填制的日期

一般情况下，原始凭证的日期表明的是经济业务发生的日期，但少数经济业务在发生时也可能来不及填制原始凭证，为了及时地反映经济活动的情况和结果，应当尽快地完成原始凭证的填制。

3. 原始凭证的号码

原始凭证的号码是为了加强凭证的管理以及事后备查而对凭证的编号。

4. 交易双方的名称

每一项经济业务的发生，都会涉及当事人双方，例如销售商品有买卖双方、向银行借款有借贷双方等，因此，一份完整的原始凭证应当载明当事人双方的名称，以准确地反映双方的经济责任，同时也为检查验证该项经济业务的真实性提供方便。

5. 经济业务的内容（含实物数量、单价和金额等）

原始凭证本身虽然可以反映经济业务的基本类型，但无法说明经济业务具体内容，如购货发票本身反映了企业的购货活动，却不能表明购货的具体种类。而不同的购货内容在账务处理上可能存在很大差异，因此，在原始凭证中需对经济业务的具体内容进行记载，以满足会计核算和监督的需要。

6. 经办人员的签名、盖章

为了明确具体的经济责任，有关的经办人员应在原始凭证上签名或盖章。

7. 原始凭证的联次及附件

（二）原始凭证的填制要求

1. 原始凭证填制的基本要求

只有在形式上和实质上符合要求的原始凭证，才能正确地、及时地、清晰地反映各项经济业务的真实情况，从而提高会计核算的质量，发挥原始凭证的法律效力。原始凭证的填写，必须符合下列要求：

（1）记录要真实

原始凭证所填列的经济业务内容必须真实可靠，符合实际情况，不得弄虚作假，不得随意填写。所反映的经济业务合法、合理、合规。经办人员应对所取得或填制的原始凭证的真实性负责。

(2) 内容要完整

原始凭证上的日期、经济业务内容、所有数据、凭证的号码等各项内容都必须填列齐全,不得随意省略或遗漏。

(3) 手续要完备

经办人和有关部门的负责人必须在凭证上签字或盖章,以示对凭证的真实性和正确性负责。

例如,对外开出的原始凭证,应加盖本单位的公章或有关部门的专用章;从外部取得的原始凭证,应盖有填制单位(或个人)的公章或专用章(签名或盖章);自制的原始凭证,应有经办单位负责人或指定人员的签名或盖章等。

(4) 书写要清楚

原始凭证只能用蓝(黑)色墨水填写,不得使用铅笔或圆珠笔填写;字迹应工整、清晰,易于辨认;不得使用未经国务院颁布的简化字;阿拉伯数字要逐个填写,不得连写;文字数字书写应紧靠行格底线,上方应留有适当空距,以防写错字时有更改的空间,不得满格(顶格)书写;金额数字的填写要符合规范性的要求,具体的写法见本章第二节。

(5) 更正要规范

凭证不得随意涂改、刮擦、挖补。自制的原始凭证需要更正时,应采用划线更正,即用红线划掉写错的文字或数字,再将正确的数字用蓝(黑)色墨水写在划线部分的上方,并加盖经手人印章;外部取得的原始凭证有错时,应当由原单位重开或更正,更正处加盖出具单位印章。应当注意的是,原始凭证金额有错,不得更正,必须重新填写。

(6) 编号要连续

各种凭证都必须连续编号,以备查找;已经事先印好编号的凭证作废时,应在作废的凭证上加盖"作废"戳记,连同存根一起保存,不得随意撕毁。

(7) 填制要及时

有关经办人员必须在经济业务发生或完成时及时填制原始凭证,并尽快按规定的程序传递给会计部门。

2. 常见的原始凭证的填制

(1) 支票

① 支票的出票日期填写必须使用中文大写。为防止变造支票的出票日期,在填写月、日时,月为壹、贰和壹拾的,日为壹至玖和壹拾、贰拾和叁拾的,应在其前面加"零";日为拾壹至拾玖的,应在其前加"壹"。

例如,"1月2日",应写成"零壹月零贰日";"1月15日",应写成"零壹月壹拾伍日";"10月2日",写成"零壹拾月零贰日";"10月20日",写成"零壹拾月零贰拾日"。

② 支票上的收款人、付款行名、签发人栏目及账号应写单位全称或个人的姓名,不得简写。

例如,不能将全称为"乌市福岗股份有限公司"写成"乌市福岗公司"。

③ 签发人签章处应盖上签发人在银行预留的签章(称为印鉴),一般使用本单位授权的财务专用章和法人代表的私章。

④ 支票上的大小写金额和收款人若填写错误不得修改,需作废重填。

支票样式见图 5-1-10。

图 5-1-10

（2）发票

发票分为增值税专用发票和普通发票两种。

① 增值税专用发票：是增值税一般纳税人（以下简称一般纳税人）销售货物或者提供应税劳务开具的发票，是购买方支付增值税额并可按照增值税有关规定据以抵扣增值税进项税额的凭证。（式样见图 5-1-11）

武汉增值税专用发票

4403002143　　　　　　　　　发 票 联　　　　　　　　　No 00079372

开票日期：2008 年 9 月 25 日

购货单位	名　　称：武汉开原实业有限公司 纳税人识别号：44030118245060 地　址、电　话：武汉彩田路 190 号 3766540 开户行及账号：中国工商银行福田支行 468924561	密码区	46＞5－5738＜6＊5954/4/1 加密版本 01 9758＜－54/－,2940＊8＋0 4403021140 ＞58－＜95＊22485＞7711332 －1824＞8＞＞2431＞+/

货物或应税劳务名称	规格型号	单位	数量	单价	金额	税率	税额
甲材料		公斤	100	100	10 000	17%	1 700.00
合　　　计					¥10 000		¥1 700.00
价税合计（大写）	⊕壹 万 壹 仟 柒 佰 元 整				（小写）¥11 700.00		

销货单位	名　　称：武汉华新电子有限公司 纳税人识别号：440301233340670 地　址、电　话：武汉市南山区南新路 40 号 2667530 开户行及账号：工商银行南头支行 34534667556	备注

收款人：　　　　　复核：　　　　　开票人：韩华　　　　　销货单位：（章）

图 5-1-11

一般纳税人应通过增值税防伪税控系统使用专用发票。

专用发票由基本联次或者基本联次附加其他联次构成,基本联次为三联:发票联、抵扣联和记账联。发票联,作为购买方核算采购成本和增值税进项税额的记账凭证;抵扣联,作为购买方报送主管税务机关认证和留存备查的凭证;记账联,作为销售方核算销售收入和增值税销项税额的记账凭证。其他联次用途,由一般纳税人自行确定。

专用发票开具时应做到:项目齐全,与实际交易相符;字迹清楚,不得压线、错格;发票联和抵扣联加盖财务专用章或者发票专用章;按照增值税纳税义务的发生时间开具。

② 普通发票:是除增值税发票以外的各类发票,由从事经营活动并办理了税务登记的各种纳税人领购使用。(样式见图5-1-12)

工业企业产品销售统一发票

购货单位:　　　　　　　　年　月　日

产品名称	规格	等级	单位	数量	单价	金额								第
						百	十	万	千	百	十	元	角	分	一 联 销 货 方 留 存
合计人民币(大写)		佰	拾	万	仟	佰	拾	元	角	分				
结算方式		开户银行						备注						
		账号												

收款单位:　　　　　　收款人:　　　　　开票人:

图5-1-12

普通发票应当按照规定的时限、顺序,逐栏、全部联次一次性如实开具,并加盖单位财务印章或者发票专用章。同时注意:必须如实填开付款单位全称,不得以简称或其他文字、符号等代替付款单位全称;"单价""金额"栏填写含税单价、金额,并在"金额"栏合计(小写)数前用"¥"符号封顶;不得涂改,如填写有误,应另行开具,并在误填的发票上注明"误填作废"四字。填错的发票,全部联次应当完整保存。

(三)原始凭证的审核

原始凭证按照上述要求进行填制后,还应从形式上和实质上对其进行审核,经审核确认后,凭证上所记载的会计信息才能通过编制记账凭证进行加工处理,以确保会计信息系统最终所提供的财务报表信息的真实、可靠、正确。对原始凭证的审核包括以下几个方面:

1. 真实性

审核凭证的日期、业务内容、数据等是否真实,检查是否存在弄虚作假。

2. 合规性

审核原始凭证所记录的内容是否有违反国家法律法规的情况,是否符合经营活动的需要,是否符合企业的计划或预算的要求。对于不符合要求的凭证,会计人员有权拒绝受理;发现伪造涂改等现象,还应及时向有关负责人汇报。

3. 完整性

审核原始凭证各项基本要素是否完整、齐全。例如,日期填写是否完整,数字填写是否清晰,文字书写是否工整,有关人员签章是否齐全,凭证联次是否确定等。

4. 正确性

审核原始凭证金额的计算和填写是否正确,数字书写是否规范、清晰,是否存在不符合规范要求的更改等。

5. 及时性

审核原始凭证的填制日期是否及时,尤其是一些时效性较强的原始凭证。

经审核的原始凭证应根据不同的情况分别进行处理:

(1) 对于完全符合要求的原始凭证,应及时据以编制记账凭证。

(2) 对于真实、合法、合理但内容不够完整、填写有错误的原始凭证,应退回给有关经办人员,由其负责将有关凭证补充完整、更正错误或重开后,再办理正式会计手续。

(3) 对于不真实、不合法的原始凭证,会计机构和会计人员有权不予接受,并向单位负责人报告。

四、记账凭证

(一) 记账凭证的基本内容

记账凭证所反映的经济业务内容的不同,决定了其在具体的格式上也存在着差异,但是,记账凭证作为记账的依据,必须具备一些基本的共同点。构成记账凭证的共同要素有:

1. 记账凭证的名称。例如:收款凭证、付款凭证、转账凭证等。
2. 凭证的填制日期、凭证的编号。
3. 会计分录,具体包括会计科目(一级科目、二级科目或明细科目)、借贷方向和金额。
4. 经济业务的内容摘要。
5. 记账标记。
6. 所附原始凭证的张数。
7. 填制、审核、记账、会计主管等有关人员的签名或盖章。若为收款和付款凭证,还须有出纳人员的签章。

(二) 记账凭证的编制要求

1. 专用凭证的填制

收、付、转等专用凭证的填制,应符合以下要求:

(1) 会计分录正确

会计分录是记账凭证的主体部分,应保持清晰、正确的对应关系。一级科目按照会计准则统一规范的会计科目填写,使用全称,不得简化,例如:不得将"主营业务收入"写成"主营收入"等,不得只写编号不写科目名称;子目和细目可根据各单位的需要准确设定;借贷方向要符合记账规则;金额数字必须正确,符合数字书写规定,角分不留空格,合计金额的第一位数字前要填写币种符号,例如:人民币符号"￥"。

(2) 摘要简明扼要

经济业务内容在摘要栏自左至右填写,简明、扼要地说明经济业务内容的要点,便于查阅凭证和登记账簿。应防止简而不明,或过于繁琐。

(3) 日期填写

在凭证的日期栏,应填写编制本凭证的日期,用阿拉伯数字填写。

(4) 连续编号

记账凭证的编号方法有:

顺序编号法,是将全部记账凭证作为一类统一编号,每月从第一号记账凭证起,按经济业务发生的顺序,依次编号。

分类编号法,是按经济业务的内容加以分类,采用收字、付字、转字3类或现收字、现付字、银收字、银付字、转字5类编号。

分数编号法,即若一笔经济业务事项所编制的一笔会计分录涉及较多会计科目,需要2张或2张以上记账凭证才能填写完毕时,应编写分号,即在原记账凭证号后面用分数的形式表示。

① 专用凭证的总号采用"顺序编号法",即不分凭证的类型,按凭证的编制时间先后顺序连续编号。例如,"从银行提取现金"这笔经济业务需编制一张银行存款付款凭证,该凭证为当期所有凭证的第五张,且为当期银行存款付款凭证的第一张,则总号应为"总第005号"。

② 专用凭证总号下方为各类凭证各自的连续编号,采用"分类编号法",分别按"收字第××号""付字第××号""转字第××号"3类各自独立连续编号;或按"现收字第××号""现付字第××号""银收字第××号""银付字第××号""转字第××号"5类各自独立连续编号。

例如,上述"从银行提取现金"的经济业务若为当期付款凭证的第3张,可编号为"付字第003号";若为当期银行存款付款凭证的第1张,则编号为"银付字第001号";

③ 若一项经济业务事项同时涉及编制付款凭证和转账凭证或收款凭证和转账凭证时,则分别在两张凭证各自所属序列连续编号,同时在两张凭证摘要栏注明两者间的关系。

例如,"购入一台设备价值30 000元,其中10 000元以银行存款支付,余款暂欠"的业务,需编制一张银行存款付款凭证和一张转账凭证,该付款凭证和转账凭证在其本类型当期凭证中分别排行第3和第5,则它们的编号分别为"银付字第003号"和"转字第005号",同时,分别在银行存款付款凭证和转账凭证摘要栏注明"与转字第005号凭证为同笔业务"和"与银付字第003号凭证为同笔业务"字样。

④ 如果一项经济业务事项编制的一笔会计分录涉及的会计科目较多,一张凭证不足填写,需要多张凭证才能写完,则可采用"分数编号法",即对这几张凭证编一个总号,再为它们编几个分号。

例如,某经济业务事项是当期所有凭证的第6张,且为当期转账凭证的第3张,若该笔业务编制的会计分录需用3张转账凭证才能完成,则总号可编写为"总字第006 1/3""总字第006 2/3""总字第006 3/3";分类编号为"转字第003 1/3""转字第003 2/3""转字第003 3/3"。

此外,还可以用"数字横线式"表示记账凭证的编号。以横线前的数字表示凭证的种类:用"1"表示现金收入、"2"表示现金付出、"3"表示银行存款收入、"4"表示银行存款付出、"5"表示转账、"6"表示其他货币资金收入、"7"表示其他货币资金付出;横线后面的数字表示各类凭证的顺序编号。例如"4—05"表示银行存款付款凭证第05号、"5-30"表示转账凭证第30号等等。

为了加强凭证的管理,月末应在所有凭证的最后一张记账凭证的编号旁加注"全"字,便于查证是否丢失。

(5) 标明附件的张数

除期末结账和更正错账的记账凭证可以没有原始凭证外,其他的记账凭证都必须附有经审核后的原始凭证,且应在记账凭证的"附原始凭证张"栏内,以阿拉伯数字标明该记账凭证所附原始凭证的张数。如果依据一张原始凭证编制了2张或2张以上的记账凭证,则应将该原始凭证附于主要记账凭证之后,同时在其余未附有原始凭证的记账凭证的摘要栏,填写"原始凭证×张,附于××字第××号凭证之后"的字样,加以说明。

此外,在记账凭证编制完成之后,应及时将所附的原始凭证粘贴在记账凭证后面,以防止丢失。在粘贴时,将原始凭证按记账凭证的大小进行整理、折叠加工,凡是超过记账凭证长度和宽度的,应全部整齐地折合进去,并特别注意装订线眼处的折合方法,应利于装订以后原始凭证的翻阅。

(6) 明确责任

记账凭证上要求有填制人、审核人、记账人员、会计主管的签章,收付凭证还需出纳人员的签章。一方面明确有关人员的责任,另一方面可通过多人的检查,防止记账过程中出现差错,保证会计信息的真实、可靠。

此外,对于已办妥收款或付款业务的凭证和所附的原始凭证,出纳人员要当即加盖"收讫"或"付讫"戳记,以免发生重收、重付。

(7) 其他要求

凭证应按行次逐项填写,不得跳行。填写完记账凭证上的经济业务后,应当在自金额栏最后一笔的金额数字下至合计数之间的空白栏处划斜线或"S"形线注销。记账凭证的内容登记入账簿后,为避免重复登账,应在记账凭证的"过账"栏内注明账户页码或作"√"标记;为了凭证表面的整洁、清晰,除金额合计栏须标明币种符号外,其他位置不应填写币种符号。

各类专用凭证填制格式见本章第一节图5-1-6、图5-1-7、图5-1-8所示。

2. 通用凭证的填制

通用凭证的填制,与转账凭证基本相同,不同的是,通用凭证的编号只有一个,且采用顺序编号法。如果一笔经济业务事项的一笔会计分录需2张以上的记账凭证才能填制完成时,也应当采取分数编号法。

通用凭证填制格式见本章第一节图5-1-9。

(三) 记账凭证的审核

为了保证记账凭证的编制质量,正确登记账簿,除了按上述要求填制记账凭证外,在登记入账前,还应对记账凭证进行审核,审核要点包括:

1. 内容是否真实

记账凭证是否附有原始凭证,记账凭证所附的原始凭证是否齐全,内容是否与记账凭证内容一致,对一些需要单独保管的原始凭证是否在凭证上加以说明。

2. 填制是否正确

记账凭证中所使用的会计科目是否符合会计准则的要求,应借应贷的方向和金额是否正确,账户的对应关系是否清晰,文字书写是否工整,数字书写是否清晰,错误是否按规定进行更正等。

3. 项目是否齐全

审核记账凭证所填写的项目是否完备,有关人员是否都已签章。

如果在审核过程中发现记账凭证有错误,应查明原因并及时更正。只有经审核确认后的记账凭证才能作为登记账簿的依据。

五、会计凭证的传递与保管

(一) 会计凭证的传递

会计凭证的传递,是指从会计凭证的取得或填制开始,经过审核、登账、装订至归档保管过程中,在单位内部有关部门和人员之间的传递程序。会计凭证的传递,要求程序合理有效,达到内部控制的目的,同时应尽量节省传递时间,减少传递工作量。

企业经济业务内容、生产组织管理的不同,会计凭证的传递也有所区别。企业应根据自身的经营规模、行业特点、经营管理的需要等,对每一种凭证制定科学、合理、有效的传递程序和方法。例如,销售发票应由谁保管,谁填制,一式几联,各联次有何用途,传递到哪些部门,传递的时间如何规定,会计部门由谁负责编制记账凭证、审核、登记账簿、整理归档等工作。

(二) 会计凭证的保管

会计凭证的保管,是指会计凭证记账后的整理、装订、归档、存查等工作。会计凭证是记账的依据,是重要的经济资料和会计档案,应科学地、妥善地保管,防止丢失、任意毁损,以便日后存查。

会计凭证的保管方法和要求主要有:

1. 定期装订

会计部门在记账后,应及时对会计凭证进行分类整理,粘贴所附原始凭证,并按各类记账凭证的编号顺序,折叠整齐,定期(每天、每旬或每月)装订成册,加具封面封底,并在装订线上加贴封签,由装订人员在装订线封签处签章。

会计凭证封面应注明单位名称、凭证种类、凭证起止号数、年度、月份、会计主管人员、保管人员等。

2. 专人保管

为确保会计凭证的完整、安全,装订成册的会计凭证应指定专人保管。一般情况下,会计凭证不外借,如有特殊原因需要借阅会计凭证,必须经本单位会计负责人批准,并作登记备案。

3. 按期保管

会计凭证的保管期限和销毁手续,应严格按照《会计档案管理办法》规定执行,未到规定保管期的,不得提前销毁。保管期满需要销毁的会计凭证,应按规定程序经批准后销毁。

项目 5.2　会计账簿的登记

一、账簿登记的基本要求

（一）会计账簿的概念和种类

会计账簿是指由一定格式账页组成的,以经过审核的会计凭证为依据,全面、系统、连续地记录各项经济业务的账簿。在形式上,会计账簿是由若干账页的组合;在实质上,会计账簿是会计信息形成的重要环节,是会计资料的主要载体之一,也是会计资料的重要组成部分。

会计账簿是账户的表现形式,两者既有区别又有联系。账户是在账簿中以规定的会计科目开设户头,用以规定不同的账簿所记录的内容,账户存在于账簿之中,账簿中的每一账页就是账户的存在形式和信息载体。如果没有账户也就没有所谓的账簿;如果没有账簿,账户也成了一种抽象的东西,无法存在。但是账簿只是一种外在形式,账户才是它的真实内容。账簿序时分类地记载经济业务,是在个别账户中完成的,也可以说,账簿是由若干张账页组成的一个整体,而开设于账页上的账户则是这个整体上的个别部分。因此,账簿和账户的关系,是形式和内容的关系。

会计账簿可以按不同的分类标准进行分类。

1. 按账簿的用途分类

账簿按其用途可分为序时账、分类账和备查簿三类。

（1）序时账,也称日记账,它是按经济业务发生或完成时间的先后顺序逐日逐笔登记经济业务的账簿。日记账按其记录经济业务的范围不同又可分为普通日记账和特种日记账两种。普通日记账是用来记录全部经济业务的日记账;特种日记账是用来专门记录某一类经济业务的日记账,如用来登记现金收付业务及其结存情况的现金日记账,用来登记银行存款收付业务及其结存情况的银行存款日记账。

目前,我国各单位一般只设置现金和银行存款两本特种日记账,以加强对货币资金的监督和控制,而不设置普通日记账。

（2）分类账,是对全部经济业务按账户进行分类登记的账簿。分类账按其提供资料的详细程度不同可分为总分类账和明细分类账。总分类账又称"总账",是根据总账科目开设,提供总括的会计信息;明细分类账又称"明细账",是根据总分类科目所属的明细科目开设,提供详细的会计信息。

分类账可以按账户分类反映和监督企业各项会计要素的增减变化情况,它所提供的数据信息是编制会计报表的主要依据。

（3）备查簿,也称辅助账,它是对某些在序时账和分类账中不予登记或登记不够详细的经济业务,进行补充登记以备查考的账簿。如租入固定资产登记簿,用来登记那些以经营方式租入、不属于本企业资产、不能记入本企业固定资产账户的固定资产;代销商品登记簿,用来登记代为销售、不属于本企业资产、不能记入本企业库存商品的受托代销商品等。

　　备查簿与序时账、分类账比较有两点不同：一是备查簿的登记依据是实际发生的经济业务，不一定需要原始凭证或记账凭证；二是备查簿可以根据各单位的实际需要自行设置，没有统一的格式，其登记内容更注重用文字对经济业务相关情况的表述。

　　2. 账簿按外表形式分类

　　账簿按外表形式可分为订本式账簿、活页式账簿和卡片式账簿三种。

　　(1) 订本式账簿，又称"订本账"，它是指在启用前对账页顺序编号，并固定地装订成册的账簿。它的优点是能够防止账页散失和非法抽换，比较安全；缺点是账页固定装订，同一时间内只能由一人负责登记，不便于分工记账，每一账户所需账页要事先估计预留，不便于根据记账需要增减账页。订本式账簿一般用于现金、银行存款日记账和总分类账。

　　(2) 活页式账簿，又称"活页账"，它是将若干具有一定格式的账页装订在活页账夹中，启用后可以随时增减或重新排列账页，年终再对实际账页顺序编号并装订成册的账簿。它的优点是应用灵活，便于分工记账，可随时根据记账需要增减账页；缺点是账页容易丢失和被非法抽换。活页式账簿一般用于明细分类账。

　　(3) 卡片式账簿，又称"卡片账"，它是由专门格式、分散的卡片作为账页组成的账簿。这种卡片一般放置在卡片箱中，可以随时取放，其本质也是一种活页账，因此它除具有活页账的优、缺点外，还可以跨年度使用，不需每年更换。卡片式账簿主要用于使用期限较长的财产物资明细账，如固定资产卡片、低值易耗品卡片等。

　　3. 账簿按账页格式分类

　　账簿按账页格式，可以分成三栏式账簿、数量金额式账簿和多栏式账簿。

　　(1) 三栏式账簿，是由设有借方、贷方和余额三个金额栏的账页组成的账簿。这种账簿格式适用于总分类账、现金和银行存款日记账，以及只需进行金额核算的明细分类账户。

　　(2) 数量金额式账簿，是由在借方、贷方和余额三栏内，分别设置数量、单价和金额栏目的账页组成的账簿。这种账簿适用于既要进行货币量核算，又要进行实物数量核算的明细分类账户，如"原材料""库存商品"等各类存货的明细分类账。它能提供各种财产物资的收入、发出和结存的数量及金额，便于加强对财产物资的实物管理，保障财产物资的安全完整。

　　(3) 多栏式账簿，是由在借方、贷方或借贷双方下设若干专栏的账页组成的账簿。多栏式账页可以根据账户的内容和管理的需要，通过下设专栏的方式，集中反映有关明细项目的核算情况。多栏式账簿又可分为事先印制好栏目的专用多栏账，如"材料采购明细账""生产成本明细账""应交增值税明细账"；以及事先未印制栏目，由单位在使用中根据需要自行设置栏目的普通多栏账，一般用于明细项目多、借贷方向单一的成本、收入和费用等账户。

　　(二) 会计账簿的内容、启用与记账规则

　　1. 会计账簿的基本内容

　　各种账簿所记录的经济内容不同，账簿的格式又多种多样，不同账簿的格式所包括的具体内容也不尽一致，但各种主要账簿应具备以下基本内容：

(1) 封面。主要用于表明账簿的名称,如现金日记账、银行日记账、总分类账、应收账款明细账等。

(2) 扉页。主要用于载明经管人员一览表,其应填列的内容主要有:经管人员、移交人和移交日期;接管人和接管日期。

(3) 账页。账页是用来记录具体经济业务的载体,其格式因记录经济业务的内容的不同而有所不同,但每张账页上应载明的主要内容有:账户的名称(即会计科目);记账日期栏;记账凭证种类和号数栏;摘要栏(经济业务内容的简要说明);借方、贷方金额及余额的方向、金额栏;总页次和分页次等。

2. 账簿设置启用

以下以乌市红星实业有限公司的案例为例说明企业会计账簿设置的方法。

根据乌市红星实业有限公司经济业务的特点和管理需要,应购买并设置以下账簿:

1) 总分类账:采用订本式账簿、三栏式账页格式。

建账步骤:

(1) 启用账簿

① 填写"账簿启用表"

每本账簿的扉页均附有"账簿启用表",内容包括单位名称、账簿名称、账簿号码、账簿页数、启用日期、单位负责人、单位主管财会工作负责人、会计机构负责人、会计主管人员等,启用账簿时,应填写表内各项内容,并在单位名称处加盖公章、各负责人姓名后加盖私章。

② 填写"经管本账簿人员一览表"

账簿经管人员指负责登记使用该账簿的会计人员,当账簿的经管人员调动工作时,应办理交接手续,填写该表中的账簿交接内容,并由交接双方人共同签名或盖章。

③ 粘贴印花税票

根据税法相关规定,企业的会计账簿中的资金账簿,即反映企业实收资本和资本公积金额增减变化的账簿,按以下方法贴花:在企业设立初次建账时,按实收资本和资本公积金额的0.5‰贴花;次年度实收资本与资本公积未增加的,不再计算贴花,实收资本与资本公积增加的,就其增加部分按0.5‰税率补贴印花。其他会计账簿,每本应粘贴5元面值的贴花。

印花税票粘贴在账簿扉页的右下角"印花粘贴处"框内,并在印花税票中间划几条平行横线即行注销,注销标记应与骑缝处相交。若企业使用缴款书缴纳印花税,应在账簿扉页的"印花粘贴处"框内注明"印花税已缴"以及缴款金额。

(2) 设置总分类账户

总分类账簿中包括本企业使用的全部总分类账户,因此需指定每一总分类账户在总分类账簿中的登记账页,在相应账页的"会计科目及编号"栏处填写指定登记账户的名称及编码。

由于总分类账采用的是订本式账簿,为了便于账户的查找,各总账账户的排列顺序应有一定的规律,一般应按会计科目表中编码顺序排列,因此,只要本单位会计核算涉及的总账账户,不论期初是否有余额,都需在总账中设置出相应账户,并根据实际需要预留账页。

(3) 登记期初余额

对于有期初余额的总账账户,根据相关资料登记账户记录。在该账户账页的第一行日期栏中填入期初的日期、在摘要栏填入"期初余额"(年度更换新账簿时填入"上年结转")、在借贷方向栏标明余额的方向、在余额栏填入账户的期初余额。对于没有余额的总账账户,无需特别标识其余额为零。

在登记账簿记录时应注意:

① 使用蓝黑墨水或者碳素墨水书写,不得使用圆珠笔(银行的复写账簿除外)或者铅笔书写。

② 账簿中书写的文字和数字上面要留有适当空格,不要写满格,一般应占格距的二分之一。

③ 账簿的阿拉伯数字应按图 5-2-1 所示的会计数字的规范书写要求书写。

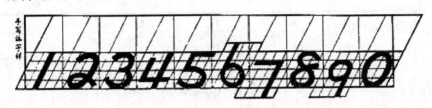

图 5-2-1

数字书写时:不得连笔书写,每个数字要紧贴底线书写,并有 60 度左右的倾斜度。书写数字"6"时,上端比其他数字高出 1/4,书写数字"7"和"9"时,下端比其他数字伸出 1/4。

④ 账簿中的小写金额前不用加上币别符号。

按以上方法设置的"库存现金"总账账页如图 5-2-2 所示。

总分类账

会计科目及编号 _____库存现金 1001_____　　　　　　　　　　　　　　　　第 1 页

×年		凭证字号	摘要	借方										贷方										借或贷	余额									
月	日			亿	千	百	十	万	千	百	十	元	角	分	亿	千	百	十	万	千	百	十	元	角	分		亿	千	百	十	万	千	百	十	元	角	分
12	1		期初余额																							借				4	1	4	0	0	0

图 5-2-2

(4) 填写账户目录

由于总账是订本式,在各账页中预先印有连续编号,为方便查找,所有总账账户设置完后,应在账簿启用后的"账户目录表"中填入各账户的科目编号、名称及起始页码。

2) 日记账

为了加强对货币资金的监督和控制,应设置现金、银行存款日记账各一本。采用订本式账簿、三栏式账页格式。

建账步骤:

(1) 启用账簿。

(2) 设置账户。

现金日记账按现金的币种分别开设账户,银行存款日记账按单位在银行开立的账户和币种开设账户,每一账户要预留账页。因外币现金和银行存款需采用包含原币信息的复币账页,因此,本位币与外币现金、银行存款分别开设账簿。

(3) 登记期初余额

对于有期初余额的"库存现金"账户,根据相关资料在账户中登记期初余额,如图5-2-3所示。

现金日记账

第1页

×年		凭证字号	摘要	对应科目	借方 亿千百十万千百十元角分	贷方 亿千百十万千百十元角分	余额 亿千百十万千百十元角分	√
月	日							
12	1		期初余额				4 1 4 0 0 0	

图5-2-3

对于有期初余额的"银行存款"账户,根据相关资料在账户中登记期初余额,如图5-2-4所示。

银行存款日记账　　　　　　　　　　　　第1页
CASH JOURNAL　　　　　　　　　　开户银行　模拟银行
　　　　　　　　　　　　　　　　　　　座　号　20030021087

×年		凭证字号	银行凭证	摘要	对应科目	借方 亿千百十万千百十元角分	贷方 亿千百十万千百十元角分	借或贷	余额 亿千百十万千百十元角分	√
月	日									
12	1			期初余额				借	2 0 1 2 0 0 0 0	

图5-2-4

(4) 填写账户目录。

3) 明细分类账

明细分类账一般采用活页式账簿,有三栏式、数量金额式及多栏式多种账页格式,相同格式的账页装订成本。

由于活页账可以在使用过程中根据需要增减账页,以及对账页的顺序进行调整,因此,设置明细分类账时,不用给每一明细账户预留账页,可以先在相关账簿中设置出有期初余额的明细账户,对期初无余额的明细账户,可暂时不设,待日常账务处理中用到时再行设置,并插入账簿中同属一个总分类账户的明细账户顺序中去。

为了便于查找账户,明细账户在账簿中一般也按会计科目编码顺序排列,同属于一个总分类账户的明细账户应集中连续排列。在每一明细分类账户起始页上端或右侧粘贴标签(取口纸),在标签上注明该账户名称,不同账户的标签相互错开排列。

并不是所有的总分类账户都需要设置明细分类账户,企业可以根据实际需要决定明细分类账户的设置,以及所采用的账页格式。红星实业有限公司的明细分类账户设置及账页格式如表5-2-1所示。

表5-2-1 红星实业有限公司的明细分类账户设置及账页格式

总账科目	明细分类账页格式	总账科目	明细分类账页格式
库存现金	日记账	其他应付款	三栏式
银行存款	日记账	长期借款	三栏式
其他货币资金	三栏式	实收资本	三栏式
应收票据	三栏式	资本公积	三栏式
应收账款	三栏式	盈余公积	三栏式
其他应收款	三栏式	本年利润	不设明细账
材料采购	三栏式(专用多栏式)	利润分配	三栏式
原材料	数量金额式	生产成本	专用多栏式
库存商品	数量金额式	制造费用	普通多栏式
长期待摊费用	三栏式	主营业务收入	普通多栏式
固定资产	卡片	其他业务收入	普通多栏式
累计折旧	不设明细账	营业外收入	普通多栏式
短期借款	三栏式	主营业务成本	普通多栏式
应付票据	三栏式	其他业务成本	普通多栏式
应付账款	三栏式	营业税金及附加	普通多栏式
其他应付款	三栏式	销售费用	普通多栏式
应付职工薪酬	三栏式	管理费用	普通多栏式
应交税费	应交增值税为专用多栏式;其他明细账户为三栏式	财务费用	普通多栏式
应付利息	三栏式	营业外支出	普通多栏式
应付股利	三栏式	所得税费用	不设明细账

注:在存货核算采用计划成本时,需要设置材料采购账户,其明细账采用专用的多栏式账页,用以归集存货的实际采购成本,结转入库材料计划成本以及实际成本与计划成本的差异。而在本书中设置材料采购账户的目的,是为了说明材料实际成本的归集方法,因此,对材料采购明细账采用三栏式账页格式。

据此,设置以下明细分类账簿:

(1)三栏式明细分类账

建账步骤:

① 启用账簿。

② 设置账户:在其中设置出应收账款、其他应收款、长期待摊费用、短期借款、应付账

款、应付职工薪酬、应付利息、应交税费、长期借款、实收资本、盈余公积、利润分配等所属各有期初余额的明细分类账户,其他无期初余额的明细账户暂不设置。

开设明细账户时,首先在选定明细账页上方填写该明细账户所属总分类科目名称、明细科目名称、明细科目编码及该明细账户当前页码。

活页式账簿内账页事先未印制固定页码,由企业根据使用情况填写。每一账页均有两个页码:

"第　页"("分第　页"),指按明细分类账户对账页所进行的编码,即该账页为该明细分类账户的第几页,在启用新账页时进行编码。如开设"应收账款—乌市三勇建材有限公司"账户时,选定的账页为该账户的"第1页",该页登记满,转入下页继续登记时,下页即为该账户的"第2页"。

"连续　页"("总第　页"),指不区分明细分类账户,对账簿中包含的账页按排列顺序进行的编码,即该账页为该明细账簿中的第几页。由于活页账在使用过程中会根据需要对账页进行增减,以及调整账页的顺序,所以该编码在年度结束时,将账簿中空白账页抽出,并对账页顺序进行整理后填写。

③ 登记期初余额

根据相关资料在明细分类账户中登记期初余额。

根据以上方法开设的应收乌市三勇建材有限公司账款明细分类账户如图5-2-5所示。

明细分类账

科目编号 <u>112201</u>　总账科目 <u>应收账款</u>　明细科目 <u>乌市三勇建材有限公司</u>

第1页连续第　页

×年		凭证字号	摘要	借方									贷方									借或贷	余额								
月	日			亿	千	百	十	万	千	百	十	元	角	分	亿	千	百	十	万	千	百	十	元	角	分		亿	千	百	十	万	千	百	十	元	角	分
12	1		期初余额																							借			2	3	4	0	0	0	0	0

图5-2-5

应注意的是:明细科目的编码一般采用群码的编码方式,以清楚地反映科目的隶属关系,其中一级科目编码已由会计制度明确规定,其他各级科目编码长度根据各单位需要自行确定,其长度既不能过长不便运用,也不能太短而使容量不够使用。

④ 粘贴账户标签

由于活页账簿中账页数量和位置的可变性,账簿登记过程中不能通过账户目录来查找账户,因此,为了便于账户查找,在每个账户首页上加贴取口纸标签。

(2)数量金额式明细分类账

建账步骤:

① 启用账簿。

② 设置账户:在其中开设出原材料、库存商品所属的有期初余额的明细分类账户。

③ 登记期初余额:根据相关资料在明细分类账户中登记期初余额。

④ 粘贴账户标签。

根据以上方法开设的甲材料明细分类账户如图5-2-6所示。

原材料 进销存

部类_____　产地_____　单位 公斤　规格_____　品名 甲材料

总第　页分第1页

×年		凭证字号	摘要	收　入			发　出			结　存			✓
月	日			数量	单价	金额（亿千百十万千百十元角分）	数量	单价	金额（亿千百十万千百十元角分）	数量	单价	金额（亿千百十万千百十元角分）	
12	1		期初结存							1500	100	850000 00	

图 5-2-6

(3) 多栏式明细账,包括:

① 应交增值税明细账

该账簿是专用账簿,用以登记应交增值税的增减变化情况。因此,无须再进行账户设置,在启用账簿后,将应交增值税账户的期初余额登记进账簿即可,如图5-2-7所示。

应交税费(应交增值税)明细账

第1页连续第　页

×年		凭证字号	摘要	借　方			贷　方			借或贷	余　额
月	日			合计	进项税额	已交税金	合计	销项税额	销项税额转出		
12	1		期初余额							贷	10900 00

图 5-2-7

② 生产成本明细账

建账步骤:

第一,启用账簿。

第二,开设账户。

生产成本明细账用以登记各成本核算对象的实际生产成本,按产品品种开设明细分类账户,对每种产品设置直接材料、直接人工及制造费用三个成本构成项目。开设时,在选定的账页左上方填入总账科目、产品名称、规格型号及计量单位等资料,并填写账页编码。

第三,登记期初余额。

根据相关资料将该种产品期初在产品成本登记入账。登记时在"合计栏"中填入期初总成本,"直接材料""直接人工"和"制造费用"栏中填入各成本构成项目金额。

应注意的是,在各多栏式明细账簿中,一般将多栏方向的起始栏设为"合计"栏,"合计"是指本行本方向登记的各栏金额合计数,上下行数据不累积。

第四,粘贴账户标签。

按以上方法开设的B产品生产成本明细分类账如图5-2-8所示。

生产成本账

总账科目<u>生产成本</u>　产品名称<u>B产品</u>　规格型号_____　计量单位<u>个</u>

总第　页分第1页

×年		凭证字号	摘要	合计										成本项目																		
														直接材料								直接人工								制造费用			
月	日			亿	千	百	十	万	千	百	十	元	角	分	百	十	万	千	百	十	元	角	分	百	十	万	千	百	十	元	角	分
12	1		期初余额				1	1	2	0	0	0	0				6	0	0	0	0	0				3	0	0	0	0	0				3	2	0	0	0	0

图5-2-8

③ 普通多栏式明细分类账

建账步骤:

第一,启用账簿。

第二,开设账户。

普通多栏式明细分类账主要用来登记制造费用及各损益类账户,这些账户一般没有期初余额。开设账户时,首先将总分类科目填入账户的"科目名称"栏;然后确定多栏方向并写入栏目上方,一般将该账户登记增加的一方设为多栏方向,如"制造费用"和损益类中的费用账户设借方多栏,损益类中的收入账户设贷方多栏;最后将所属明细科目作为账户中栏目名称写入各栏目,注意将第一栏设为"合计"栏。

第三,粘贴账户标签。

(4) 备查簿

设置备查簿一本,用以登记租入的行政办公用房相关信息,该账簿没有固定的账本形式和账页格式,企业可以根据实际情况选择适用账簿。

另外,企业在经营过程中涉及应收票据的,还应设"应收票据备查簿",逐笔登记商业汇票的种类、号数和出票日、票面金额、交易合同号和付款人、承兑人、背书人的姓名或单位名称、到期日、背书转让日、贴现日、贴现率和贴现净额以及收款日和收回金额、退票情况等资料。商业汇票到期结清票款或退票后,在备查簿中注销。

企业在经营过程中涉及应付票据的,应设"应付票据备查簿",详细登记商业汇票的种类、号数和出票日期、到期日、票面金额、交易合同号和收款人姓名或单位名称以及付款日期和金额等资料。应付票据到期结清时,在备查簿中注销。

3. 记账规则

(1) 根据审核无误的会计凭证登记账簿

记账的依据是会计凭证,记账人员在登记账簿之前,应当首先审核会计凭证的合法性、完整性和真实性,这是确保会计信息的重要措施。

(2) 记账时要做到准确完整

记账人员记账时,应当将会计凭证的日期、编号、经济业务内容摘要、金额和其他有关资料记入账内。每一会计事项,要按平行登记方法,一方面记入有关总账,另一方面记入总账所属的明细账,做到数字准确、摘要清楚、登记及时、字迹清晰工整。记账后,要在记账凭证上签章并注明所记账簿的页数,或划"√"表示已经登记入账,避免重记、漏记。

(3) 书写不能占满格

为了便于更正记账和方便查账,登记账簿时,书写的文字和数字上面要留有适当的空格,不要写满格,一般应占格距的 1/2,最多不能超过 2/3。

(4) 顺序连续登记

会计账簿应当按照页次顺序连续登记,不得跳行、隔页。如果发生跳行、隔页的,应当将空行、空页用红色墨水对角划线注销,并注明"作废"字样,或者注明"此行空白""此页空白"字样,并由经办人员盖章,以明确经济责任。

(5) 正确使用蓝黑墨水和红墨水

登记账簿要用蓝黑墨水或碳素墨水书写,不得使用圆珠笔或者铅笔书写。这是因为,各种账簿归档保管年限,国家规定一般都在 10 年以上,有些关系到重要经济资料的账簿,则要长期保管,因此要求账簿记录保持清晰、耐久,以便长期查核使用,防止涂改。红色墨水只能在以下情况下使用:冲销错账;在未设借贷等栏的多栏式账页中,登记减少数;在三栏式账户的余额栏前,如未印明余额方向的,在余额栏内登记负数余额;根据国家统一会计制度的规定可以使用红字登记的其他会计记录。在会计工作中,书写墨水的颜色用错了,会传递错误的信息,红色表示对正常记录的冲减。因此,红色墨水不能随意使用。

(6) 结出余额

凡需要结出余额的账户,应按时结出余额,现金日记账和银行日记账必须逐日结出余额;债权债务明细账和各项财产物资明细账,每次记账后,都要随时结出余额;总账账户平时每月需要结出月末余额。结出余额后,应当在"借或贷"栏内写明"借"或者"贷"字样以说明余额的方向。没有余额的账户,应当在"借或贷"栏内写"平"字,并在余额栏内用"0"表示,一般来说,"0"应放在"元"位。

(7) 过次承前

各账户在一张账页记满时,要在该账页的最末一行加计发生额合计数和结出余额,并在该行"摘要"栏注明"过次页"字样;然后,再把这个发生额合计数和余额填列在下一页的第一行内,并在"摘要"栏内注明"承前页",以保证账簿记录的连续性。

(8) 账簿记录错误应按规定的办法更正

账簿记录发生错误时,不得括、擦、挖、补,随意涂改或用褪色药水更改字迹,应根据错误的情况,按规定的方法进行更正。

（三）会计账簿的格式

1. 总分类账的格式

为了全面、总括地反映经济活动情况，并为编制会计报表提供核算资料，任何单位都应设置总分类账。在总分类账中，应按照一级科目的编码顺序分设账户，并为每个账户预留若干账页，以集中登记属于各账户的经济业务及其发生的增减变动。总分类核算只运用货币度量，采用三栏式和多栏式账页两种格式，记录各账户增减金额。以三栏式最为常用。

（1）三栏式总分类账。所谓三栏式总分类账，是指其格式设有"借方""贷方"和"余额"三个金额栏。三栏式总分类账的格式见图5-2-9。

总　账（三栏式）

会计科目：_____　　　　　　　　　　　　　　　　　　　　　　　第　页

年		凭证字号	摘要	对方科目	借方金额	贷方金额	借或贷	余额
月	日							

图5-2-9

（2）多栏式总分类账。所谓多栏式总分类账，是将所有的总账科目合并设在一张账页上。典型的多栏式总分类账，是一种序时账与分类账相结合的联合账簿，也称日记账，其格式如图5-2-10所示。

日记总账（多栏式）

_____年_____月份

年		凭证字号	摘要	发生额	科目		科目		科目		…	…
月	日				借方	贷方	借方	贷方	借方	贷方		

图5-2-10

一般账户各栏的登记方法：直接抄录记账凭证相对栏目内容。

总分类账登记的依据和方法取决于所采用的会计核算组织程序。在不同的会计核算组织程序下，总分类账可以直接根据各种记账凭证逐笔进行登记，也可以将各种记账凭证先汇总编制成科目汇总表或汇总记账凭证，再据以登记，还可以根据多栏式日记账登记。无论采取哪一种方式，会计人员每月都应将全月已发生的经济业务全部登记入账，并于月末结出总分类账各个账户的本期发生额和期末余额，作为编制会计报表的主要依据。

2. 明细账的格式

为了详细地反映经济活动情况,并为编制会计报表提供详细核算资料,各单位应在设置总分类账的基础上,根据经营管理的需要,设置必要的明细分类账。明细分类账应分别按照二级科目或明细科目开设账户,用以分类、连续地记录有关资产、负债、所有者权益、收入、费用和利润的详细资料。明细分类账的设置对于加强财产物资的收发和保管、资金的管理和使用、收入的取得和分配、往来款项的结算以及费用的开支等方面经济活动的监督起着重要的作用。

各个单位应根据经营管理的需要,为各种财产物资、债权债务、收入、费用及利润等有关总分类账户设置各种明细分类账,如材料明细账、应收账款明细账等。明细分类账一般采用活页账簿,也有的采用卡片账,如固定资产卡片账可作为固定资产明细账。明细分类账的格式,应根据它所反映经济业务内容的特点,以及实物管理的不同要求来设计。一般有三栏式、数量金额式和多栏式三种。

(1) 三栏式明细分类账。三栏式明细分类账的账页格式与三栏式总分类账格式基本相同,账页内只设有借方、贷方和余额三个金额栏,不设数量栏。这种格式适用于那些只需要进行金额核算的资本、债权、债务等类科目,如"应收账款""应付账款""其他应收款""短期借款""长期借款""实收资本"等科目的明细分类核算。三栏式明细分类账的格式如图 5-2-11 所示。

三栏式明细分类账

会计科目:
二级或明细科目:

年		凭证字号	摘 要	借 方	贷 方	借或贷	余 额
月	日						

图 5-2-11

(2) 数量金额式明细分类账。数量金额式明细分类账的账页,在收入、发出和结存栏内,分别设有数量栏、单价栏和金额栏。这种格式适用于既要进行金额核算,又要进行实物数量核算的各种财产物资科目,如"原材料""产成品"等科目的明细分类核算。数量金额式明细分类账的格式如图 5-2-12 所示。

数量金额式明细分类账

类别：　　　　　　　　　　　　　　　　　　　　　　　品名或规格：
储备定额：　　　　　　　　　　　　　　　　　　　　　单位：

年		凭证字号	摘要	收入			发出			结存		
月	日			数量	单价	金额	数量	单价	金额	数量	单价	金额

图 5-2-12

（3）多栏式明细分类账。多栏式明细分类账是根据经济业务的特点和管理需要，在一张账页内按某一总账科目所属明细科目或明细项目分设若干专栏，用以在同一张账页上集中反映某一总账科目所属各有关明细科目或明细项目的核算资料。而前述三栏式和数量金额式明细分类账则是按有关的明细科目分设账页，这一点与多栏式明细分类账有所不同。多栏式明细分类账适用于只需要进行金额核算而不需要数量核算，并且管理上要求反映项目构成情况的成本费用支出、收入、财务成果类科目，如"生产成本""制造费用""管理费用""财务费用""营业外收入""本年利润"等科目的明细分类核算。多栏式明细分类账的格式设计及登记方法因科目类别及核算内容不同而分为三种情况。

① 成本费用支出类科目。在每一成本费用总账科目下，都有若干明细科目或明细项目，反映成本费用支出的构成。由于这类科目在会计期间内发生的经济业务主要都应登记在该账户的借方，因此成本费用支出类明细分类账按借方设多栏，反映各明细科目或明细项目本月借方发生额，如发生冲减事项则用红字在借方登记。月末，将借方发生额合计数从贷方一笔转出，记入有关账户。成本费用支出类明细分类账的格式如图5-2-13所示。

成本费用支出类明细分类账

年		凭证字号	摘要	借方(项目)				贷方	余额
月	日						合计		

图 5-2-13

② 收入类科目。其总账科目下的所属明细科目或明细项目，反映出某一收入指标的构成。由于这类科目在会计期间内发生的经济业务主要都应登记在该账户的贷方，因此收入类明细分类账按贷方设多栏，反映各明细科目或明细项目本月贷方发生额，如发生冲减有关收入的事项用红字在贷方登记。月末，将贷方发生额合计数从借方一笔转出，记入有关账户。收入类明细分类账的格式如图5-2-14所示。

收入类明细分类账

年		凭证字号	摘要	贷方(项目)				合计	借方	余额
月	日									

图 5-2-14

③财务成果类科目。这类科目在会计期间内既发生贷方业务,也发生借方业务。为反映财务成果的构成,借方和贷方都要设多栏,登记各明细科目或明细项目本月借方发生额。财务成果类明细分类账的格式如图 5-2-15 所示。

财务成果类明细分类账

年		凭证字号	摘要	借方(项目)		合计	贷方(项目)		合计	借或贷	余额
月	日										

图 5-2-15

各种明细分类账的登记方法,应根据各个单位业务量的大小、经营管理上的需要以及所记录的经济业务内容加以确定。登记明细分类账的依据主要为原始凭证或记账凭证。一般情况下应逐笔登记经济业务,也可定期汇总登记。

3. 日记账的格式

各单位根据会计业务的需要,可设置普通日记账和特种日记账。

(1)普通日记账。这种日记账是用来记录全部经济业务的日记账,在账中,按照每日发生的经济业务的先后顺序,编制会计分录,因此,也称分录日记账。它的格式采用两栏式,即指设有借方和贷方两个金额栏。普通日记账的格式见图 5-2-16。

普通日记账 　　　　　　　　　　　　　　　　　　　第　　页

年		账户名称(会计科目)	摘要	总账页数	借方金额	贷方金额
月	日					

图 5-2-16

普通日记账的登记方法如下:

日期栏:登记经济业务发生的日期(有关原始凭证送达会计部做账的日期);

账户名称:登记会计分录的应借、应贷的账户名称;

摘要栏:对经济业务作简要说明;

金额栏:登记会计分录的借方金额和贷方金额;

总账页数栏:每日应根据日记账中的会计分录登记总分类账,并将总分类的账页记入此栏。

(2) 特种日记账。用以序时反映"库存现金"和"银行存款"收入的来源、支出的去向或用途以及每日结存金额。根据实际需要,库存现金日记账和银行存款日记账可以采用三栏式格式或者多栏式格式。

① 三栏式库存现金日记账和银行存款日记账。所谓三栏式日记账,是指其格式设有"收入""付出"和"余额"三个金额栏。

库存现金日记账是用来登记库存现金每日收入、付出和结存情况的账簿。它是由出纳人员根据审核后的现金收款凭证和现金付款凭证,逐日逐笔顺序登记。对于从银行提取现金的业务,为防重复记账,只填制银行存款付款凭证,不填制现金收款凭证,因而从银行提取现金引起的现金收入数额,应根据审核后的银行存款付款凭证登记库存现金日记账。每日终了,应结出库存现金日记账账面余额,并将其与库存现金实存金额相核对。三栏式现金日记账的一般格式如图5-2-17所示。

库存现金日记账　　　　　　　　　　第　　页

年		凭证字号	对方科目	摘要	分类账页	收入	付出	余额	核对
月	日					十万千百十元角分	十万千百十元角分	十万千百十元角分	

图 5-2-17

三栏式库存现金日记账的登记方法如下:

日期栏:登记现金收付业务发生的实际日期;

凭证字号栏:登记收款凭证或付款凭证的种类和编号,如现金收款凭证第8号可简写为"现收8";

对方科目栏:登记现金收入或支出的对应账户名称;

摘要栏:登记经济业务的简要说明;

收入及付出栏:登记现金的收入金额和付出金额,每日终了,应计算当日的现金收入及现金付出的合计数;

余额栏:在登记每笔现金收入或现金支出金额后,应逐笔结出现金余额,每日终了,应结出当日现金余额。

银行存款日记账是用来登记银行存款的存入、支取以及结余情况的账簿。银行存款日记账的登记方法与现金日记账的登记方法基本相同，也是由出纳人员根据审核后的银行存款收款凭证和银行存款付款凭证，逐日逐笔按照经济业务发生的先后顺序进行登记。对于将现金存入银行的业务，出于为防止重复记账，只填制了现金付款凭证，因此将现金存入银行引起的银行存款收入金额，应根据审核后的现金付款凭证登记银行存款日记账。每日终了，应分别计算银行存款收入及付出的合计数并结出当日余额，以便于检查监督各项收支款项，并便于定期同银行送来的对账单逐笔核对。三栏是银行存款日记账的一般格式，如图 5-2-18 所示。

银行存款日记账　　　　　第　　页

年		凭证字号	对方科目	摘要	分类账页	收入	付出	余额	核对
月	日					十万千百十元角分	十万千百十元角分	十万千百十元角分	

图 5-2-18

现金日记账和银行存款日记账必须采用订本式账簿，并按每一张账页顺序编号，防止账页散失或随意抽换，也便于日后查阅。

② 多栏式库存现金日记账和银行存款日记账。所谓多栏式日记账，就是将收入栏和支出栏分别按照对应科目设置若干专栏，即把收入栏按贷方科目设置若干专栏，支出栏按借方科目设置若干专栏。

在会计实务中，采用多栏式库存现金日记账和银行存款日记账，可以将多栏式日记账各科目发生额作为登记总分类账簿的依据。在收款凭证和付款凭证数量较多时，采用多栏式日记账可以减少收款凭证和付款凭证的汇总编制手续，简化总分类账簿的登记工作，而且可以清晰地反映账户的对应关系，了解货币资金的每项收支的来源或用途。多栏式现金日记账和银行存款日记账的格式见图 5-2-19。

多栏式库存现金（银行存款）日记账　　　　　第　　页

年		凭证字号	摘要	收入（贷记下列科目）			合计	支出（借记下列科目）			合计	结存
月	日											

图 5-2-19

在采用图 5-2-19 的多栏式日记账格式时，如果对应账户较多，账页篇幅必然过大，会使登记不便，容易发生错栏串行的错误。为解决这一问题，可以分别设置库存现金收入日记账、银行存款收入日记账、库存现金支出日记账和银行存款支出日记账。多栏式收入日记账与支出日记账的格式如图5-2-20和图5-2-21所示。

库存现金（银行存款）收入日记账   第　页

年		凭证字号	摘要	贷方科目						收入合计	支出合计	结余
月	日											

图 5-2-20

库存现金（银行存款）支出日记账   第　页

年		凭证字号	摘要	借方科目						支出合计
月	日									

图 5-2-21

由于多栏式日记账各科目发生额可以作为登记总分类的依据，根据内部牵制原则，实行钱、账分开管理，应该采取相应的监督或控制措施，保证会计人员所登记的总分类账的正确性和可靠性。在具体操作时，先由出纳人员根据审核后的收款凭证和付款凭证逐日逐笔顺序登记库存现金和银行存款的收入日记账与支出日记账。每日将支出日记账中当日支出合计数，转记入收入日记账中当日支出合计栏内，以便结出当日账面结余额。然后会计人员应对多栏式库存现金日记账和银行存款日记账的记录进行审核，并负责在月末根据多栏式库存现金日记账和银行存款日记账各专栏的合计数，分别登记总分类账的有关账户。这样做可以简化核算工作，但必须加强对多栏式日记账登记的监督和检查。

另一种办法是：单位可采取设置库存现金和银行存款出纳登记簿，由出纳人员根据审核后的收款凭证和付款凭证逐日逐笔登记，以便逐笔掌握库存现金和银行存款的收付情况，并进行库存现金账实核对及银行存款账单核对。出纳人员登记完出纳登记簿后，将收款凭证和付款凭证交给会计人员，由会计人员据以逐日汇总登记多栏式库存现金日记账和银行存款日记账，并于月末根据多栏式日记账登记总分类账。出纳登记簿与多栏式日记账应相互核对，以保证账簿记录的真实性和正确性。这种做法符合内部牵制原则，但增设了出纳登记簿，加大了记账工作量。

二、账簿登记的流程

各单位发生的经济业务，要采用平行登记的方法，根据会计凭证一方面记入相关总分类账,另一方面记入所属的各明细分类账。
1. 基本流程

在会计实务中,应按图5-2-22所示的基本工作流程来组织日常会计核算工作。

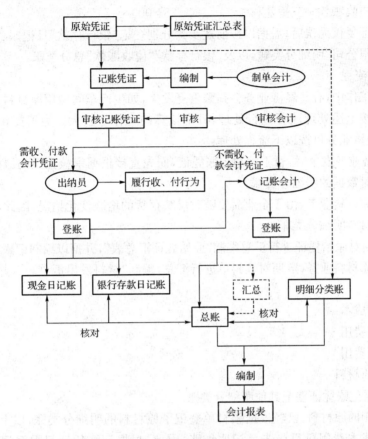

图 5-2-22

对每笔经济业务在完成了会计凭证填制工作后,应按以下流程登记相关账簿:

(1) 将涉及现金、银行存款收付业务的会计凭证传递给出纳员,由其完成以下工作:

①在履行了收、付款行为后,在原始凭证上加盖收、付款戳记。

②根据会计凭证登记现金、银行存款日记账。

③记账后在记账凭证中"库存现金"或"银行存款"科目后做出"√"等记账标识,在记账凭证"出纳"处签章,以明确其对库存现金、银行存款的保管责任。

④将记账凭证移交记账会计。

(2) 对不涉及现金、银行存款收付业务的记账凭证,直接传递给记账会计。

(3) 负责登记明细账的会计人员根据记账凭证登记相关明细分类账,记账后在记账凭证中相关科目后做出"√"等记账标识,并在"记账"处签章。明细账登记完成后,将会计凭证传递给总账会计。

(4) 总账会计根据记账凭证直接登记总分类账,或定期采用一定的程序和方法将该期记账凭证进行汇总后,编制"科目汇总表"或"汇总记账凭证",再据以登记总分类账,记账完毕后同样要在相关凭证中做出记账标识并签章。

例如实训4.1中,乌市红星实业有限公司"3日收到乌市三勇建材有限公司转入前欠账款234 000元"的经济业务,在对原始凭证审核无误后,编制如下记账凭证:

借:银行存款　　　　　　　　　234 000
　　贷:应收账款—三勇建材　　　　　　　234 000

对该凭证复核无误后,需据以按前述步骤分别登记"银行存款"日记账、"应收账款—三勇建材有限公司"明细分类账,以及"银行存款""应收账款"总分类账。

2. 简化流程

在会计工作中,有些经济业务会频繁重复发生,如生产车间领用原材料,若对每一笔领料业务都按上述处理流程进行处理,日常核算的工作量较大。为了简化日常核算工作,对此类经济业务可按以下流程处理:

(1)经济业务发生时,暂不编制记账凭证,而先直接根据审核无误的原始凭证,登记需要提供即时数据的明细分类账。

如领用原材料业务,由于企业需要随时反映存货的增减变化情况,因此,直接根据领料单登记原材料明细分类账。

(2)定期对原始凭证进行汇总编制"原始凭证汇总表",并据以编制记账凭证。

如领用原材料业务,定期对领料单进行汇总,编制"材料发出汇总表",并据以编制如下记账凭证:

借:生产成本
　　制造费用
　　管理费用
　　贷:原材料

(3)根据记账凭证登记其他明细分类账。

由于领用的原材料,已经根据领料单登记了原材料的明细分类账,以上记账凭证中只有借方的成本费用科目尚未登记明细账,因此,根据记账凭证只需登记这些明细账即可。

(4)根据记账凭证直接登记总分类账,或对记账凭证进行汇总后,根据汇总凭证登记总分类账。

可以看出,采用以上简化的账簿登记流程,既减少了日常凭证编制以及成本费用明细分类账的登记工作,又能提供足够会计信息,因此,在实务中被广泛应用。工业企业中可以采用以上简化账簿登记流程的业务主要包括:

①材料入库业务,对应的会计分录为:

借:原材料
　　贷:材料采购

②材料出库业务,对应的会计分录为:

借:生产成本
　　制造费用
　　销售费用
　　管理费用
　　其他业务成本

贷：原材料

③产品入库业务，对应的会计分录为：

借：库存商品

　　贷：生产成本

④产品出库业务，对应的会计分录为：

借：主营业务成本

　　贷：库存商品

三、账簿的登记

（一）日记账的登记

日记账是根据经济业务发生时间的先后顺序，逐日逐笔进行登记的会计账簿，主要包括现金日记账和银行存款日记账。为了加强对企业现金和银行存款的监管，现金和银行存款日记账采用订本式账簿，不得用银行对账单或其他方法代替日记账。

1. 现金日记账的登记方法

现金日记账是用来核算和监督库存现金每天的收入、支出和结存情况的账簿。由出纳人员根据与现金收付有关的记账凭证，如现金收款、现金付款、银行付款（提现业务）凭证，逐日逐笔进行登记，并随时结记余额。

现金日记账采用三栏式账页，其登记方法如图5-2-23所示。

现金日记账

第1页

年		凭证字号	摘要	对应科目	借方	贷方	余额	
月	日				亿千百十万千百十元角分	亿千百十万千百十元角分	亿千百十万千百十元角分	
12	1		期初余额				4 1 4 0 0 0	
	4	记02	支付职工生活补助	应付职工薪酬		2 1 8 6 0 0	1 9 5 4 0 0	
	4	记03	提现	银行存款	5 0 0 0 0 0		6 9 5 4 0 0	
	9	记09	购买零星办公用品	管理费用		8 8 5 0 0	6 0 6 9 0 0	
	21	记18	行政季群借差旅费	其他应收款	5 0 0 0 0 0		1 0 6 9 0 0	
	29	记24	行政季群报差旅费	管理费用		5 0 0 0 0	5 6 9 0 0	

图5-2-23

登记现金日记账时，除了遵循账簿登记的基本要求外，还应注意以下栏目的填写方法：

（1）日期

"日期"栏中填入的应为据以登记账簿的会计凭证上的日期，现金日记账一般依据记账凭证登记，因此，此处日期为编制该记账凭证的日期。不能填写原始凭证上记载的发生或完成该经济业务的日期，也不是实际登记该账簿的日期。

（2）凭证字号

"凭证字号"栏中应填入据以登账的会计凭证类型及编号。如，企业采用通用凭证格式，根据记账凭证登记现金日记账时，填入"记×号"；企业采用专用凭证格式，根据现金收款凭证登记现金日记账时，填入"收×号"。

(3) 摘要

"摘要"栏简要说明入账的经济业务的内容,力求简明扼要。

(4) 对应科目

"对应科目"栏应填入会计分录中"库存现金"科目的对应科目,用以反映库存现金增减变化的来龙去脉。在填写对应科目时,应注意以下三点:

第一,对应科目只填总账科目,不需填明细科目。

第二,当对应科目有多个时,应填入主要对应科目,如销售产品收到现金,则"库存现金"的对应科目有"主营业务收入"和"应交税费",此时可在对应科目栏中填入"主营业务收入",在借方金额栏中填入取得的现金总额,而不能将一笔现金增加业务拆分成两个对应科目金额填入两行。

第三,当对应科目有多个且不能从科目上划分出主次时,可在"对应科目"栏中填入其中金额较大的科目,并在其后加上"等"字。如用现金800元购买零星办公用品,其中300元由车间负担,500元由行政管理部门负担,则在现金日记账"对应科目"栏中填入"管理费用等",在贷方金额栏中填入支付的现金总额800元。

(5) 借方、贷方

"借方金额"栏、"贷方金额"栏应根据相关凭证中记录的"库存现金"科目的借贷方向及金额记入。

(6) 余额

"余额"栏应根据"本行余额=上行余额+本行借方-本行贷方"公式计算填入。

正常情况下库存现金不允许出现贷方余额,因此,现金日记账余额栏前未印有借贷方向,其余额方向默认为借方。若在登记现金日记账过程中,由于登账顺序等特殊原因出现了贷方余额,则在余额栏用红字登记,表示贷方余额。

2. 银行存款日记账登记

银行存款日记账是用来核算和监督银行存款每日的收入、支出和结余情况的账簿。由出纳人员根据与银行存款收付有关的记账凭证,如银行存款收款、银行存款付款、现金付款(存现业务)凭证,逐日逐笔进行登记,并随时结计余额。

银行存款日记账采用三栏式账页,其登记方法如图5-2-24所示。

第1页

银行存款日记账
CASH JOURNAL

开户银行 模拟银行
座 号 20030021087

×年		凭证字号	银行凭证	摘 要	对应科目	借方									贷方									借或贷	余 额									√
月	日					亿	千	百	十	万	千	百	十	元	角	分	亿	千	百	十	万	千	百	十	元	角	分		亿	千	百	十	万	千	百	十	元	角	分	
12	1			期初余额																									借			2	0	1	2	0	0	0	0	
	3	记01		收三勇建材账款	应收账款			2	3	4	0	0	0	0	0													借			4	3	5	2	0	0	0	0	
	4	记03	支3201	提现	库存现金																5	0	0	0	0	0		借			4	3	0	2	0	0	0	0	
	6	记05		现销产品	主营业务收入			1	4	0	4	0	0	0	0													借			5	7	0	6	0	0	0	0	
	6	记06		金	其他应付款															2	0	0	0	0	0		借			5	7	2	6	0	0	0	0	
	6	记07		委收	交纳增值税等 应交税费															2	4	9	6	0	0		借			5	4	7	6	4	0	0	0	
	6	记08	支3202	付前欠账款	应付账款														1	1	7	0	0	0	0		借			4	3	0	6	4	0	0	0	
	13	记13	支3203	付采购运费	材料采购															1	2	0	0	0	0		借			4	1	0	6	4	0	0	0	

×年		凭证字号	银行凭证	摘要	对应科目	借方	贷方	借或贷	余额
月	日					亿千百十万千百十元角分	亿千百十万千百十元角分		亿千百十万千百十元角分
12	1			期初余额				借	2 0 1 2 0 0 0 0
	18	记14	支3204	代发工资	应付职工薪酬		1 0 8 0 0 0 0 0	借	3 1 0 6 4 0 0 0
	19	记16	支3205	付销售运费	销售费用		1 2 0 0 0 0 0	借	3 1 9 4 4 0 0 0
	20	记17	委收	付电费	制造费用等		1 8 1 0 0 0 0	借	2 9 1 3 4 0 0 0
	22	记19	支3206	付广告费	销售费用		5 0 0 0 0 0	借	2 8 6 3 4 0 0 0
	23	记20		现销材料	其他业务收入	1 4 0 4 0 0 0		借	3 0 0 3 8 0 0 0
	25	记21	委收	付违章罚款	营业外支出		2 0 0 0 0 0	借	2 9 8 3 8 0 0 0
	28	记22	支3207	付房租	管理费用		9 5 0 0 0 0	借	2 8 8 8 8 0 0 0
	29	记23		付长期借款利息	应付利息		6 0 0 0 0 0	借	2 2 8 8 8 0 0 0

图 5-2-24

银行存款日记账与现金日记账的登记方法基本相同,其账页中除与现金日记账相同栏目外,还设有"银行凭证"栏,用来填写办理银行存款收付业务时,所依据的银行结算凭证种类和号数,以便于和银行进行对账。

(二)明细分类账的登记

不同类型经济业务的明细分类账,可根据管理需要,依据记账凭证、原始凭证或原始凭证汇总表逐笔登记或定期汇总登记。原材料、库存商品收发明细账以及成本、收入、费用明细账可以逐笔登记,也可以定期汇总登记;其他明细分类账如固定资产、债权、债务等应逐笔登记。

明细分类账的格式有三栏式、数量金额式及多栏式等多种,其登记方法分别介绍如下:

1. 三栏式明细分类账的登记

三栏式明细分类账适用于只进行金额核算的明细账户,一般根据记账凭证逐笔登记。三栏式账页中一般设有"日期""凭证字号""摘要""借方""贷方"和"余额"栏,登记时根据记账凭证依次填入各栏目内容,并结记余额。其登记方法如图 5-2-25 所示。

明细分类账

科目编号 112201   总账科目 应收账款
明细科目 乌市三勇建材有限公司   连续第　页第1页

×年		凭证字号	摘要	借方	贷方	借或贷	余额
月	日			亿千百十万千百十元角分	亿千百十万千百十元角分		亿千百十万千百十元角分
12	1		期初余额			借	2 3 4 0 0 0 0 0
	3	记01	收回前欠账款		2 3 4 0 0 0 0 0	平	0
	19	记15	赊销B产品	2 3 4 0 0 0 0		借	2 3 0 0 0 0 0

图 5-2-25

2. 数量金额式明细账的登记

数量金额式账簿用于既要进行金额核算,又要进行数量核算的各项财产物资的明细分类账,如原材料、库存商品的明细分类账。

数量金额式账页格式与三栏式账页格式的差别在于：三栏式账页只进行货币量核算，设借、贷、余三个金额栏，而数量金额式账页既进行货币量核算，又进行实物量核算，设有收入、发出和结存三个栏目，并在各栏下又分设了数量、单价、金额三个项目。

数量金额式明细账一般采用简化的账簿登记流程，根据原材料、库存商品等存货的收入、发出原始凭证直接逐笔填列。其登记方法如图5-2-26所示。

原材料　进销存
SUBSIDIARY LEDGER OF INVENTORG

总第　　页分第1页

部类_____　产地_____　单位　公斤　规格_____　品名　甲材料

×年		凭证字号	摘要	收入			发出			结存			√
月	日			数量	单价	金额	数量	单价	金额	数量	单价	金额	
12	1		期初结存							8500	100	850000 00	
	5	领200301	生产领用				400	100	40000 00	8100	100	830000 00	
	8	领200302	生产领用				1200	100	120000 00	6900	100	690000 00	
	8	领200303	生产领用				1500	100	150000 00	5400	100	540000 00	
	10	入10344	购入	1000	100	100000 00				6400	100	640000 00	
	13	入10345	购入	4000	100	400000 00				10000	100	1040000 00	
	14	领200304	生产领用				1000	100	100000 00	8600	100	860000 00	
	17	领200305	生产领用				100	100	10000 00	8500	100	850000 00	
	21	领200306	生产领用				500	100	50000 00	8000	100	800000 00	
	21	领200307	行政领用				20	100	2000 00	7980	100	798000 00	
	23	出40039	对外销售				100	100	10000 00	7870	100	788000 00	

图5-2-26

登记数量金额式明细分类账时应注意：

（1）根据原材料、库存商品收入、发出原始凭证逐笔登记数量金额式明细分类账时，账页中"日期"栏填入据以入账的原始凭证日期，"凭证字号"栏填入据以入账的原始凭证种类及编号。

（2）登记原材料、库存商品的收入、发出，以及结计结存时要同时在账簿中登记数量、单价及金额三项内容。

（3）一般来讲，原材料、库存商品不应出现负结存，因此，在数量金额式账页中未设结存方向栏，若由于特殊原因，在账面上出现负结存，则在结存栏中用红字登记。

3. 多栏式明细分类账的登记

（1）应交增值税明细分类账的登记

应交增值税明细分类账，按增值税明细核算项目在借方、贷方均分设了多个专栏。其中借方设置了"合计""进项税额""已交税金"及"减免税款"等专栏，贷方设置了"合计""销项税额""出口退税"及"进项税额转出"等专栏，另外还设置了"借或贷"栏及"余额"栏。

应交增值税的明细分类账一般应根据记账凭证逐笔登记，并按以下步骤登记金额栏：

①按记账凭证中应交增值税的方向和明细科目记入账簿的相应专栏。

②结计本行记入借方或贷方各专栏的金额合计数,记入借方或贷方的合计栏。
③结计出余额填入余额栏,同时在"借或贷"栏内标明余额的借贷方向。
按以上方法登记的应交增值税明细分类账如图5-2-27所示。

应交税费(应交增值税)明细账

第1页连续第　页

X年		凭证字号	摘要	借方			贷方			借或贷	余额
月	日			合计	进项税额	已交税金	合计	销项税额	销项税额转出		
12	1		期初余额							贷	1090000

图5-2-27

(2)生产成本明细账的登记

生产成本按成本核算对象设置明细账,在明细账中按借方以成本构成项目设置专栏,不再设置贷方及余额栏。

生产成本明细分类账一般应根据记账凭证登记。对于发生的应记入生产成本借方的直接成本,以及分配转入的制造费用,登记时首先根据其费用性质记入相应的成本构成项目栏,再计算出记入本行各成本项目栏的金额合计数,填入"合计"栏。应特别注意"合计"栏填入的是本行成本构成项目栏合计数,上下行间数据不累加。

月末,计算并结转完工产品成本,应记入生产成本明细账的贷方,由于生产成本未设有贷方金额栏,登记时用红字在各成本构成项目栏中登记应结转出的金额,并计算出结转的生产成本总额,记入合计栏。

按上述方法登记的生产成本明细账如图5-2-28所示。

生产成本账

总第　页第1页

总账科目<u>生产成本</u>　产品名称<u>B产品</u>　规格型号_____　计量单位<u>个</u>

X年		凭证字号	摘要	合计	成本项目		
月	日				直接材料	直接人工	制造费用
12	1		期初余额	1120000	600000	300000	320000
	31	记28	分配工资费用	400000		400000	
	31	记29	计提社会保险费	64000		64000	
	31	记33	领用材料	1600000	1600000		
	31	记34	分配制造费用	310000			310000
	31	记35	结转完工产品成本	2360000	1660000	494000	343000

注:31日记035凭证登记数据为红字。

图5-2-28

（3）普通多栏账的登记

普通多栏账一般根据记账凭证逐笔登记。在实际工作中，普通多栏账有两种格式：

①设置借方或贷方专栏

根据账户性质，可以设置借方专栏，如"制造费用"及"主营业务成本""管理费用"等成本费用账户，由于其账户贷方发生额每月很少，发生时以红字登记在借方。也可以设置贷方专栏，如"主营业务收入""其他业务收入"等收入账户，由于其账户借方发生额每月很少，发生时以红字登记在贷方。

登记时应注意：登记方向与栏目设置方向相反时，用红字记入；起始栏应设为"合计"栏，用以登记本行各栏合计数。登记时一方面要记入具体的项目专栏，另一方面计算本行记入各专栏金额合计数，记入"合计"栏。

此种格式的多栏账优点是登账工作较简化，但不能直接反映账户当前余额，如图5-2-29所示。

借方多栏式账页

年		凭证字号	摘要	借　方(项目)				合计	贷方	余额
月	日									

贷方多栏式账页

年		凭证字号	摘要	贷　方(项目)				合计	借方	余额
月	日									

图 5-2-29

②在设置借方、贷方、余额栏基础上，再设专栏对当前余额构成项目进行分析

登记时先按三栏式账簿的登记方法登记账页中借、贷、余栏目，再在相应专栏中反映当前余额的构成情况。

此种格式的多栏账优点是能随时反映账户余额及构成情况，但登账的工作量较大，如图5-2-30所示。

年		凭证字号	摘要	借方	贷方	余额			
月	日								
～	～	～	～	～	～	～	～	～	～

图 5-2-30

（三）总分类账的登记

在实务中，各单位可以根据实际情况，选择不同的方法和程序来登记总分类账。根据登记总分类账的方法和程序的不同，可以划分出各种不同的账务处理程序。

账务处理程序又称会计核算形式，是指会计凭证、会计账簿、财务报表相结合的方式。该程序包括会计凭证和账簿的种类、格式，会计凭证与账簿之间的联系方法，由原始凭证到编制记账凭证、登记明细分类账和总分类账、编制财务报表的工作程序和方法。

各种账务处理程序的基本账务处理流程是相同的，其主要区别在于登记总分类账的方法和程序有所不同。适应其登记总分类账的方法和程序，在凭证和账簿的种类和格式上也各有其特殊要求。

目前，我国常用的账务处理程序有以下五种：记账凭证账务处理程序、科目汇总表账务处理程序、汇总记账凭证账务处理程序、日记总账账务处理程序、多栏式日记账账务处理程序。本书主要介绍前三种账务处理程序。

1. 记账凭证账务处理程序的总账登记

（1）记账凭证账务处理程序

记账凭证账务处理程序是直接根据记账凭证逐笔登记总分类账的一种账务处理程序。

记账凭证账务处理程序对记账凭证和账簿的种类和格式无特殊要求。记账凭证可以采用统一的通用格式，也可以分成收、付、转三类；需设置总分类账、现金日记账、银行存款日记账和明细分类账；总账和日记账均可采用三栏式，明细分类账根据需要，可采用三栏式、数量金额式或多栏式。

记账凭证账务处理程序的特点是：直接根据记账凭证逐笔登记总分类账。

其账务处理流程是：

① 根据原始凭证或汇总原始凭证，编制记账凭证；

② 根据收款凭证、付款凭证逐笔登记现金日记账和银行存款日记账；

③ 根据原始凭证、汇总原始凭证和记账凭证，登记各种明细分类账；

④ 根据记账凭证逐笔登记总分类账；

⑤ 月末，现金日记账、银行存款日记账和明细分类账的记录与有关总分类账户记录核对相符；

⑥ 月末，根据总分类账和明细分类账的记录，编制财务报表。

记账凭证账务处理程序如图5-2-31所示。

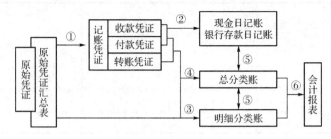

图 5-2-31

记账凭证账务处理程序是一种最基本的账务处理程序,简单明了,易于理解,直接根据记账凭证登记总账,便于操作,在总分类账中能详细反映经济业务的内容,体现了账务处理程序的基本原理。其不足之处在于:直接根据记账凭证逐笔登记总分类账,重复了日记账和明细账的记账内容,工作量较大,不便于对会计工作进行分工。因而这种账务处理程序一般只适用于规模小、经济业务简单、业务量少的单位。

(2)总账的登记

当企业采用记账凭证账务处理程序时,直接根据记账凭证登记总分类账,如图5-2-32所示。

总分类账

会计科目及编号　　库存现金　1001　　　　　　　　第1页

×年		凭证字号	摘要	借方	贷方	借或贷	余额	✓
月	日			亿千百十万千百十元角分	亿千百十万千百十元角分		亿千百十万千百十元角分	
12	1		期初余额			借	4 1 1 0 0 0	
	4	记02	支付职工生活补助		2 1 8 6 0 0	借	1 9 5 4 0 0	
	4	记03	提现	5 0 0 0 0 0		借	6 9 5 4 0 0	
	9	记09	购买零星办公用品		8 8 5 0 0	借	6 0 6 9 0 0	
	21	记18	行政季群借差旅费		5 0 0 0 0 0	借	1 0 6 9 0 0	
	29	记24	行政季群报差旅费	5 0 0 0 0		借	5 6 9 0 0	

图 5-2-32

2. 科目汇总表账务处理程序的总账登记

(1)科目汇总表账务处理程序

科目汇总表账务处理程序是根据记账凭证定期编制科目汇总表,并据以登记总分类账的一种账务处理程序。其特点是:定期根据记账凭证编制科目汇总表,并据以登记总分类账。由于科目汇总表是根据记账凭证汇总编制的,所以科目汇总表又称为"记账凭证汇总表",该账务处理程序又称为记账凭证汇总表账务处理程序。

科目汇总表账务处理程序对记账凭证和账簿的种类和格式无特殊要求,会计凭证、账簿设置与记账凭证账务处理程序相同,另外,需设置科目汇总表。其账务处理流程是:

① 根据原始凭证或原始凭证汇总表按不同的经济业务类型分别填制收款凭证、付款凭证和转账凭证;

② 根据现金收、付款凭证逐笔序时登记现金日记账;根据银行存款收、付款凭证及其所附的银行结算凭证逐笔序时登记银行存款日记账;

③ 根据记账凭证及所附的原始凭证(或原始凭证汇总表)逐笔登记各有关明细分

类账;

④ 根据各种记账凭证编制科目汇总表;

⑤ 根据科目汇总表中各科目的汇总发生额登记相应的总分类账;

⑥ 根据对账的具体要求,将现金日记账、银行存款日记账和各种明细分类账定期与总分类账相互核对;

⑦ 期末,根据总分类账和明细分类账的有关资料编制财务报表。

科目汇总表账务处理程序如图5-2-33所示。

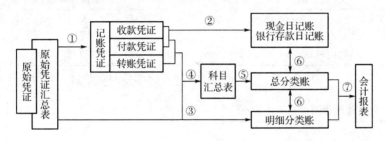

图 5-2-33

采用科目汇总表账务处理程序,可以通过定期编制科目汇总表起到试算平衡的作用,根据科目汇总表登记总分类账,也可以减轻登记总账的工作量。但科目汇总表不能反映各科目间的对应关系,不便于查账和了解经济业务的内容。因而,这种账务处理程序适用于规模较大、业务量较多的单位。

(2) 总账的登记

当企业采用科目汇总表账务处理程序时,定期根据记账凭证编制科目汇总表,并据以登记总分类账。

科目汇总表应定期编制,间隔天数可以根据单位的业务量的多少而定,一般可按每星期、每旬或每月汇总编制一次。以实训4.1中乌市红星实业有限公司的资料为例,若该单位采用科目汇总表账务处理程序,按旬编制科目汇总表,则其总账的登记方法如下:

① 旬末,总账会计将本旬所有记账凭证按顺序整理后,将凭证中分录过入工作底稿中的"T"账户,并结计每一账户的借方发生额和贷方发生额。如图5-2-34所示。

借	银行存款	贷
(1) 234 000		(3) 5 000
(5) 140 400		(7) 24 960
(6) 2 000		(8) 117 000
276 400		146 960

借	应收账款	贷
(1) 234 000		

借	库存现金	贷
(3) 5 000		(2) 2 186
		(9) 885
5 000		3 071

借	应付职工薪酬	贷
		(2) 2 186

借	材料采购	贷		借	应交税费	贷
(4) 488 000				(4) 82 960		
(10) 100 000				(7) 24 960	(5) 20 400	
588 000				(10) 17 000		
				124 920	20 400	

借	应付票据	贷		借	主营业务收入	贷
	(4) 570 960				(5) 120 000	

借	其他应付款	贷		借	应付账款	贷
	(6) 2 000			(8) 117 000	(10) 117 000	

借	管理费用	贷
(9) 885		

图 5-2-34

在将凭证分录过入工作底稿及汇总各账户发生额时,应注意以下几点:

第一,必须在工作底稿中,根据记账凭证汇总各账户的借贷方发生额,不能由相关的日记账和明细分类账中抄算。

第二,过账时,应根据记账凭证逐张过入工作底稿,凭证分录中涉及的会计科目,若在工作底稿中尚未开设出"T"账户,则应先开设出该科目的"T"账户,再记入相应发生额,若该科目在工作底稿中已开设出"T"账户,则将其发生额记入相应的"T"账户中。不能根据工作底稿中开设出的"T"账户,在记账凭证中逐张查找该账户的发生额,以防错漏。

第三,工作底稿中只需汇总各账户的借贷方发生额,不用结计余额。

②填制科目汇总表

根据工作底稿,依次填写科目汇总表以下栏目内容:

●日期:指科目汇总表中本次汇总凭证所属时间段,如乌市红星实业有限公司按旬编制科目汇总表,此处时间应填为"×年12月1日至×年12月10日",应注意不要填入本次汇总的记账凭证上实际的起止时间。

●凭证起讫号:指本次汇总的记账凭证的实际起止编号,如企业上旬共计编制10张记账凭证,据以编制的科目汇总表中此处应填入"自001号起至010号止"。

●编号:指该张科目汇总表在此类凭证中的顺序编号。注意编号时,应将科目汇总表作为一类凭证单独编号,而不能并入记账凭证中统一编号。

●根据工作底稿逐行填入各会计科目借贷方发生额。应注意以下几点:

第一,填写时,为了防止错漏,应按工作底稿中的科目顺序抄入,而不必调整为总账中科目的排列顺序。

第二,若本次汇总时,涉及会计科目较多,在一张科目汇总表中抄写不完时,注意在未完的各张科目汇总表的最末一行"会计科目"栏处填入"小计",在借贷方金额栏内,结计出本页各科目的借贷方发生额合计数填入。在最后一页科目汇总表的倒数第二行"会计科目"栏中填入"小计",在借贷方金额栏内,结计出本页各科目的借贷方发生额合计数填入;在最末一行"会计科目"栏处填入"合计",将各页小计的借贷方发生额合计后填入借贷方发生额栏。根据试算平衡的原理,合计行的借贷方发生额应相等,若出现合计借贷方发生额不相等,则说明科目汇总表中一定存在错误,必须进一步检查更正,直至借贷方发生额合计数相等。

第三,在科目汇总表最末页若有未填满的空行,无需予以注销。

●签章:编制该科目汇总表的会计人员,应在科目汇总表下方制单处签名或盖章,以明确经济责任。

乌市红星实业有限公司按以上方法编制的上旬科目汇总表,如图5-2-35所示。

记账凭证汇总表

日期:2008年12月01日至2008年12月10日　　　　　　　编号01
凭证起讫号数自　01号起至10号止

会计科目	借方金额										√	贷方金额										√
	亿	千	百	十	万	千	百	十	元	角	分		亿	千	百	十	万	千	百	十	元	角	分	
银行存款				3	7	6	4	0	0	0	0					1	4	6	9	6	0	0	0	
应收账款																2	3	4	0	0	0	0	0	
应付职工薪酬					2	1	8	6	0	0	0													
库存现金						5	0	0	0	0	0							3	0	7	1	0	0	
材料采购				5	8	8	0	0	0	0	0													
应交税费				1	2	4	9	2	0	0	0							2	0	4	0	0	0	
应付票据																	5	7	0	9	6	0	0	
主营业务收入																	1	2	0	0	0	0	0	
其他应付款																		2	0	0	0	0	0	
应付账款				1	1	7	0	0	0	0	0					1	1	7	0	0	0	0	0	
管理费用						8	8	5	0	0	0													
合计	¥		1	2	1	4	3	9	1	0	0		¥		1	2	1	4	3	9	1	0	0	

核准:　　　　　复核:　　　　　记账:　　　　　制单:李林

图5-2-35

③根据科目汇总表登记总分类账

在对科目汇总表审核无误后,即可据以登记总分类账,登账时,为防止错漏,应按科目汇总表中科目排列顺序逐个记入总账。如乌市红星实业有限公司根据上旬的科目汇总表,应先在总账"银行存款"账户中登记借贷方发生额,并结计出余额,登记完毕后,在科目汇总表借贷记账栏中做出记账标识"√";然后在总账"应收账款"账户中记入贷方发生额,结计出余额,并在科目汇总表记账栏做出记账标识;依此类推直至将科目汇总表中所有科目的借贷方发生额记入相应的总账账户。最后,由登记总账的会计人员在科目汇总表下方的"记账"处签名或盖章。

企业按上述方法登记的"银行存款"总分类账,如图5-2-36所示。

总分类账

会计科目及编号　银行存款　1002　　　　　　　　　　　　　　　　第2页

×年		凭证字号	摘要	借方	贷方	借或贷	余额	✓
月	日			亿千百十万千百十元角分	亿千百十万千百十元角分		亿千百十万千百十元角分	
12	1		期初余额			借	2 0 1 2 0 0 0 0	
	10	科汇01	1—10日汇总	3 7 6 4 0 0 0 0	1 4 6 9 6 0 0 0	借	4 3 0 6 4 0 0 0	
	20	科汇02	11—20日汇总		1 3 9 3 0 0 0 0	借	2 9 1 3 4 0 0 0	
	31	科汇03	21—31日汇总	1 4 0 4 0 0 0	7 6 5 0 0 0 0	借	2 2 8 8 8 0 0 0	

图 5-2-36

3. 汇总记账凭证账务处理程序的总账登记

(1) 汇总记账凭证账务处理程序

记账凭证账务处理程序是根据记账凭证定期编制汇总记账凭证，并据以登记总分类账的一种账务处理程序。其特点是：定期根据记账凭证编制汇总收款凭证、汇总付款凭证和汇总转账凭证，并根据汇总记账凭证登记总分类账。

汇总记账凭证账务处理程序对会计账簿的种类和格式无特殊要求，其会计账簿设置与记账凭证账务处理程序基本相同，但为了便于记账凭证的汇总，记账凭证应采用专用格式，即设置收款、付款和转账凭证，另外还需设置汇总收款凭证、汇总付款凭证和汇总转账凭证。其账务处理流程是：

① 根据原始凭证或原始凭证汇总表填制记账凭证；
② 根据收款凭证和付款凭证逐笔登记现金日记账和银行存款日记账；
③ 根据原始凭证、原始凭证汇总表或记账凭证登记各种明细分类账；
④ 根据记账凭证定期编制各种汇总记账凭证；
⑤ 月末，根据编制的汇总记账凭证登记总分类账；
⑥ 月末，将现金日记账、银行存款日记账的余额，以及各种明细分类账的余额合计数，分别与总分类账中相关账户的余额核对相符；
⑦ 月末，根据核对无误的总分类账和明细分类账的相关资料，编制财务报表。

汇总记账凭证账务处理程序如图 5-2-37 所示。

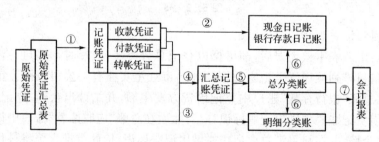

图 5-2-37

汇总记账凭证账务处理程序是在科目汇总表账务处理程序的基础上，对凭证的汇总方法进行了改进，它克服了科目汇总表账务处理程序的不足，明确了账户间的对应关系，提高了总分类账的可分析性。

汇总记账凭证账务处理程序根据汇总记账凭证登记总分类账，减少了登记总分类账的工作量；同时，汇总记账凭证中可以反映账户的对应关系，便于总账的检查和分析。但当转账凭证较多时,编制汇总记账凭证的工作量较大,收付款业务量较少的单位采用此账务处理程序起不到减少工作量的作用。因此,汇总记账凭证账务处理程序只适用于规模较大、收付款业务发生频繁的单位。

(2) 总账的登记

当企业采用汇总记账凭证账务处理程序时,定期根据记账凭证编制汇总记账凭证,并据以登记总分类账。

汇总记账凭证应定期编制,间隔天数可以根据单位的业务量的多少而定,一般可按每星期、每旬或每月汇总编制一次。以实训4.1中乌市红星实业有限公司的资料为例,若该单位采用汇总记账凭证账务处理程序,按月编制汇总记账凭证,则其总账的登记方法如下:

①凭证分类

月末,总账会计对本月所有记账凭证进行分类。将凭证分为收、付、转三类,按凭证号整理无缺后,进一步将收款凭证分为现金收款凭证和银行存款收款凭证两小类,将付款凭证分为现金付款凭证和银行存款付款凭证两小类,以贷方科目相同为标准,将转账凭证划分成若干小类。

但为了便于转账凭证的分类汇总,此账务处理程序下的转账凭证,只能编制一借一贷或一贷多借的会计分录。

②分类汇总并编制汇总记账凭证

对以上分出的各类凭证,分别根据其会计分录的特点进行汇总。

● 现金收款凭证:会计分录中借方科目均为"库存现金",因而应汇总各贷方科目的发生额,其汇总方法比照科目汇总表下的科目汇总方法进行,库存现金科目的借方发生额即为各贷方科目发生额合计数。

● 银行存款收款凭证:会计分录中借方科目均为"银行存款",因而应汇总各贷方科目的发生额,银行存款科目的借方发生额即为各贷方科目发生额的合计数。

● 现金付款凭证:会计分录中贷方科目均为"库存现金",因而应汇总各借方科目的发生额,库存现金科目的贷方发生额即为各借方科目发生额的合计数。

● 银行存款付款凭证:会计分录中贷方科目均为"银行存款",因而应汇总各借方科目的发生额,银行存款科目的贷方发生额即为各借方科目发生额的合计数。

● 转账凭证是按相同贷方科目为标准来划分类别的,因而每类转账凭证汇总时,应汇总各借方科目的发生额,贷方科目的发生额即为各借方科目发生额的合计数。

以下以乌市红星实业有限公司对本月银行存款收款凭证的汇总方法为例,说明汇总记账凭证的编制方法:

红星实业本月的银行存款收款凭证共有以下四张:

收01:借:银行存款　　　　　234 000
　　　　贷:应收账款—三勇建材　　234 000
收02:借:银行存款　　　　　140 400
　　　　贷:主营业务收入　　　　　　　120 000
　　　　　　应交税费—应交增值税(销项税额)　20 400
收03:借:银行存款　　　　　2 000

　　　　　贷:其他应付款—新星实业　　2 000
　　收 04:借:银行存款　　　　14 040
　　　　　贷:其他业务收入　　　　　　12 000
　　　　　　应交税费—应交增值税(销项税额)　2 040

　　汇总时,在工作底稿中,只对各贷方科目开设出"T"账户,并将各分录中的发生额登记入账,如图 5-2-38 所示。

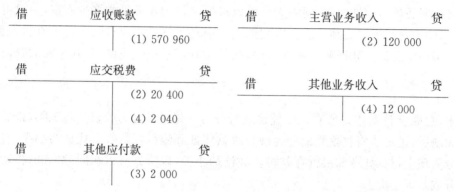

图 5-2-38

　　将工作底稿中各账户汇总贷方发生额,填入汇总收款凭证中贷方科目栏,编制一张汇总银行存款收款凭证,如图 5-2-39 所示。

汇总收款凭证

借方科目　银行存款　1002　　　2008 年 12 月　　　　　　　　编号:02

摘　要	贷方科目	亿	千	百	十	万	千	百	十	元	角	分	记账
1—31 日汇总	应收账款			2	3	4	0	0	0	0	0		
	主营业务收入			1	2	0	0	0	0	0	0		
	应交税费				2	2	4	4	0	0	0		
	其他应付款					2	0	0	0	0	0		
	其他业务收入				1	2	0	0	0	0	0		
	合　计			3	9	0	4	4	0	0	0		

附注:自 01 日至 31 日凭证第 01 号至第 04 号共 4 张

核准:　　　　　复核:　　　　　记账:　　　　　制单:李林

图 5-2-39

　　(3)根据汇总记账凭证登记总分类账。

　　在对汇总记账凭证审核无误后,即可据以登记总分类账,如红星实业根据以上编制出的汇总收款凭证,应先按贷方金额合计数,记入总账中"银行存款"账户借方金额栏,并结计出余额,登记完毕后,在汇总收款凭证中记账栏做出记账标识"√";然后按"应收账款"账户的贷方金额,记入总账中"应收账款"账户贷方金额栏,并结计出余额,登记完毕在汇总收款凭证中记账栏做出记账标识;再依此方法,直至将汇总记账凭证中所有贷方科目的发生额记入相应的总账账户。最后,由登记总账的会计人员在汇总收款凭证下方的"记账"处签名或盖章。

　　红星实业按上述方法登记的 12 月银行存款总分类账,如图 5-2-40 所示。

总分类账

会计科目及编号　银行存款　1002　　　　　　　　　　　　　　　　第2页

×年		凭证字号	摘要	借方 亿千百十万千百十元角分	贷方 亿千百十万千百十元角分	借或贷	余额 亿千百十万千百十元角分	√
月	日							
12	1		期初余额			借	2 0 1 2 0 0 0 0	
	31	收汇02	1—31日汇总	3 9 0 4 4 0 0 0		借	5 9 1 6 4 0 0 0	
	31	付汇02	1—31日汇总		3 6 2 7 6 0 0 0	借	2 2 8 8 8 0 0 0	

图 5-2-40

项目5.3　结账

为了正确反映一定时期内在账簿中记录的经济业务,总结有关经济业务活动和财务状况,各单位必须在每一个会计期末结账。

结账是在将本期内所发生的经济业务全部登记入账并对账无误的基础上,按照规定的方法对该期内的账簿记录进行小结,结算出本期发生额合计数和余额,并将其余额结转下期或者转入新账。

习惯上将每年1～11月的结账工作称为月结,将每年12月的结账工作称为年结。

结账时,应根据不同的会计期间和不同账户记录,分别采用不同的方法。各类账户一般可按以下类别顺序归类进行结账。

一、损益类账户

损益类账户一般无余额,期末结账主要对其发生额进行结计。损益类无论是总分类账户,还是明细分类账户,也无论其采用何种账页格式,期末结账时均需结计本期发生额合计数和本年累计发生额合计数。

结账时,首先在本月最后一笔业务记录行下划一条通栏单红线,若采用的是三栏式账页,则结计出借贷方发生额,若采用的是多栏式账页,则结计出各栏目实际发生额,记入下一行相应金额栏内,在摘要栏内注明"本月合计"字样,并在下面划一条通栏单红线。

接着,结计出自年初起至本月末止的累计发生额,记入下一行相应金额栏内,在摘要栏内注明"本年累计"字样,若是月结,在下面划通栏单红线;若为年结,则在下面划通栏双红线。

应注意的是,结账时在账簿中划红线的目的,是为了突出有关数字,表示本期的会计记录已截止或结束,并将本期与下期的记录明显分开,因此必须划通栏红线,不能只在金额栏下划线。结账时在不同账簿中可能会有一至多次划线,月结时应全部划通栏单红线,表示本月记录结束,以下账页用以登记下一月份的相关经济业务。年结时除最后一次划线外,均划通栏单红线,最后一次划线为通栏双红线,表示本年度会计记录结束,一般应更换新账簿并将本账簿中的期末余额结转入新账簿。

另外,若账簿中本期记录较为简单,在账簿记录中有明显的本期发生额或本年累计发生额,则可将结计的"本月合计"或"本年累计"省略,直接划线即可。如某企业采用全月一次汇总的科目汇总表账务处理程序,1月份在总账"主营业务收入"账户中只有一条记录,其数据既是1月份的"本月合计",也是1月份的"本年累计",月结时则不必在账簿中再抄写相关内容,直接在该条记录下划通栏单红线即可。2月份在总账"主营业务收入"账户又只有一条记录,其数据是2月份的"本月合计",但2月份的"本年累计"则需经过计算才能得出,月结时,不需抄写"本月合计",只需结计"本年累计"记入账户。若某账户本期无发生额,不需进行月结,年结时只需在下面划通栏双红线。

二、现金、银行存款日记账

为了加强对货币资金的管理,现金、银行存款日记账需按日结计本日发生额,按月结计本月发生额,但不需结计本年累计发生额。

每日终了,先在本日最后一笔业务记录下划通栏单红线,结计出本日借贷方发生额,填在下一行的借贷方金额栏,在摘要栏内注明"本日合计"字样,并在下面划通栏单红线。

每月终了在日结的基础上,结计出本月借贷方发生额,填在下一行的借贷方金额栏,在摘要栏内注明"本月合计"字样,并在下面划通栏单红线。

年末结账时,在"本月合计"行下面要划通栏双红线。

三、多栏明细账

多栏明细账中损益类账户按损益类账户结账方法进行。其他账户只需结计本期发生额,不需结计本年累计发生额。

多栏账的结账应按以下两种情况分别进行:

1. 期末无余额或账页中设有余额栏的多栏明细分类账

首先在本月最后一笔业务记录下划一条通栏单红线,然后结计出本期各栏目的实际发生额,记入下一行相应栏目内,在摘要栏内注明"本月合计"字样,并在下面划通栏单红线。年末结账时,在"本月合计"行下要划通栏双红线。

2. 期末有余额且账页中未设有余额栏的多栏明细分类账

首先在本月最后一笔业务记录下划一条通栏单红线,然后结计出本期各栏目的实际发生额,记入下一行相应栏目内,在摘要栏内注明"本月合计"字样,并在下面划通栏单红线。

接着结计出期末余额,记入下一行各栏目内,在摘要栏内注明"期末余额"字样,其下账页用以继续登记下一月份的相关记录。若是年结,应在"期末余额"行下面划通栏双红线。按此方法结计的 A 产品生产成本明细分类账如图 5-3-1 所示。

总账科目 __生产成本__
产品名称 __AB 产品__   生产成本账   总第 页
规格型号 _____   SUBSIDIARY LEDGER OF PRODUCTIVE COST   分第 1 页
计量单位 __个__

×年		凭证字号	摘要	合计									成本项目																			
													直接材料								直接人工								制造费用					
月	日			亿	千	百	十	万	千	百	十	元	角	分	百	十	万	千	百	十	元	角	分	百	十	万	千	百	十	元	角	分
12	31	记 28	分配工资费用				6	0	0	0	0	0	0						6	0	0	0	0	0	0								
	31	记 29	计提社会保险费					8	0	0	0	0	0							8	0	0	0	0	0								
	31	记 33	领用材料			4	1	0	0	0	0	0	0				4	1	0	0	0	0	0	0								
	31	记 34	分配制造费用				4	0	0	0	0	0	0														4	6	6	0	0	0	0
			本月合计			6	2	4	6	0	0	0	0				4	1	0	0	0	0	0	0	6	0	0	0	0	0	0	4	6	6	0	0	0	0
			期末余额			6	2	4	6	0	0	0	0				4	1	0	0	0	0	0	0	6	0	0	0	0	0	0	4	6	6	0	0	0	0
			结转下年																														

注:月结时"期末余额"行下不用划线

图 5-3-1

四、总分类账户

总分类账户中的损益类账户,按损益类账户的结账方法进行结账。其他总分类账户月结时既不需要结计"本月合计",也不需要结计"本年累计",但在年结时为了总括地反映全年各项资金运动情况的全貌,核对账目,需结计全年发生额。因此,月结时,只需在账户的最后一条记录下划通栏单红线即可;年结时,先在该年最后一条记录下划通栏单红线,然后结计出借贷方本年发生额合计数,记入下行借贷方金额栏,并在摘要栏内注明"本年合计"字样,并在下面划通栏双红线。

五、其他账户

以上账户外的其他账户,如各项应收应付款明细账和各项财产物资明细账等,结账时既不需结计"本月合计",也不需结计"本年累计"。因此,结账时只需划线即可。月结时划通栏单红线,年结时划通栏双红线。

六、年末余额的结转

一般来讲,总账、日记账和大多数明细分类账应每年更换一次。但有些财产物资明细账和债权债务明细账,由于材料品种、规格和往来单位较多,更换新账工作量较大,可以跨年度使用,不必每年都更换一次。各种备查簿也可以连续使用。

当更换新账时,对旧账中有年末余额的账户,应将其余额结转下年。结转的方法是:在旧账年结双红线下行摘要栏内注明"结转下年"字样,将账户余额直接记入新账第一行余额栏,并在摘要栏内注明"上年结转"字样。结转余额时不需编制记账凭证,也不需将余额再记入本年账户的借方或贷方,使本年有余额的账户的余额结平。

项目5.4 会计档案整理与保管

在每一会计期末,财务部门应对本期所形成的会计档案,按照归档要求进行整理立卷,装订成册,并按照会计档案保管要求进行妥善保管。

一、会计档案及其内容

会计档案是指会计凭证、会计账簿和财务报告等会计核算专业材料,是记录和反映单位经济业务的重要史料和证据。具体包括:

1. 会计凭证类:原始凭证、记账凭证、汇总凭证、其他会计凭证。
2. 会计账簿类:总账、明细账、日记账、固定资产卡片、辅助账簿、其他会计账簿。
3. 财务报告类:月度、季度、年度财务报告,包括会计报表、附表、附注及文字说明,其他财务报告。
4. 其他类:银行存款余额调节表、银行对账单、其他应保存的会计核算专业资料。

二、会计档案的整理

1. 会计凭证的整理与装订

会计凭证一般应按月整理,并装订成册。

(1) 会计凭证的整理。月末,首先将所有需要归档的会计凭证收集齐全,并根据记账凭证的种类进行分类,如采用专用凭证,可按收、付、转分为三类,每一类按顺序号整理排列。同时,注意整理记账凭证后附的原始凭证,清除订书针、大头针、曲别针等金属物,凡超过记账凭证宽度和长度的原始凭证,都要整齐地折叠进去。特别要注意装订眼处的折叠方法,以防装订后影响原始凭证的翻查。然后将每类记账凭证按适当厚度分成若干册,每册的厚度应尽可能保持一致。若单位采用汇总记账凭证账务处理程序和科目汇总表账务处理程序,在凭证分册时还应兼顾记账凭证的汇总范围,并将汇总记账凭证或科目汇总表附于各册记账凭证之前。

(2)会计凭证的装订。首先将分好册的会计凭证用铁夹夹好。然后,用铅笔在凭证左上角划一条分角线,并在分角线适当位置选两个点打孔。选择的打孔点不能太靠近左上角的顶端,以免装订后不够牢固和平整,也不能太靠下,以免装订后影响原始凭证的翻查,一般可在距上角顶端2至4厘米的范围内确定两孔的位置。接着,用装订绳分别穿眼绕扎多次,捆紧扎牢。最后给每一册凭证加具封面,封面上要注明单位及凭证名称、日期、起止号码、本月共几册、本册为第几册等内容,并由会计主管人员和装订人员分别签章。

对于数量过多的原始凭证,如收料单和领料单等,可以单独成册装订保管,在封面上注明记账凭证日期、编号、种类,同时在记账凭证上注明"附件另订"和原始凭证名称及编号。

2. 会计账簿的整理

年度终了,各种账簿在结转下年、建立新账后,要统一整理归档。对活页式账簿,首先要将其中的空白账页取出,其中的明细分类账户按其所属总分类科目的编码顺序排列,对各明细账户按"第×页"顺序排列。然后对整本活页账簿中的账页不分账户只按其在账簿中的排列顺序编号,填入各账页上端"总　页"处。编码完毕后,将账页总数填入账簿扉页"账簿启用表",并填写账簿目录表。

3. 会计报表的整理

会计报表一般在年度终了后,由专人统一收集、整理、装订并归档。整理时,将全年的会计报表,按时间顺序排列并装订成册,加具封面,并在封面中注明报表的名称、页数、归档日期等,经财务负责人审核、盖章后归档。

三、会计档案的保管

各单位当年形成的会计档案,在会计年度终了后,可暂由会计机构保管一年,期满之后,应移交本单位档案部门按规定的期限统一保管。若单位未设立档案机构,应当在会计机构内部指定专人保管,但出纳员不得兼管会计档案。

专职保管会计档案的人员离岗、离职应当移交会计档案,办理交接手续。

会计档案在保管期间,不得借出。若有特殊需要,经本单位负责人同意后,可以提供查阅或者复制,并办理登记手续。我国境内所有单位的会计档案不得携带出境。

会计档案的保管期限分永久、定期两类。定期保管分为3年、5年、10年、15年、25年5类,各类会计档案的具体保管期限如表5-4-1所示。会计档案的保管期限从会计年度终了后的第一天算起。

表 5-4-1　企业和其他经济组织会计档案保管期限表

序号	档案名称	保管期限	备注
一	会计凭证类		
1	原始凭证	15年	
2	记账凭证	15年	
3	汇总凭证	15年	
二	会计账簿类		
4	总账	15年	包括日记总账
5	明细账	15年	
6	日记账	15年	现金和银行存款日记账保管25年
7	固定资产卡片		固定资产报废清理后保管5年
8	辅助账簿	15年	
三	财务报告类		包括各级主管部门汇总财务报告
9	月、季财务报告	3年	包括文字分析
10	年度财务报告(决算)	永久	包括文字分析
四	其他类		
11	会计移交清册	15年	
12	会计档案保管清册	永久	
13	会计档案销毁清册	永久	
14	银行余额调节表	5年	
15	银行对账单	5年	

四、会计档案的查阅与销毁

1. 会计档案的查阅

各单位保存的会计档案不得借出，如有特殊需要，经本单位负责人批准，可以提供查阅或者复制，并办理登记手续。

查阅会计档案，应有一定的手续。对查阅的档案，应设置"会计档案查阅登记簿"，详细登记查阅日期、查阅人、查阅理由、归还日期等。本单位人员查阅会计档案，需经会计主管人员同意。外单位人员查阅会计档案，要有正式介绍信，经单位领导批准。查问人员不得将会计档案携带外出，不得擅自摘录有关数字。遇特殊情况需要影印复制会计档案的，必须经本单位领导批准，并在"会计档案查阅登记簿"内详细记录会计档案影印复制的情况。

查阅或者复制会计档案的人员，严禁在会计档案上涂画、拆封和抽换。

2. 会计档案的销毁

保管期满的会计档案，一般可以按照以下程序销毁：

(1) 由本单位档案机构会同会计机构提出销毁意见，编制会计档案销毁清册，列明销毁会计档案的名称、卷号、册数、起止年度和档案编号、保管期限、已保管期限、销毁时间等内容。

（2）单位负责人在会计档案销毁清册上签署意见。

（3）销毁会计档案时，应当由单位档案机构和会计机构共同派员监销。

（4）监销人在销毁会计档案前，应当按照会计档案销毁清册所列内容清点核对所要销毁的会计档案；销毁后，应当在会计档案销毁清册上签名盖章，并将监销情况报告本单位负责人。

应当注意的是，保管期满但未结清的债权债务原始凭证和涉及其他未了事项的原始凭证不得销毁，应当单独抽出立卷，由档案部门保管到未了事项完结为止。单独抽出立卷的会计档案，应当在会计档案销毁清册和会计档案保管清册中列明。

项目6　报账前的基础工作

项目6.1　对账

会计账簿是编制会计报表的重要依据,账簿记录是否正确将直接影响会计报表的质量,因此,为了保证账簿记录的真实准确,在记账后必须做好对账工作。对账,是指对账簿记录进行的检查和核对工作,以保证账证相符、账账相符和账实相符。对账的主要内容包括以下三个方面:

一、账证核对

账证核对是指将各种账簿的记录与有关的会计凭证进行核对,保证账证相符。其中,账簿与原始凭证核对,主要是对账簿记录的经济业务的真实性、合法性和合理性进行检查,账簿与记账凭证进行核对,主要是检查过账工作是否正确,即是否根据记账凭证记入相关的日记账、明细账和总分类账,记录的金额和方向是否与记账凭证上指明的金额和方向相同。账证核对,主要是在日常工作中通过复核进行。月末,如果对账中发现账账不符、账实不符,也应根据试算平衡等方式发现的记账错误,按一定的线索将账簿记录与会计凭证进行核对,以确保账证相符。

二、账账核对

账账核对是指各账簿之间的相关数据要互相核对相符。由于账簿之间存在着内在的关联关系,通过账账核对,可以检查、验证账簿间数据的钩稽关系,从而及时发现问题,纠正错误。具体核对的内容包括:

1. 总分类账簿中各账户核对相符。这一核对主要通过编制"总账科目试算平衡表"来完成。具体操作步骤如下:

(1) 从总分类账簿中将各账户的期初余额、本期借方发生额、本期贷方发生额及期末余额逐个抄算在"总账科目试算平衡表"中,抄算中应注意不要出现遗漏,不要记错余额的借贷方向。

(2) 计算总分类账户的期初借贷方余额合计数、本期借贷方发生额合计数和期末借贷方余额合计数。

(3) 检查计算出的各总分类账户的期初借贷方余额合计数、本期借贷方发生额合计数和期末借贷方余额合计数是否相等,若相等,则说明总分类账簿的记录有可能是正确的,可以继续进行其他的账簿核对工作;若不相等,则说明在编制"试算平衡表"及登记总分类账簿的工作中一定存在错误,需要根据"试算平衡表"中提供的错误线索对相关账证资料进行检查,对查出的错误进行更正,直至总分类账户试算平衡为止。

2. 总分类账簿中各账户应与其所属的各明细分类账户核对相符。

3. 总分类账中"现金""银行存款"账户应与"现金日记账""银行存款日记账"核对相符。

4. 会计部门有关财产物资明细账应与财产物资保管、使用部门的明细账核对相符。

三、账实核对

账实核对是指各种财产物资和往来款项的账面余额与实存数相核对。这一核对方法称为财产清查。主要内容包括：

1. 账款核对

现金日记账的账面余额与库存现金实存数额核对相符。

2. 账单核对

银行存款日记账的账面余额与开户银行对账单核对相符。

3. 账物核对

各种财产物资明细分类账的账面余额与财产物资的实存数额核对相符。

4. 账人核对

各种应收、应付款明细分类账的账面余额与有关债务人、债权人核对相符。

具体方法在财产清查项目中详述。

项目 6.2 错账的查找与更正方法

一、错账的查找方法

在对账过程中,可能发生各种各样的差错,产生差错的原因可能是漏记、重记、借贷方向记反、数字错位、数字颠倒、数字记错、科目记错,从而影响会计信息的正确性,如发现差错,应及时查找,并予以更正,常见的差错查找方法有：

1. 漏记的查找

(1) 总账一方漏记。在试算平衡时,借贷双方发生额不平衡,出现差错,在总账与明细账核对时,会发现某一总账所属明细账的借(或贷)方发生额合计数大于总账的借(或贷)方发生额,也出现一个差额,这两个差额正好相等。而且在总账与明细账中有与这个差额相等的发生额,这说明总账一方的借(或贷)漏记,借(或贷)方哪一方的数额小,漏记就在哪一方。

(2) 明细账一方漏记。在总账与明细账核对时可以发现。总账已经试算平衡,但在进行总账与明细账核对时,发现某一总账借(或贷)方发生额大于其所属各明细账借(或贷)发生额之和,说明明细账一方可能漏记,可对该明细账的有关凭证进行查对。

(3) 如果整张的记账凭证漏记,则没有明显的错误特征,只有通过顺查法或逆查法逐笔查找。

2. 重记的查找

(1) 总账一方重记。在试算平衡时,借贷双方发生额不平衡,出现差错;在总账与明细账核对时,会发现某一总账所属明细账的借(或贷)方发生额合计数小于该总账的借(或贷)方发生额,也出现一个差额,这两个差额正好相等,而且在总账与明细账中有与这个差额相等的发生额记录,说明总账借(或贷)方重记,借(或贷)方哪一方的数额大,重记就在哪一方。

(2) 如果明细账一方重记,在总账与明细账核对时可以发现。总账已经试算平衡,与明细账核对时,某一总账借(或贷)方发生额小于其所属明细账借(或贷)方发生额之和,则可能是明细账一方重记,可对与该明细账有关的记账凭证查对。

(3) 如果整张的记账凭证重记账,则没有明显的错误特征,只能用顺查法或逆查法逐笔查找。

3. 记反账的查找

记反账是指在记账时把发生额的方向弄错,将借方发生额记入贷方,或者将贷方发生额记入借方。总账一方记反账,则在试算平衡时发现借贷双方发生不平衡,出现差额。这个差额是偶数,能被2整除,所得的商数则在账簿上有记录,如果借方大于贷方,则说明将贷方错记为借方;反之,则说明将借方错记为贷方。如果明细账记反了,而总账记录正确,则总账发生额试算是正确的,可用总账与明细账核对的方法查找。

4. 错记账的查找

在实际工作中,错记账是指把数字写错,常见的有两种:

(1) 数字错位,即应记的位数不是前移就是后移,即小记大或大记小。例如:把千位数变成了百位数(大变小),把1 600记成160(大变小);或把个位数变成百位数(小变大),把2.43记成243(小变大)。如果是大变小,在试算平衡或者总账与明细账核对时,正确数字与错误数字的差额是一个正数,这个差额除以9后所得的商与账上错误的数额正好相等。查账时如果差额能够除以9,所得商恰是账上的数,可能记错了位。如果是小变大,在试算平衡或者总账与明细账核对时,正确数与错误数的差额是一个负数,这个差额除以9后所得商数再乘以10,得到的绝对数与账上错误恰好相等。查账时应遵循:差额负数除以9,商数乘以10的数账上有,可能记错了位。

(2) 错记。错记是在登记账簿过程中的数字误写。对于错记的查找,可根据由于错记而形成的差数,分别确定查找方法,查找时不仅要查找发生额,同时也要查找余额。一般情况下,同时错记而形成的差数有以下几种情况:

① 邻数颠倒。邻数颠倒是指在登记账簿时把相邻的两个数字互换了位置。如43错记34,或把34错记43。如果前大后小颠倒为后大前小,在试算平衡时,正确数与错误数的差额是一个正数,这个差额除以9后所得商数中的有效数字正好与相邻颠倒两数的差额相等,并且不大于9。可以根据这个特征在差值相同的两个邻数范围内查找。如果前小后大颠倒为前大后小,在试算平衡或者总账与明细账核算时,正确数与错误数的差额是一负数,其他特征同上。在上述情况下,查账时,差额能除以9,有效数字不过9,可能记账数颠倒,根据差值确定查找。

例如,某企业应收账款的总账科目余额合计数应为881.34,而明细账合计数为944.34,总账与明细账不等。有关明细账的资料如下:

序号	户名	金额(万元)
1	A	623.45
2	B	103.68
3	C	45.79
4	D	81.18
5	E	90.24
合计		944.34

查找步骤:

第一,求正误差值:881.34—944.34＝—63万元。

第二,判断差值可否用9整除,差值63,正好可以为9整除(63万元/9＝7万元)。

第三,求差值系数:—63/9＝—7。

第四,在错误表中查找有无相邻两数相差为7的数字。差值系数为负值时,查前大后小;反之,查前小后大。经查,该表中第4行"81.18"中的"8"—"1"＝7,前大后小。可以判断为属于数字倒置的错误,即可能是18.18而误写为81.18。

第五,将第4行按18.18更正,重新加总,其合计数则为881.34,与总账一致。

②隔位数字倒置。如:425记成524,701记成107等等,这种倒置所产生的差数的有效数字是三位以上,而且中间数字必然是9,差数以9除之所得的商数必须是两位相同的数,如22,33,44……。商数中的1个数又正好是两个隔位倒置数字之差。如802误记208元,差数是594,以9除之则商数为66,两个倒置数8与2的差也是6。于是可采用就近邻位数字倒置差错的查找方法去查找账簿记录中百位和个位两数之差为6的数字,即600与006、701与107、802与208、903与309四组数,便可查到隔位数字倒置差错。

总结上述情况归纳错账的查找方法如下:

● 差数法

它是按照错账的差数查找错账的方法。如会计凭证上记录的是:

借:应交税金——营业税　　　　　　5 250.00
　　　　——城市维护建设税　　　　　367.50
　　　　——个人所得税　　　　　　　500.00
　　其他应交款——教育费附加　　　　157.50
贷:银行存款　　　　　　　　　　　　　　　6 275.00

而记账时漏记了城市维护建设税367.50元,在进行应交税金总账和明细账核对时,就会出现总账借方余额比明细账借方余额多367.50元的现象。对于类似差错,应由会计人员通过回忆相关金额的记账凭证进行查找。

● 尾数法

对于发生的角、分的差错可以只查找小数部分,以提高查错的效率。如只差0.06元,只需看一下尾数有"0.06"的金额,看是否已将其登记入账。

● 除2法

当账账、账证或账实不符,且差数为偶数时,应首先检查记账方向是否发生错误,在记账时,有时由于疏忽,错将借方金额登记到贷方或将贷方金额登记到了借方,必然会出现一方合计增多,而另一方合计数减少的情况,其差额恰是记错方向数字的一倍,且差数是偶数。对于这种错误的检查,可用差错数除以2,得出的商数就是账中记账方向的反方向数字,然后再到账目中去寻找差错的数字就有了一定的目标。如:

借:其他应收款——总务科　　　　500
贷:现金　　　　　　　　　　　　　　　500

登记明细账时,错把其他应收款登记入了贷方,总账与明细账核对时,就会出现总账借方余额大于明细账借方余额1 000元,将1 000元除以2,正好是贷方记错的500元。

● 除9法

指用对账差额除以9来查找差错的一种方法,主要适用于下列两种错误的查找。

A. 数字错位,在查找错误时,如果差错的数额较大,就应该检查一下是否在记账时发生了数字错位,在登记账目时,有时会把位数看错,把十位数看成百位数,百位数看成了千位数,把小数看大了;也可能把百位看成十位,千位看成百位,把大数看小了。这种情况下,差错数额一般比较大,可以用除9法进行检查。如将70.00元看成了700.00元并登记入账,此时在对账时就会出现余额差700－70＝630元,用630元除以9,商为70元,70元是应该记录的正确的数额。又如收入现金800元,误记为80元,对账结果会出现800－80＝720元差值,用720元除以9,商为80元,商数即为你要找的差错数。

B. 相邻数字颠倒错误的查找,在记账时,有时易将相邻的两位数或三位数的数字登记颠倒了,如将86记成68,315记成了513,它们的差值分别是18和198,都可以被9整除,这样知道错误问题之后,进一步判断错在哪一笔业务上就可以了。

如果用上述方法检查均未发现错误,而对账结果又确实不符,还可以采用顺查、逆查、抽查等方法检查是否有漏记和重记等现象。顺查是指按账务处理的顺序,从凭证开始到账簿记录止从头到尾进行普遍核对。逆查法是指与账务处理顺序相反,从尾到头的检查方法,抽查法是指抽取账簿记录中某些局部进行检查的方法。

采用上述方法进行检查后,如果是账簿登记错误,应按规定的更正方法进行更正。

二、错账的更正方法

会计人员填制会计凭证和登记账簿,必须严肃认真,以保证会计账簿记录的正确性。由于工作不慎,一旦发生账簿记录错误,不得采用涂改、挖补、刮擦、药水消除字迹等手段更正,也不允许重抄,而必须采用正确的方法更正。更正错账的方法有以下几种:

(一) 划线更正法

会计人员根据审核无误的会计凭证登记账簿时,若出现抄写或计算的错误,可以采用划线更正法进行更正。

例:乌市红星实业有限公司6日收到新星实业交来的包装物押金2 000元时,编制的记账凭证为:

借:银行存款　2 000
　　贷:其他应付款—新星实业　2 000

检查账簿记录时,发现在"其他应付款—新星实业"明细分类账中,贷方及余额栏登记的金额为20 000元。也就是说,该笔业务的记账凭证中应借、应贷科目及金额无误,但登记账簿时,出现了抄写错误,此时,应采用划线更正法进行更正。具体步骤为:

1. 在错误的文字或数字上划一条红线,表示注销,但必须使原有字迹仍可辨认,以备查核。

2. 用蓝字将正确的文字或数字写在划线上方。

3. 由记账人员在更正处签名或盖章,以明确责任。

应注意,对于错误的数字,应当全部划红线更正,不得只更正其中的错误数字,对于文字错误,可只划去并更正错误部分。

另外,在尚未登记账簿前,发现会计凭证中的文字或数字有误,原则上应重填凭证,但在会计实务中,也可采用划线更正法进行更正。

(二) 红字更正法

红字更正法一般适用于以下两种情况:

1. 记账以后,发现记账凭证中应借、应贷科目用错,无论是否存在其他记账错误,均应采用此方法更正。

例：红星实业收取包装物押金的业务，编制的记账凭证为：

借：银行存款　　　　2 000
　　贷：应付账款—新星实业　　2 000

并已登记入账，发现账簿记录错误时，应采用红字更正法更正，具体步骤为：

(1) 编制一张与原错误凭证相同的红字金额凭证，并据以登记入账，用以冲销原记账错误。该凭证中日期填写编制红字凭证的日期，按编制红字凭证时当前凭证顺序编号，在摘要栏中填入"冲销×月×日×类×号错误凭证"，在科目栏中填入原错误凭证中相同科目，金额栏中用红字填入与原错误凭证相同的金额，如红星实业更正上述记账错误时，应编制的红字凭证为：

借：银行存款　　　　2 000
　　贷：应付账款—新星实业　　2 000

(2) 编制一张正确的蓝字凭证，并据以登记入账。该凭证中日期填写实际编制日期，按编制时当前凭证顺序编号，在摘要栏中填入"更正×月×日×类×号错误凭证"，在科目和金额栏中填入正确内容，如红星实业更正上述记账错误时，应编制的蓝字凭证为：

借：银行存款　　　　2 000
　　贷：其他应付款—新星实业　　2 000

(3) 在原错误凭证摘要栏中标明"已用×月×日×类×号凭证冲正"，以防重复更正。

以上账户更正记录，如图 6-2-1 所示。

借方	应付账款	贷方	借方	银行存款	贷方
		①2 000			①2 000
		②2 000			②2 000
					③2 000

借方	其他应付款	贷方
		③2 000

图 6-2-1

2. 记账以后，发现记账凭证中应借、应贷科目正确，但所记金额大于应记金额，可采用红字更正法进行更正，如，红星实业上述收到包装物押金的业务，编制的记账凭证为：

借：银行存款　　　　20 000
　　贷：其他应付款—新星实业　　20 000

并已登记入账，发现账簿记录错误时，应采用红字更正法更正，具体步骤为：

(1) 编制一张与原错误凭证科目相同、金额为多记金额的红字凭证，并据以登记入账，用以冲销原多记金额。该凭证中日期填写编制红字凭证的日期，按编制红字凭证时当前凭证顺序编号，在摘要栏中填入"冲销×月×日×类×号错误凭证多记金额"，在科目栏中填入原错误凭证中相同科目，金额栏中用红字填入原错误凭证多记的金额，如红

星实业更正上述记账错误时,应编制的凭证为:

借:银行存款　　18 000
　　贷:其他应付款—新星实业　　18 000

(2) 在原错误凭证摘要栏中标明"已用×月×日×类×号凭证冲正",以防重复更正。

以上账户更正记录,如图 6-2-2 所示。

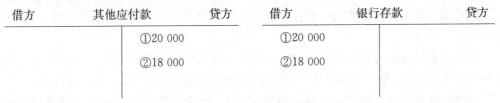

图 6-2-2

(三) 补充登记法

记账以后,发现记账凭证中应借、应贷科目正确,但所记金额小于应记金额,可采用补充登记法进行更正,即再填制一张补充少记金额的记账凭证,并将其补充入账。如,红星实业上述收取包装物押金的业务编制的记账凭证为:

借:银行存款　　200
　　贷:其他应付款—新星实业　　200

并已登记入账,发现账簿记录错误时,应采用补充登记法进行更正,具体步骤为:

1. 填制一张与原错误凭证科目相同、金额为少记金额的蓝字凭证,并据以登记入账,用以补充原少记金额。该凭证中日期填写编制补充凭证的日期,按编制补充凭证时当前凭证顺序编号,在摘要栏中填入"补充×月×日×类×号错误凭证少记金额",在科目栏中填入原错误凭证中相同科目,金额栏中填入原错误凭证少记的金额,如红星实业更正上述记账错误时,应编制的凭证为:

借:银行存款　　1 800
　　贷:其他应付款—新星实业　　1 800

2. 在原错误凭证摘要栏中标明"已用×月×日×类×号凭证补充更正",以防重复更正。

以上账户更正记录,如图 6-2-3 所示。

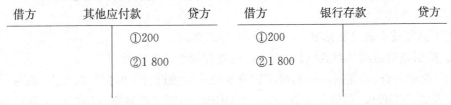

图 6-2-3

在采用红字更正及补充登记法更正错账时,原始凭证仍附于原错误记账凭证后,用以冲销的红字凭证和用以更正的蓝字凭证后可以不附原始凭证。

项目6.3 财产清查

一、财产清查的意义、种类

（一）财产清查的意义

账实核对是指各种财产物资和往来款项的账面余额,与实存数相核对。这一核对方法称为财产清查。

财产清查是指通过实地盘点、核对、查询等方法,确定各项财产物资、货币资金、往来款项的实际结存数,并与账面结存数相核对,以确定账实是否相符的一种专门方法。

会计核算要以真实的经济业务为对象,如实反映企业财务状况和经营成果,提供客观的会计核算指标,这是会计核算的一般原则。因此,在会计核算工作中,加强对会计凭证的日常审核,定期进行账证核对、账账核对,在一定程度上能保证账簿记录本身的正确性,但账簿记录的正确并不能保证其反映的财务状况和经营成果的客观真实。

在实际工作中,会由于多方面的原因造成各项财产物资的账面结存数与实际结存数不符,一般来讲,造成账实不符的原因主要有以下几种：

1. 财产物资收发时,由于度量衡具的误差造成的差异。

2. 工作人员在填制凭证、登记账簿的过程中,出现重记、漏记、错记或计算错误。

3. 财产物资在保管中发生自然损耗,如鲜活商品的腐烂变质、易挥发物资的自然挥发等造成数量或质量上的降低。

4. 由于管理不善或工作人员失职,而发生的财产物资残损、变质、短缺,如将物资露天堆放,遭受雨淋发生霉变等。

5. 由于贪污盗窃、营私舞弊造成财产损失。

6. 由于发生自然灾害,如水灾、火灾、地震,造成财产物资损失。

7. 在结算过程中,由于往来双方记账时间不一致造成记录上的差异。

这些造成账实不符的原因有些是正常的,难以避免的,有些是非正常的,可以避免的。为了掌握财产物资的真实情况,必须对各项财产物资进行定期或不定期的盘点与核对,确保账实相符。若在财产清查中发现账实不符,应根据实存数调整账面记录,并查明原因,采取相应措施,改进财产物资的保管工作,保障财产物资的安全完整。

（二）财产清查的种类

财产清查按不同分类标准,可分为不同的类别：

1. 按清查的范围和对象,可分为全面清查和局部清查两种

（1）全面清查：是指对全部的财产物资及往来款项进行全面彻底的盘点、核对。全面清查涉及的范围较大,包括货币资金、存货、固定资产等财产物资,应收、应付等往来款项及各种借款,工作量较大,一般只在年终结算前或企业出现关、停、并、转等情况下进行。

（2）局部清查：是指根据实际需要,对部分财产物资及往来款项进行盘点、核对。各单位可以根据需要对其部分资产或负债进行局部清查。例如,对现金,应在每日营业终了,由出纳员进行清点、核对,以及时发现长、短款情况;对银行存款,每月末要与银行对账单核对,并编制"银行存款余额调节表";对流动性强又易于发生短缺的原材料、在产品、产成品等,要定期盘点;对于往来款项,每年至少要核对一至两次。通过局部清查,及

时发现和解决财产物资在保管中存在的问题。

2. 按清查的时间,可分为定期清查和不定期清查

(1) 定期清查:指按预先规定好的时间进行的财产清查。一般在月度、季度、年度末对账时进行。定期清查的范围和对象,可以根据实际需要,进行局部清查,如在月末、季末进行的清查;也可以是全面清查,如在年末进行的清查。

(2) 不定期清查:指事先未规定好清查日期,根据实际需要而进行的临时性清查。不定期清查的范围和对象,可以根据需要,进行全面清查或局部清查,如更换财产保管人员时,应对其保管的财产物资进行局部清查,以分清保管责任;在关、停、并、转等情况下,应进行全面清查,以确定实有资产情况。

3. 按财产清查的执行单位,可分为内部清查和外部清查两种

(1) 内部清查:指由本单位内部人员对本单位的财产物资进行的清查。大多数财产清查都是内部清查。

(2) 外部清查:指由上级主管部门、审计机关、司法部门、注册会计师等,根据国家有关的规定或实际需要进行的财产清查。一般来讲,进行外部清查时应有本单位有关人员参加。

二、财产物资的盘存制度

财产物资的盘存制度,即确定实物资产账面结存数的方法,有"实地盘存制"和"永续盘存制"两种。

(一) 实地盘存制

实地盘存制,又称"以存计耗制",是指平时根据会计凭证在账簿中只登记财产物资的增加数,不登记减少数,月末,根据实地盘点来确定财产物资的实际结存数量,作为期末账面结存数记入账簿,倒轧出本期减少数的一种方法。计算公式为:

期末结存金额=期末财产物资盘点数×单价

本期减少数=期初结存数+本期增加数-本期结存数

例:红星实业有限公司甲材料单位成本为100元,×年11月1日实际库存为1 000公斤,若采用实地盘存制,则平时只根据会计凭证记录甲材料的购入如下:

11月5日,购入5 000公斤。

11月22日,购入6 000公斤。

月末,通过对甲材料的实地盘点,确定其实际结存数为8 500公斤,计850 000元,将其作为账存数记入甲材料明细分类账,并据以倒轧出本期生产领用甲材料金额为:

本期发出甲材料成本=100 000+1 100 000-850 000=350 000元

按此方法登记的甲材料明细分类账如图6-3-1所示。

原材料 进销存
SUBSIDIARY LEDGER OF INVENTORG

总第　页
分第 1 页

部类_____ 产地_____ 单位 公斤 规格_____ 品名 甲材料

×年		凭证字号	摘要	收入			发出			结存			√
月	日			数量	单价	金额 千百十万千百十元角分	数量	单价	金额 千百十万千百十元角分	数量	单价	金额 千百十万千百十元角分	
11	1		期初结存							1000	100	1 0 0 0 0 0 0 0	

×年		凭证字号	摘要	收入			发出			结存			√
月	日			数量	单价	金额(千百十万千百十元角分)	数量	单价	金额(千百十万千百十元角分)	数量	单价	金额(千百十万千百十元角分)	
	5	入10342	购入	5000	100	5 0 0 0 0 0 0 0							
	22	入10343	购入	6000	100	6 0 0 0 0 0 0 0							
	30		生产领用				3500	100	3 5 0 0 0 0 0 0	3500	100	3 5 0 0 0 0 0 0	

图6-3-1 实地盘存制下甲材料明细分类账

可以看出,采用实地盘存制,财产物资的明细账平时只登记购进成本,对减少及结存不作记录,明细核算工作较简单。但财产物资的明细账不能随时反映财产物资的增减变化情况,不利于及时提供核算资料;另外,由于根据实际结存来倒轧本期发出成本,凡未包含在期末实际结存中的减少都被视为销售或耗用,从而掩盖了贪污、盗窃、浪费等非正常损耗,削弱了账簿记录对实物的控制作用,不利于财产物资的安全有效管理。因此,实地盘存制一般只适用于价值低、易于损耗、进出频繁和计量确有困难的财产物资,特别是对易腐烂变质的鲜活商品等可以采用。

(二)永续盘存制

永续盘存制,又称账面盘存制,是指对财产物资的收入数和发出数,都应根据相关会计凭证,在账簿中逐笔进行登记,并随时在账上结出结存数的一种方法。计算公式为:

本期减少数量=发出财产物资数量×单价

期末结存金额=期初结存金额+本期增加金额-本期减少金额

例:红星实业有限公司甲材料单位成本为100元,×年11月1日实际库存为1 000公斤,本月甲材料的购入及发出情况如下:

11月5日,购入5 000公斤。

11月7日,生产领用2 000公斤。

11月10日,生产领用650公斤。

11月22日,购入6 000公斤。

11月28日,生产领用800公斤。

采用永续盘存制,需设置甲材料的数量金额式明细分类账,在分类账中对甲材料的收入和发出应根据相关凭证逐笔进行登记,并结计出余额。按此方法登记的甲材料明细分类账如图6-3-2所示。

原材料 进销存   总第 页
SUBSIDIARY LEDGER OF INVENTORG   分第1页

部类_____ 产地_____ 单位_公斤_ 规格_____ 品名_甲材料_

×年		凭证字号	摘要	收入			发出			结存			√
月	日			数量	单价	金额(千百十万千百十元角分)	数量	单价	金额(千百十万千百十元角分)	数量	单价	金额(千百十万千百十元角分)	
11	1		期初结存							1000	100	1 0 0 0 0 0 0 0	
	5	入10342	购入	5000	100	5 0 0 0 0 0 0 0				6000	100	6 0 0 0 0 0 0 0	
	7	领200298	生产领用				2000	100	2 0 0 0 0 0 0 0	4000	100	4 0 0 0 0 0 0 0	
	10	领200299	生产领用				650	100	6 5 0 0 0 0 0	3350	100	3 3 5 0 0 0 0 0	

×年		凭证字号	摘要	收入			发出			结存			✓
月	日			数量	单价	金额	数量	单价	金额	数量	单价	金额	
	22	入10343	购入	6000	100	600000 00				9350	100	935000 00	
	28	领200300	生产领用				800	100	80000 00	8550	100	855000 00	

图 6-3-2 永续盘存制下甲材料明细分类账

从账上可以看出,本期生产领用甲材料 3 450 公斤,计 345 000 元,期末账面结存 8 550 公斤,计 855 000 元。

在永续盘存制下,为了保证账实相符,需定期对财产物资进行清查,清查的目的是为了检查账实是否相符。如红星实业月末对甲材料进行盘点,其实际库存为 8 500 公斤。通过盘点,发现账实差异 50 公斤,一方面应根据实存数调整账存数,以保证账实相符,另一方面要进一步查明账实不符的原因,并采取相应措施,以保证财产物资的安全完整。

采用永续盘存制,财产物资的明细核算工作量较大,但财产物资的明细账可随时动态反映其增减变化情况,便于对财产物资进行监控和管理,加快资金周转。另外,财产物资的账存数可以对其实存数起监督和控制作用,通过实地盘点可发现账实差异,更有利于财产物资的安全完整。因此,各单位的财产物资一般应采用永续盘存制。

三、财产清查的方法

(一)财产清查的组织

财产清查是一项复杂而细致的工作,因此,在进行财产清查前,必须做好各项准备工作,包括组织准备和业务准备,以保证财产清查的顺利进行。

1. 组织准备

在财产清查前,必须抽调财会、仓库以及其他业务人员组成清查小组,通过简短学习和培训,使其明确本次清查的目的,掌握清查的技术、方法。

在进行实际清查前,清查小组要制订详细的清查计划,对财产清查的对象和范围、清查进度和清查方法,以及清查人员等事先做好安排,并通知各有关部门做好相关准备。清查小组在清查中应监督清查工作质量,并在清查结束后写出财产清查的书面报告,对发生的盘盈、盘亏提出处理意见。

2. 业务准备

为了使财产清查工作能准确、顺利进行,有关部门必须协助清查小组工作,在清查前做好以下准备工作:

(1) 财会部门应在财产清查前,将所有的经济业务登记入账,结出余额,并核对正确,做到账证相符、账账相符,为财产清查提供准确可靠的账存数据。

(2) 财产物资部门和保管人员,应将截至清查日前的所有经济业务,办好原始凭证,并传递至相关部门,登记入账,结出余额。同时,对使用和保管的物资应按财产清查的要求,分类整理排列整齐,并挂上标签,以便财产清查的顺利进行。

(3) 对银行存款、银行借款和往来结算款项,要取得对账单。
(4) 准备好清查中需使用的各种度量衡具,并对其进行检查校正,以减少误差。
(5) 准备好清查中需使用的各种空白单据。

(二) 财产清查的方法

1. 货币资金的清查

货币资金包括现金、银行存款和其他货币资金。

(1) 库存现金的清查。库存现金是通过实地盘点的方法,确定库存现金的实存数,再与现金日记账余额相核对,以查明现金的盈亏情况。

在清查前,出纳员应将收、付款凭证全部登记入账,并结计出余额。清点时出纳员应在场,逐张查点库存现钞,盘点结束后,根据盘点结果和现金日记账余额编制"库存现金盘点报告表"(格式见表6-3-1),并由清查人员和出纳员签章,作为调整账簿记录的重要原始凭证,也是分析账实差异原因,明确经济责任的依据。

表6-3-1 库存现金盘点报告表

单位名称:乌市红星实业有限公司　　　　　　　　　　　　　　　××年11月30日

币　别	实存金额	账存金额	对比结果		备　注
			盘　盈	盘　亏	
人民币	4 140	4 140			

盘点人:王明　　　　　　　　　　　　　　　　　　　　　　　　　出纳员:李莉

在清查库存现金时,除了要查明账实是否相符外,还要查明现金管理制度的执行情况,如是否有挪用现金,有无白条抵库,现金库存是否超过银行核定限额,有无坐支现金等现象。

(2) 银行存款的清查。银行存款的清查是采用核对的方法,将银行对账单与单位银行存款日记账相互核对,以查明银行存款是否正确。银行存款应至少每月与银行核对一次。

一般来讲,造成银行对账单与单位银行存款日记账不符的原因,主要有三个:一是单位记录银行存款日记账有误;二是银行存在记账错误;三是存在未达账项。

未达账项,是指由于结算手续和凭证传递处理时间的影响,造成单位与银行一方已入账,另一方尚未入账的账项。单位与银行的未达账项,一般有以下四种情况:

第一,单位送存银行款项,单位已记录银行存款增加,银行尚未入账。

第二,单位支付银行存款,单位已记录银行存款减少,银行尚未入账。

第三,银行代单位收取款项,已记录单位银行存款增加,单位尚未入账。

第四,银行代单位付出款项,已记录单位银行存款减少,单位尚未入账。

为了便于核对银行存款,各单位应在月底前从银行取回银行存款对账单及各种传票,并根据传票编制记账凭证,登记入账,结出余额。然后根据日期、银行结算凭证的种类和编号、借贷方向及金额,逐笔核对银行存款日记账和银行对账单,凡双方都有记录的账项,分别在银行存款日记账和银行对账单金额栏旁作出"√"标志,表示发生额已核对相符。

核对完毕后,对银行存款日记账和对账单中未核对上的账项,要分析判断其是未达账项,还是一方或双方的记账错、漏,对于确认的本单位记账错、漏,应及时在账簿中进行更正;对银行的记账错、漏,应在银行对账单中予以注明,提请银行更正其账簿记录;而由于未达账项造成的对账不符,不需调整账簿记录,待相关原始凭证传递到时,再据以作出相应账务处理。

为了进一步检查对账错误,以及银行存款日记账和银行对账单中是否存在余额计算和抄写的错误,应根据查明的未达账项编制"银行存款余额调节表",下面举例说明银行存款余额调节表的编制方法。

例:红星实业有限公司××年11月30日银行存款日记账及银行对账单分别如图6-3-3、6-3-4所示。

银行存款日记账

开户银行 模拟银行　　账　号 20030021087　　　　　　　　第1页

×年		凭证字号	银行凭证	摘　要	对应科目	借方	贷方	借或贷	余　额	
月	日					亿千百十万千百十元角分	亿千百十万千百十元角分		亿千百十万千百十元角分	
11	1			期初余额				借	1 5 7 5 0 0 0 0	
	1	记03	电汇0284	收前欠账款	应收账款	5 5 1 0 0 0 0		借	1 9 2 6 0 0 0 0	
	5	记09	银汇2392	票据到期收款	应收票据	1 1 7 0 0 0 0 0		借	3 0 9 6 0 0 0 0	
	7	记15	电汇0121	购机器设备	固定资产		8 0 0 0 0 0 0	借	2 2 9 6 0 0 0 0	
	12	记18	明缴051	缴存现金收入	主营业务收入	5 0 0 0 0 0		借	2 3 4 6 0 0 0 0	
	18	记22	支3199	向南丰电子采购	材料采购		7 0 2 0 0 0 0	借	1 6 4 4 0 0 0 0	
	27	记32	支3200	付办公用房租金	管理费用		1 0 0 0 0 0 0	借	1 5 4 4 0 0 0 0	
	30	记55		现销	主营业务收入	4 6 8 0 0 0 0		借	2 0 1 2 0 0 0 0	
	30			本月合计		2 0 3 9 0 0 0 0	1 6 0 2 0 0 0 0			

图 6-3-3

银行对账单　　　　　　　　　　　　　　　　　　　　　第1页

网点号 0202　　　　　　×年11月30日　　　　币种:人民币　　单位:元

账号 20030021087　　户名:乌市红星实业有限公司　　期初余额 172 600.00

日期	交易代码	凭证种类	凭证号	摘要	借方发生额	贷方发生额	余额	网点号
11—01	11	支	3198	货款		20 000.00	192 600.00	0202
11—02	08	银行承兑	2392	票据到期		117 000.00	309 600.00	0202
11—07	04	电汇	0121	货款	80 000.00		229 600.00	0202
11—12	01	现缴		存入		5 000.00	234 600.00	0202
11—28	11	支	3199	货款	70 200.00		164 400.00	0202
11—30	05	支	0184	货款		234 000.00	398 400.00	0202
						可用余额	398 400.00	

图 6-3-4

核对时,应注意银行对账单中是以银行为会计主体来记账,借方发生额表示单位银行存款的减少,贷方发生额表示单位银行存款的增加。经核对,发现银行日记账上有两笔未达账项：

11月27日,开出支票支付租用办公用房租金10 000元,银行尚未记账。

11月30日,销售产品收支票一张存入银行46 800元,银行尚未记账。

另外,11月1日收到北京天达公司汇入前欠账款35 100元为上月未达账项到账。

银行对账单上有两笔未达账项：

11月30日,客户转入234 000元账款,单位尚未记账。

另外,11月1日以支票支付货款20 000元为上月未达账项到账。

根据以上资料,编制银行存款余额调节表如表6-3-2所示。

表6-3-2 银行存款余额调节表

编制单位：乌市红星实业有限公司　　　　　　　　　　　　　　×年11月30日

项 目	金 额	项 目	金 额
企业银行存款日记账余额	201 200	银行对账单余额	398 400
加：银行已收,企业未收账项	234 000	加：企业已收,银行未收账项	46 800
减：银行已付,企业未付账项		减：企业已付,银行未付账项	10 000
调整后余额	435 200	调整后余额	435 200

2. 实物资产的清查

实物财产物资应采用实地盘点的方法进行清查,清查的内容包括数量和质量两个方面。清查时应根据财产物资的存在形式、体积重量、堆放特点等采用不同的盘点方法。对于大多数财产物资,应逐一清点或用度量衡具来度量其实有数；对于堆垛笨重、确实难以逐一清点或过秤的,可采用量方、计尺等技术推算方法进行推算；对于那些包装好的材料或产成品,可按大件清点,但应适量抽查,打开包装细点,以确保清查质量。

在清查实物财产时,为了明确经济责任,实物保管人员必须参加盘点工作。盘点的结果,应填写在"盘存表"(格式见表6-3-3)中,并由盘点人和实物保管人共同签名。盘点表是记录盘点结果的书面证明,也是财产物资实有数量的原始凭证。

表6-3-3 盘点表

单位：乌市红星实业有限公司　　　　　　　　　　　　　　　　总　页第　页

编号	品名及规格	单位	数量	单价	金额	√
1230101	甲材料	公斤	8 500	100	850 000	
1230102	乙材料	公斤	2 400	50	120 000	√
137901	A产品	件	4 500	200	900 000	√

盘点人：李东　　　　　　　　　　　　实物保管人：陈明

盘点结束后,应将"盘点表"和相关账簿记录相核对,编制"账存实存对比表"(格式见表6-3-4),为了简化工作,该表只登记账实存在差异的财产物资,对于账实相符的实物资产,在盘存表中该项资产后作出"√"标志即可。"账存实存对比表"是一张重要的原始凭证,它所确定的账实差异既是调整账簿记录的依据,又是分析差异原因、明确经济责任的依据。

表 6-3-4　账存实存对比表

单位：乌市红星实业有限公司　　　　　　　　　　　　　　　　　　　×年11月30日

编号	品名及规格	计量单位	单价	账存数		实际盘点数		差异				备注
								盘盈		盘亏		
				数量	金额	数量	金额	数量	金额	数量	金额	
1230101	甲材料	公斤	100	8 550	855 000	8 500	850 000			50	5 000	

主管：　　　　　　　　　会计：　　　　　　　　　　　　　　　制表：王勇

3. 往来款项的清查

往来款项主要包括应收账款、应付账款、其他应收款、其他应付款以及预收、预付账款等。

往来款项一般采用函证的方式，与往来客户相互核对确认往来款项情况。在核对前应将本单位账目核对清楚，确认无误后，将每一往来客户的明细账抄录成一式两份对账单，寄送往来客户，供其核对。客户核对无误后，应将其中一份盖章后寄回，若核对时发现差异，应将差异情况在寄回对账单中注明，以供进一步检查核对。在收到对方回单后，应填制"往来账项清查表"（格式见表6-3-5）。

表 6-3-5　往来账项清查表

总分类账户名称：应收账款　　　　　　　　　　　　　　　　　　　　×年11月30日

明细分类账户		清查结果		核对不符原因分析			备注
名称	金额	核对相符金额	核对不符金额	未达账项金额	有争议账项金额	其他	
深职网络	585 000	585 000					
三勇建材	234 000	117 000	117 000	117 000			

主管：　　　　　　　　　会计：　　　　　　　　　　　　　　　制表：张华

通过往来款项的清查，要及时催收应收款项，避免和减少坏账损失。对双方有争议款项及确属无法收回、无需偿还的款项，应按有关规定及时进行账务处理。

四、财产清查结果的账务处理

财产清查的结果有三种情况：一是账存数与实存数相符；二是账存数大于实存数，即盘亏；三是账存数小于实存数，即盘盈。对于财产清查中出现的盘盈、盘亏，必须根据国家有关政策、法规和财经制度，按规定的程序报批后进行处理。

（一）财产清查结果的处理步骤

1. 查明差异，分析原因

对于财产清查中发现的账实不符，无论溢缺，均应进行认真深入的调查，分析原因，明确经济责任，提出处理意见，按规定的程序报请有关部门审批处理。

2. 加强管理，完善制度

对于清查中发现的各种资产管理中存在的问题，必须根据具体情况及时处理，例如对超储积压、呆滞物资，要尽早处理，除尽量在生产中利用外，还要组织对外推销；对储备不足物资，应提请有关部门采购；对逾期应收、应付账款，应组织催收，安排还款，对有争议的往来款项要检查凭证，查明原因。同时，要根据管理中存在的问题，提出改善措施，进一步完善以岗位责任制为核心的财产管理制度，保护财产的安全完整。

3. 调整账簿记录,保证账实相符

为了保证账实相符,对财产清查中发现的账实差异,以及对差异进行的处理,都应及时调整账簿记录。

具体账务处理分两步:

第一步,对已查明盘盈、盘亏的财产物资,根据有关的原始凭证编制记账凭证,登记入账,将财产物资的账存数调整为实存数,使账实相符。

第二步,待各种财产物资的盘盈、盘亏按规定程序报批处理后,根据盘盈、盘亏的性质、原因,以及处理意见,编制记账凭证,将财产物资的盘盈、盘亏结转入有关账户。

(二) 财产清查结果应设置的账户

为了反映和监督各种财产物资的盘盈、盘亏以及处理转销情况,需设置"待处理财产损益"账户。该账户借方用以登记财产物资的盘亏数,以及盘盈财产物资的转销数;贷方用以登记财产物资的盘盈数,以及盘亏财产物资的转销数。企业的财产损益,应查明原因,在期末结账前处理完毕,处理后该账户应无余额。该科目应按盘盈、盘亏的资产种类和项目设置明细账进行明细核算。

(三) 财产清查结果的账务处理

1. 存货盘盈、盘亏的处理

发生存货盘盈时,按盘盈存货价值借记"原材料""库存商品"等科目,贷记"待处理财产损益"科目;按规定报批处理后,借记"待处理财产损益"科目,贷记"管理费用"等科目。

发生存货盘亏时,应按盘亏存货价值借记"待处理财产损益"科目,贷记"原材料""库存商品"等科目;按规定程序报批处理后,根据不同的处理结果,对于可收回的部分残料,借记"原材料"科目,由过失人或保险公司赔偿的部分借记"其他应收款"科目,属于一般经营损失的部分,借记"管理费用"科目,属于非常损失的部分,借记"营业外支出"科目,同时贷记"待处理财产损益"科目。

应注意的是,企业的存货发生定额损耗外的盘亏和毁损,其已记入应交增值税账户借方的进项税额,不得抵扣,必须从应交增值税账户的贷方转出,与存货的成本一并转入"待处理财产损益"账户。

例:红星实业有限公司某月在财产清查中盘盈甲材料10公斤,计1 000元,经查证该差异是由于计量仪器不准造成。

在发现差异时,根据"账存实存对比表"编制记账凭证如下:

借:原材料——甲材料　　　1 000
　　贷:待处理财产损益　　　1 000

报批处理后,根据处理意见记入当期损益,编制如下记账凭证:

借:待处理财产损益　　1 000
　　贷:管理费用　　　1 000

例:红星实业有限公司某月在财产清查中盘亏乙材料15公斤,计450元,经查证该差异是由于乙材料易挥发性造成,属一般经营损失。

在发现差异时,应编制如下记账凭证:

借:待处理财产损益　　　450

贷：原材料—乙材料　　　　450
　　在报批处理后,根据处理意见记入当期损益,编制记账凭证如下：
　　借：管理费用　　　　　　　450
　　　　贷：待处理财产损益　　　　450
　　例：红星实业有限公司某月财产清查中发现甲材料由于管理不善,发生火灾损失5 000元,其中4 000元可获保险公司赔偿,经报批处理,责令保管员陈明赔偿500元,其余记入非常损失。
　　在发现差异时,应编制如下记账凭证：
　　借：待处理财产损益　　　5 850
　　　　贷：原材料—甲材料　　　　　　5 000
　　应交税费—应交增值税(进项税额转出)　850
　　报批处理后,根据处理意见编制如下记账凭证：
　　借：其他应收款—保险公司　4 000
　　　　　　　　　—陈明　　　　500
　　　　营业外支出—非常损失　1 350
　　　　贷：待处理财产损益　　　　　　5 850

2. 固定资产盘盈、盘亏处理

　　企业在财产清查中盘盈的固定资产,作为前期差错处理,按固定资产的入账价值,借记"固定资产"科目,贷记"以前年度损益调整"科目。
　　企业在财产清查中盘亏的固定资产,按盘亏固定资产的账面价值,借记"待处理财产损益"科目,按已计提的累计折旧,借记"累计折旧"科目,按固定资产的账面原值,贷记"固定资产"科目。报批处理后,按可收回的保险赔偿或过失人赔偿,借记"其他应收款"科目,按应记入营业外支出的金额,借记"营业外支出"科目,贷记"待处理财产损益"科目。
　　例：红星实业有限公司某月财产清查中盘盈设备一台,其同类产品的市场价格为5 000元,该设备为七成新,估计折旧为1 500元。应编制如下记账凭证：
　　借：固定资产　　　　　　3 500
　　　　贷：以前年度损益调整　　　3 500
　　例：红星实业有限公司某月财产清查中盘亏电脑一台,原价6 000元,已提折旧2 000元,责令保管人王莉赔偿500元。
　　发现差异时,应编制如下记账凭证：
　　借：待处理财产损益　　　4 000
　　　　累计折旧　　　　　　2 000
　　　　贷：固定资产　　　　　　　　6 000
　　报批处理后,根据处理意见编制如下记账凭证：
　　借：其他应收款—王莉　　　500
　　　　营业外支出—盘亏损失　3 500
　　　　贷：待处理财产损益　　　　　4 000

3. 往来款项的处理

在财产清查中发现的确实无法收回的应收款项,以及确定不需偿付的应付款项,也应按规定做出相应账务处理。

对确实无法收回的应收款项,按管理权限报经批准后作为坏账转销,借记"坏账准备"科目,贷记"应收账款"等科目。

对于确实无法支付的应付款项,应按其账面价值计入营业外收入,借记"应付账款"等科目,贷记"营业外收入"科目。

例:红星实业有限公司某月财产清查中发现某客户所欠的 4 000 元账款,已无法收回。按管理权限报经批准确认坏账损失时,应编制如下记账凭证:

借:坏账准备　　　　　　4 000
　　贷:应收账款　　　　　　4 000

例:红星实业有限公司某月财产清查中发现应付账款中某客户已破产,欠其 3 000 元账款已无需偿还。

该项应付账款应予转销,编制记账凭证如下:

借:应付账款　　　　　　3 000
　　贷:营业外收入—其他　　　　3 000

项目 7　会计报表编制

项目 7.1　会计报表概述

一、会计报表的概念

会计报表,是对企业财务状况、经营成果和现金流量的结构性表述。

《企业会计准则》规定,会计报表至少应当包括资产负债表、利润表、现金流量表、所有者权益(或股东权益)变动表和附注。小企业编制的会计报表可以不包括现金流量表。

二、会计报表的种类

企业的会计报表可以按照其反映的内容、编报时间、编制单位和服务对象进行分类。

1. 按反映的内容分

按反映的内容不同,会计报表可分为资产负债表、利润表、现金流量表、所有者权益(或股东权益)变动表和报表附注。

2. 按列报时间分

按列报时间不同,会计报表可分为年度会计报表和中期会计报表。

年度会计报表,是指年度终了对外提供的会计报表。中期报表是指一年以内的报表,主要包括月度报表、季度报表和半年度报表。年度报表要求揭示完整、反映全面;月度报表是按月编报的报表,要求简明扼要、及时编报;季度报表和半年度报表的详细程度是介于年度报表与月度报表之间。

3. 按编制单位分

按编制单位的不同,会计报表可分为单位报表和合并报表。

单位报表,是以自身会计核算基础上对账簿记录进行加工编制的会计报表,反映企业自身的财务状况、经营成果和现金流量情况。

合并报表,是以母公司和子公司组成的企业集团为会计主体,根据母子公司的会计报表,由母公司编制的综合反映企业集团财务状况、经营成果和现金流量情况的会计报表。

4. 按服务对象分

按服务对象的不同,会计报表可分为对外报表和内部报表。

对外报表一般按照会计准则所规定的格式和编制要求编制的公开报告的会计报表;内部报表是根据企业内部管理需要而编制的会计报表,一般不需要对外报告,没有统一的编制要求与格式。

三、财务会计报表的编制要求

为了保证会计报表的质量,企业必须按照以下基本要求来编制会计报表:

1. 数字真实,计算准确

编制会计报表的数字来源于各账户,而各账户的数字来源于记账凭证,记账凭证的数字来源于经过确认的原始凭证,因此,为了保证会计报表数字的真实、准确,在报表数字来源正确的前提下,最关键在于对原始凭证数字的确认和计量。不能以估计数代替实际数,更不能弄虚作假、隐瞒谎报。在编制报表之前,应完成以下几项工作:

(1) 按期结账,确认会计主体的所有交易和事项是否均已登记入账,是否存在应摊销而未摊销、应计提而未计提的费用。

(2) 认真做好对账和财产清查工作,以达到账证相符、账账相符、账实相符。

(3) 通过编制试算平衡表,验证总分类账户本期发生额的正确性,为正确编制会计报表提供可靠的数据。

2. 内容完整,说明清楚

按照会计准则规定的编制基础、编制依据、编制原则和方法,按统一规定的报表种类、格式和内容编制会计报表;报表内所涉及的所有的表内项目及补充资料必须填列完整,必要时应对有关事项用文字加以简要说明。

3. 及时编制,及时报送

为了保证会计信息的及时性,要求各单位应及时编制,按国家或上级部门的有关规定的期限和程序及时报送会计报表。

项目7.2 资产负债表

一、资产负债表的概念

资产负债表,是指反映企业在某一特定日期(如月末、季末、年末)财务状况的会计报表。该表根据"资产=负债+所有者权益"会计恒等式设计,依据一定的分类标准和顺序,将企业在一定日期的资产、负债和所有者权益各项目予以适当排列,并对日常核算中形成的大量数据进行整理汇总后编制而成,反映企业资产、负债、所有者权益的总体规模和结构,是静态报表。

二、资产负债表的格式

资产负债表有两种基本格式,即报告式(垂直式)和账户式。

我国企业编制的资产负债表采用账户式,它是根据"资产=负债+所有者权益"的会计等式编制的,如表7-2-1所示。

表7-2-1 资产负债表

编制单位: ____年___月___日   单位:元

资　　产	期末余额	年初余额	负债和所有者权益 (或股东权益)	期末余额	年初余额
流动资产:			流动负债:		
货币资金			短期借款		
交易性金融资产			交易性金融负债		
应收票据			应付票据		
应收账款			应付账款		
预付账款			预收账款		
应收利息			应付职工薪酬		
应收股利			应交税费		
其他应收款			应付利息		

续表 7-2-1

资　产	期末余额	年初余额	负债和所有者权益 (或股东权益)	期末余额	年初余额
存货			应付股利		
一年内到期的非流动资产			其他应付款		
其他流动资产			一年内到期的非流动负债		
流动资产合计			其他流动负债		
非流动资产:			流动负债合计		
可供出售金融资产			非流动负债:		
持有至到期投资			长期借款		
长期应收款			应付债券		
长期股权投资			长期应付款		
投资性房地产			专项应付款		
固定资产			预计负债		
在建工程			递延所得税负债		
工程物资			其他非流动负债		
固定资产清理			非流动负债合计		
生产性生物资产			负债合计		
油气资产			所有者权益(或股东权益):		
无形资产			实收资本(或股本)		
开发支出			资本公积		
商誉			减:库存股		
长期待摊费用			盈余公积		
递延所得税资产			未分配利润		
其他非流动资产			所有者权益 (或股东权益)合计		
非流动资产合计					
资产合计			负债和所有者权益 (或股东权益)合计		

账户式资产负债表的结构可以概括为如下方面:

1. 资产负债表分为左右两方,左方为资产项目,右方为负债和所有者权益项目,左方的资产总计等于右方的负债和所有者权益总计。

2. 资产项目按照各项资产的流动性的大小或变现能力的强弱顺序排列。

流动性大、变现能力强的项目排前面,流动性小、变现能力弱的项目排后面,依此,先是流动资产,后是非流动资产。

3. 负债与所有者权益项目按照权益顺序排列。

由于负债是必须清偿的债务,属于第一顺序的权益,具有优先清偿的特征,而所有者权益则是剩余权益,在正常经营条件下不需要偿还,所以负债在先、所有者权益在后。

4. 负债内部项目按照偿还的先后顺序排列。

按照到期日由近至远的顺序，偿还期近的负债项目排前面，偿还期较远的负债项目排后面，依此，先是流动负债，后是非流动负债。

5. 所有者权益内部项目按照稳定性程度或永久性程度高低顺序排列。

稳定性程度或永久性程度高的项目排前面，稳定性程度或永久性程度较低的项目排后面，依此，先是实收资本（或股本），因为实收资本是企业经过法定程序登记注册的资本金，通常不会改变，所以稳定性最好，其次是资本公积、盈余公积和未分配利润项目。

三、资产负债表的编制方法

资产负债表的"年初余额"栏是根据上年末资产负债表的"期末余额"栏直接填列，而"期末余额"栏的填列，可以分为以下几种情况：

1. 根据总账科目余额直接填列。例如，交易性金融资产、应收票据、应收股利、应收利息、短期借款、应付票据、应付职工薪酬、应交税费、应付利息、应付股利、其他应付款、实收资本、资本公积、盈余公积等项目。

应注意的是"应付职工薪酬"和"应交税费"项目，应分别根据"应付职工薪酬"科目和"应交税费"科目的期末贷方余额填列。如果"应付职工薪酬"科目或"应交税费"科目期末为借方余额，则以"—"号填列。

2. 根据总账科目的余额计算填列。例如：

（1）货币资金：应根据"现金""银行存款"和"其他货币资金"科目的期末余额合计数填列。

（2）存货：反映企业期末在库、在途和在加工中的各项存货的可变现价值。应根据"材料采购""在途物资""原材料""库存商品""发出商品""委托加工物资""周转材料""生产成本"等科目的期末借方余额合计，减去"存货跌价准备"科目期末贷方余额后的金额填列。

（4）长期股权投资：反映企业不准备在一年内变现的各种股权性质的投资的可收回金额。应根据"长期股权投资"科目的借方余额，减去"长期股权投资减值准备"科目的期末贷方余额后填列。

（5）固定资产：反映企业固定资产可收回的金额。应根据"固定资产"科目的期末借方余额，减去"累计折旧"科目和"固定资产减值准备"科目的期末贷方余额填列。

（6）无形资产：反映企业各项无形资产的期末的可收回金额。应根据"无形资产"科目的期末借方余额，减去"无形资产减值准备"科目期末贷方余额后的金额填列。

（7）未分配利润：反映企业尚未分配的利润。应根据"本年利润"科目期末贷方余额，减去"利润分配"科目的期末借方余额后的金额填列。未弥补的亏损，在本项目中以"—"数填列。

3. 根据有关科目所属明细科目余额分析填列。例如：

应付账款：根据"应付账款"所属各明细科目的期末贷方余额合计数填列，而"应付账款"所属明细科目期末有借方余额的，应在本表"预付账款"项目内填列。

4. 根据总账科目和明细科目余额分析计算填列。例如：

（1）应收账款：反映企业因销售商品、提供劳务等而向购买单位收取的各种款项，减去已计提的坏账准备后的净额。应根据"应收账款"所属明细科目的期末借方余额，减去

"坏账准备"科目中有关应收账款计提的坏账准备期末余额后的金额填列;如果"应收账款"所属明细科目期末为贷方余额,应在本表"预收账款"项目内填列。

(2) 其他应收款:反映企业对其他单位和个人的应收暂收款项,减去已计提的坏账准备后的净额。应根据"其他应收款"科目的期末余额,减去"坏账准备"科目中有关其他应收款计提的坏账准备期末余额后的金额填列。

(3) 持有至到期投资:反映企业持有的划分为持有至到期投资的摊余成本。应根据"持有至到期投资"科目的期末借方余额,减去"持有至到期投资减值准备"科目的期末贷方余额,再减去将于一年内到期的投资项目金额的金额填列。

将于一年内到期的"持有至到期投资"项目的期末借方余额,减去"持有至到期投资减值准备"科目中该投资项目计提的减值准备后的金额,应在本表"一年内到期的非流动资产"项目内填列。

(4) 长期待摊费用:反映企业尚未摊销的摊销期限在一年以上的各项费用。应根据"长期待摊费用"科目期末余额减去将于一年内摊销的数额后的金额填列。

长期待摊费用中将于一年内摊销的部分,应在本表"一年内到期的非流动负债"项目内填列。

(5) 长期借款:反映企业借入尚未归还的一年期以上的借款本息。根据"长期借款"科目的期末余额减去将于一年内到期本息后的余额填列。

将于一年以内到期的长期借款部分,合并在本表"一年内到期的长期负债"项目内填列。

(6) 应付债券:反映企业发行的尚未偿还的各种长期债券的本息。根据"应付债券"科目的期末余额减去将于一年内到期债券本息后的余额填列。

将于一年以内到期的应付债券本息,合并在"一年内到期的非流动负债"项目内填列。

四、资产负债表编制举例

【例 7.1】龙腾公司 2007 年 12 月 31 日的全部总分类账户和部分明细分类账户的余额如表 7-2-2 所示:

表 7-2-2 账户期末余额表

2007 年 12 月 31 日　　　　　　　　　　　　　　　　单位:元

账户名称	借方余额	贷方余额	账户名称	借方余额	贷方余额
库存现金	5 000		短期借款		530 000
银行存款	280 000		应付账款—C 公司	80 000	
短期投资	440 000		—D 公司		255 000
应收账款—A 公司	207 000		其他应付款		5 500
—B 公司		40 000	应付工资		95 000
其他应收款	3 000		应付利润		23 000
在途物资	450 000		应付利息		15 500
原材料	750 000				
包装物	320 000		长期借款		200 000

续表 7-2-2

账户名称	借方余额	贷方余额	账户名称	借方余额	贷方余额
库存商品	290 500				
预付账款	1 200		实收资本		2 050 000
长期债权投资	550 000		资本公积		439 700
固定资产	642 000		盈余公积		345 000
减:累计折旧		250 0000	利润分配		−230 000

根据上述资料编制龙腾公司 2007 年 12 月 31 日的资产负债表如表 7-2-3 所示：

表 7-2-3 资产负债表

编制单位： ___年___月___日 单位:元

资　产	期末余额	年初余额	负债和所有者权益（或股东权益）	期末余额	年初余额
流动资产：			流动负债：		
货币资金	285 000		短期借款	530 000	
交易性金融资产	440 000		交易性金融负债		
应收票据			应付票据		
应收账款	207 000		应付账款	255 000	
预付账款	81 200		预收账款	40 000	
应收利息			应付职工薪酬	95 000	
应收股利			应交税费		
其他应收款	3 000		应付利息	15 500	
存货	1 810 500		应付股利	23 000	
一年内到期的非流动资产			其他应付款	5 500	
其他流动资产			一年内到期的非流动负债		
流动资产合计	2 826 700		其他流动资产		
非流动资产：			流动负债合计	964 000	
可供出售金融资产			非流动负债：		
持有至到期投资	550 000		长期借款	200 000	
长期应收款			应付债券		
长期股权投资			长期应付款		
投资性房地产			专项应付款		
固定资产	392 000		预计负债		

续表 7-2-3

资产	期末余额	年初余额	负债和所有者权益（或股东权益）	期末余额	年初余额
在建工程			递延所得税负债		
工程物资			其他非流动负债		
固定资产清理			非流动负债合计		
生产性生物资产			负债合计	1 164 000	
油气资产			所有者权益（或股东权益）：		
无形资产			实收资本（或股本）	2 050 000	
开发支出			资本公积	439 700	
商誉			减：库存股		
长期待摊费用			盈余公积	345 000	
递延所得税资产			未分配利润	-230 000	
其他非流动资产			所有者权益（或股东权益）合计	2 604 700	
非流动资产合计	942 000				
资产合计	3 768 700		负债和所有者权益（或股东权益）合计	3 768 700	

项目7.3 利润表

一、利润表的概念

利润表又称损益表、收益表，是指反映企业在一定会计期间经营成果的报表。它是根据"收入－费用＝利润"的会计等式设计的，属于动态报表。通过利润表，可以了解企业的经营成果以及盈亏形成情况、了解资本的保值增值情况，借以评价企业管理者的经营业绩；通过对不同时期报表数据的对比，进行企业获利能力分析，借以预测企业的未来收益能力及发展趋势。

二、利润表的格式

利润表包括单步式和多步式两种格式。单步式利润表，是将企业本期发生的全部收入和全部支出相抵计算企业损益；多步式利润表，是按照企业利润形成环节，按照营业利润、利润总额、净利润和每股收益的顺序来分步计算财务成果，从而详细地揭示了企业的利润形成过程和主要因素。我国企业会计准则规定，利润表采用多步式。

利润表一般包括表首、正表两部分。其中，表首概括说明报表名称、编制单位、编制日期、报表编号、货币名称和计量单位。

在利润表中，收入按照重要性程度列示，主要包括营业收入、公允价值变动净收益、投资收益和营业外收入;费用则按照性质列示,并与相关收入相配比,主要包括营业成本、营业税金及附加、销售费用、管理费用、财务费用、资产减值损失、营业外支出和所得税费用等;利润则按照形成过程列示,依次是营业利润、利润总额、净利润和每股收益。

多步式利润表按照四个步骤计算最终成果,即:

第一步,从营业收入出发,减去营业成本、营业税金及附加、销售费用、管理费用、财务费用和资产减值损失,再加上公允价值变动净收益和投资收益,确定营业利润。

第二步,从营业利润开始,加上营业外收入,减去营业外支出,确定利润总额。

第三步,在利润总额的基础上,扣除所得税费用后,确定企业的净利润。

第四步,根据净利润,计算每股收益。

利润表的具体格式如表7-3-1所示。

表7-3-1 利润表

编制单位:　　　　　　　　　　　　年　　月　　　　　　　　　　　单位:元

项目	行次	本期金额	上期累计金额
一、营业收入			
减:营业成本			
营业税金及附加			
销售费用			
管理费用			
财务费用			
资产减值损失			
加:公允价值变动收益(损失以"—"号填列)			
投资收益(损失以"—"号填列)			
二、营业利润(亏损以"—"号填列)			
加:营业外收入			
减:营业外支出			
三、利润总额(亏损总额以"—"号填列)			
减:所得税费用			
四、净利润(净亏损以"—"号填列)			
五、每股收益			
其中:基本每股收益			
稀释每股收益			

三、利润表的编制方法

利润表中的"上期金额"栏内各项数字,应根据上期利润表的"本期金额"栏所列各项目数字填列。如果上期利润表规定的各项目的名称和内容与本期不相一致,应对上期利润表各项目的名称和数字按本期规定进行调整,填入本表的"上期金额"栏内。

利润表"本期金额"各项目的内容及填列方法说明如下:

1. 营业收入

反映企业经营主要业务和其他业务所确认的收入总额。应根据"主营业务收入"科目和"其他业务收入"的发生额之和填列。

2. 营业成本

反映企业经营主要业务和其他业务发生的实际成本,应根据"主营业务成本"和"其他业务成本"科目的发生额之和填列。

3. 营业税金及附加

反映企业经营业务应负担的营业税、消费税、城市维护建设税、资源税、土地使用税和教育费附加等。应根据"营业税金及附加"科目的发生额填列。

4. 销售费用

反映企业在销售商品及商品流通企业在购入商品等过程中发生的费用。应根据"销售费用"科目的发生额填列。

5. 管理费用

反映企业发生的管理费用。应根据"管理费用"科目的发生额填列。

6. 财务费用

反映企业发生的财务费用。应根据"财务费用"科目的发生额填列。

7. 投资收益

反映企业以各种方式对外投资所取得的收益。应根据"投资收益"科目的发生额分析填列,如为投资损失,以"-"号填列。

8. 营业利润

反映企业实现的营业利润。如为亏损则以"-"列示。

9. 营业外收入和营业外支出

反映企业发生的与其生产经营无直接关系的各项收入和支出。这两个项目分别根据"营业外收入"和"营业外支出"科目的发生额分析填列。

10. 利润总额

反映企业实现的利润总额。如为亏损则以"-"列示。

11. 所得税费用

反映企业根据所得税准则确认的应从当期利润总额中扣除的所得税费用。应根据"所得税费用"科目的发生额填列。

12. 净利润

反映企业实现的净利润。如为亏损则以"-"列示。

四、利润表编制举例

【例7.2】中原公司2007年12月各损益类账户的本期发生额如表7-3-2所示。

表7-3-2 损益类账户发生额

2004年12月　　　　　　　　　　　　　　　　单位:元

账户名称	借方本期发生额	贷方本期发生额
主营业务收入		1 600 000
主营业务成本	1 054 000	
主营业务税金及附加	120 450	
其他业务收入		86 000
其他业务成本	67 900	

续表 7-3-2

账户名称	借方本期发生额	贷方本期发生额
销售费用	43 000	
管理费用	63 000	
财务费用	9 800	
投资收益		45 680
营业外收入		98 650
营业外支出	78 500	
所得税	141 000	

根据上述资料编制中原公司2007年12月份的利润表如表7-3-3所示。

表 7-3-3　利润表

编制单位：　　　　　　　　　　　＿＿＿年＿＿＿月　　　　　　　　　　　单位：元

项　　　目	行次	本期金额	上期累计金额
一、营业收入		1 686 000	
减：营业成本		1 121 900	
营业税金及附加		120 450	
销售费用		43 000	
管理费用		63 000	
财务费用		9 800	
资产减值损失			
加：公允价值变动收益（损失以"－"号填列）			
投资收益（损失以"－"号填列）		45 680	
二、营业利润（亏损以"－"号填列）		373 530	
加：营业外收入		98 650	
减：营业外支出		78 500	
三、利润总额（亏损总额以"－"号填列）		393 680	
减：所得税费用		141 000	
四、净利润（净亏损以"－"号填列）		252 680	
五、每股收益			
其中：基本每股收益			
稀释每股收益			

项目7.4 现金流量表

一、现金流量表的作用

现金流量表,是以现金为基础编制的,反映企业在一定会计期间的现金及现金等价物(简称为现金)的流入和流出信息的会计报表,属于动态报表。

现金流量表的作用主要表现在:

1. 提供企业的现金流量信息,有助于使用者评估企业的偿还债务能力和对所有者分配股利及利润的能力。

现金流量表反映企业经营活动、投资活动和筹资活动等所引起的现金流动情况,包括现金流入量、现金流出量和现金净流量等情况,从而有利于报表阅读者对该企业的偿债能力和支付能力的了解。企业的偿债能力和支付能力直接取决于企业可用于支付的资产以及能够迅速转化为支付能力的资产数额。现金资产项目是决定一个企业偿债能力和支付能力大小及其变化的关键,企业的现金数额越大,现金净流量越多,其偿债能力和支付能力就越强。所以现金流量表可以提供真实的企业偿债能力和支付能力信息。

2. 提供一个企业的现金流量信息,有助于确定净利润与相关的现金收支产生差异的原因,评价企业的经营质量和真实的盈利能力。

利润表提供的净利润是在权责发生制基础上确定的,不能提供经营活动引起的现金流入和现金流出信息,不是企业具体已收到的现金利润和收益;而现金流量表反映经营活动所实际产生的净现金流量,并在补充资料部分将企业的净利润与经营活动现金净流量进行比较和调整,可以看出差异及差异发生的原因。所以现金流量表有助于确定净利润与相关的现金收支产生差异的原因,评价企业真实的盈利能力。

3. 提供一个企业的现金流量信息,能更好地帮助投资者、债权人和其他人士评价企业未来获取现金流量的能力。

现金流量表所反映的现金流量包括经营活动的现金流量、投资活动的现金流量和筹资活动的现金流量三部分内容,但在这三项内容中,经营活动的现金流量在本质上是最主要的,并具有较强的再生性,对企业未来的现金流量具有极大的预测价值。在企业全部现金流量中,营业活动的现金流量占的比重越大,企业未来现金流量就越稳定,现金流量的质量就越高。可以根据现金流量表所提供的现金流量信息直接预测企业未来的现金流量,从而预测企业未来的获取现金的能力。

4. 提供一个企业的现金流量信息,能够恰当地评估当期的现金与非现金投资和理财事项对企业财务状况的影响。

现金流量表提供一定时期现金流入和流出的动态财务信息,显示企业在报告期内由经营活动、投资活动和筹资活动获得多少现金和现金等价物,以及企业是如何运用这些现金的,揭示企业理财活动对企业资产、负债、所有者权益的影响及影响程度。使报表使用者能够恰当地评估当期的现金与非现金投资和理财事项对企业财务状况的影响。

现金流量表的编制基础是现金及现金等价物。现金,是指企业库存现金以及可以随时用于支付的存款等,具体包括现金、银行存款和其他货币资金等。现金等价物,是指企业持有的期限短(通常为3个月以内)、流动性强、易于转换为已知金额现金、价值变动风险很小的投资,通常不包括股票投资。

二、现金流量表编制基础

(一)现金的概念

现金流量表要反映现金流入和流出。这里所指的现金,即编制现金流量表的基础是现金及现金等价物。现金流量表中的现金,包括库存现金及可以随时用于支付的存款,现金等价物指企业持有的短期限(一般指从购买日起,3个月以内)、流动性强、易于转换为已知金额现金、价值变动风险很小的投资。

(二)现金流量的分类

编制现金流量表的目的,是为会计报表使用者提供企业一定会计期间内有关现金流入和流出的信息。企业在一定时期内的现金流入和流出是由企业的各种业务活动产生的,如购买商品支付价款、销售商品收到现金、支付职工工资等。首先要对企业的业务活动进行合理分类,并据此对现金流量进行适当分类。我国《企业会计准则——现金流量表》将企业的业务活动按其发生的性质分为经营活动、投资活动与筹资活动,为了在现金流量表中反映企业在一定时期内现金净流量变动的原因,相应地将企业一定期间内产生的现金流量归为以下三类:

1. 经营活动产生的现金流量

经营活动是指企业投资活动和筹资活动以外的所有交易和事项,包括销售商品和提供劳务、经营性租赁、购买货物、接受劳务、制造产品、广告宣传、缴纳税款等。

2. 投资活动产生的现金流量

投资活动是指企业长期资产的购建和不包括在现金等价物范围内的投资及其处置活动。

3. 筹资活动产生的现金流量

筹资活动是指导致企业资本及债务规模和构成发生变化的活动,包括吸收投资、发行股票、分配利润等。

对于企业日常活动之外的,不经常发生的特殊项目,如自然灾害损失、保险赔款、捐赠等,应当归并到现金流量表的相关类别中,并单独反映。

现金流量表上现金流入和现金流出都包括经营活动、投资活动和筹资活动三部分,也要反映不涉及现金的重要投资和筹资活动。

(三)现金流量表格式

一般企业现金流量表格式见表7-4-1所示。

表7-4-1 现金流量

编制单位:　　　　　　　　　　___年___月　　　　　　　　　　单位:元

项　　　目	本期金额	上期金额
一、经营活动产生的现金流量:		
销售商品、提供劳务收到的现金		
收到的税费返还		
收到其他与经营活动有关的现金		
经营活动现金流入小计		

续表 7-4-1

项 目	本期金额	上期金额
购买商品、接受劳务支付的现金		
支付给职工以及为职工支付的现金		
支付的各项税费		
支付其他与经营活动有关的现金		
经营活动现金流出小计		
经营活动产生的现金流量净额		
二、投资活动产生的现金流量：		
收回投资收到的现金		
取得投资收益收到的现金		
处置固定资产、无形资产和其他长期资产收回的现金净额		
处置子公司及其他营业单位收到的现金净额		
收到其他与投资活动有关的现金		
投资活动现金流入小计		
购建固定资产、无形资产和其他长期资产支付的现金		
投资支付的现金		
取得子公司及其他营业单位支付的现金净额		
支付其他与投资活动有关的现金		
投资活动现金流出小计		
投资活动产生的现金流量净额		
三、筹资活动产生的现金流量：		
吸收投资收到的现金		
取得借款收到的现金		
收到其他与筹资活动有关的现金		
筹资活动现金流入小计		
偿还债务支付的现金		
分配股利、利润或偿付利息支付的现金		
支付其他与筹资活动有关的现金		
筹资活动现金流出小计		
筹资活动产生的现金流量净额		
四、汇率变动对现金及现金等价物的影响		
五、现金及现金等价物净增加额		
加：期初现金及现金等价物余额		
六、期末现金及现金等价物余额		

◆ 实训篇

会计操作基础及实训

实训1 训练书写阿拉伯数字

一、实训目的

掌握阿拉伯数字的标准写法,做到书写规范、清晰和流畅。

二、实训要求

● 数字应当一个一个的写,不得连笔写;

● 字体要各自成形,大小均衡,排列整齐,字迹工整、清晰;

● 有圆的笔画的数字,如:6、8、9、0 等,圆那一笔必须封口;

● 同行的相邻数字之间要空出半格阿拉伯数字的位置;

● 每个数字要紧靠凭证或账表行格底线书写,字体高度占行格高度的 1/2 以下,不得写满格,以便留有改错的空间;

● "6"字要比一般数字向右上方长出 1/4,"7"和"9"字要向左下方(过底线)长出 1/4;

● 字体要自右上方向左下方倾斜写,倾斜约 60 度。

三、实训内容

1. 练习数码字书写:按照标准写法进行书写练习,直至书写规范、流畅,指导教师认可。练习时可用"会计数字练习用纸",也可以用账页书写。

2. 练习没有数位线的数码金额书写

¥1 985.30	¥20 034.78	¥9 784 516.23	¥7 682 945.13	¥69 742.00

3. 中文大写数字转换为数码字的书写

(1) 人民币叁拾捌元陆角肆分　　　　　　　　应写成_____

(2) 人民币捌佰零陆元叁角(整)　　　　　　　应写成_____

(3) 人民币伍仟壹佰元整　　　　　　　　　　应写成_____

(4) 人民币陆万叁仟肆佰伍拾元整　　　　　　应写成_____

(5) 人民币壹拾肆万伍仟陆佰元零肆角(整)　　应写成_____

(6) 人民币柒佰叁拾捌万零贰佰肆拾元整　　　应写成_____

（7）人民币肆万贰仟元零玖分　　　　　　　应写成_____
（8）人民币叁角玖分　　　　　　　　　　　应写成_____
（9）人民币贰佰万元整　　　　　　　　　　应写成_____
（10）人民币柒万零伍元整　　　　　　　　　应写成_____

实训2 训练书写汉字大写数字

一、实训目的

掌握汉字大写数字的标准写法,做到书写规范、清晰和流畅。

二、实训要求

1. 汉字大写数字要以正楷或行书字体书写,不得连笔写。

2. 不允许使用未经国务院公布的简化字或谐音字。大写数字一律用"壹、贰、叁、肆、伍、陆、柒、捌、玖、拾、佰、仟、万、亿、元、角、分、零、整(正)"等,不能用"毛"代替"角","另"代替"零"。

三、实训内容

1. 分别用楷体和行楷练习单个中文大写数字(含数位)书写

零						佰					
壹						仟					
贰						万					
叁						亿					
肆						元					
伍						角					
陆						分					
柒						整					
捌											
玖											
拾											

2. 小写数码字转换为中文大写数字的书写

(1) ¥263.60　　　　　　　　　　　应写成＿＿＿＿＿＿

(2) ¥430.60　　　　　　　　　　　应写成＿＿＿＿＿＿

(3) ¥1 361.00　　　　　　　　　　应写成＿＿＿＿＿＿

(4) ¥54 626.38　　　　　　　　　 应写成＿＿＿＿＿＿

(5) ¥20 400.72　　　　　　　　　 应写成＿＿＿＿＿＿

(6) ¥3 420.05　　　　　　　　　　应写成＿＿＿＿＿＿

(7) ¥60 107.29　　　　　　　　　 应写成＿＿＿＿＿＿

(8) ¥7 000 000.00　　　　　　　　应写成＿＿＿＿＿＿

(9) ¥4 000 000.52　　　　　　　　应写成＿＿＿＿＿＿

(10) ¥19.00　　　　　　　　　　　应写成＿＿＿＿＿＿

实训3　摘要书写练习

一、实训目的

通过实训,使学生掌握摘要书写规范。

二、实训要求

根据实训资料练习书写摘要。

三、实训资料

某工厂2007年2月份发生下列业务:

1. 以银行存款支付生产部门电费2 060元。
2. 计提本月份生产部门固定资产折旧费8 000元。
3. 购入材料10 000元,增值税1 700元,款项已用支票付讫。
4. 生产部门为修理领用材料2 800元。
5. 从银行提取现金800元备用。
6. 王红出差,预借差旅费1 000元,以现金付讫。
7. 分配职工工资50 000元,其中:生产人员工资40 000元,车间管理人员工资2 000元,公司管理人员工资3 000元,在建工程人员工资5 000元。
8. 销售A产品3 000件,收到货款195 000元和增值税税款33 150元;销售B产品1 000件,货款55 000元和增值税税款9 350元,款项尚未收到。
9. 结转已销产品的生产成本,A产品单位生产成本为每件42元,B产品的单位生产成本为每件33元。
10. 所购材料100千克,计10 000元,已到并验收入库。

实训4　会计科目按经济内容的分类

一、实训目的

通过实训,使学生掌握会计科目按经济内容的分类。

二、实训要求

指出会计科目按经济内容的分类,并将所属的类别名称填入下表。

三、实训资料

序号	经济内容	会计科目	按经济内容的分类
1	银行本票		
2	企业库存现金		
3	接受投资者投入的原材料		
4	向银行借入100 000的借款		
5	购入的股票		
6	由于购货欠款而形成的债务		
7	预收购货单位支付的订金而形成的债务		
8	由于欠职工工资而形成的债务		
9	由于销货没收到货款而形成的债权		
10	由于上月应缴税金而形成的债务		
11	由于职工向企业借款而形成的债权		
12	由于向用户收取包装物押金而形成的债务		
13	企业的厂房、办公楼		
14	库存加工产品用的尼龙布料		
15	库存加工完成等待出售的服装		
16	由于接受捐赠而形成的权益		
17	购入长期持有的股票		
18	购入3年期的国库券		
19	向销货单位支付预购订金而形成的债权		
20	销售产品而形成的收入		
21	销售边角料而形成的收入		
22	向银行支付利息而形成的费用		
23	分配企业管理人员工资而形成的费用		
24	收到从被投资单位分得的红利而形成的收入		
25	企业的房屋、机器、设备和运输工具		
26	企业注册的商标权		
27	取得的罚款收入		
28	由于向地震灾区捐款而形成的费用		
29	从盈利中提取而形成的权益		
30	本年形成的利润		

实训5　会计科目及其分类

一、实训目的

通过实训,使学生掌握会计科目及其分类。

二、实训要求

列明各笔经济业务所涉及的会计科目名称及其类别,并填入下表中。

三、实训资料

红星公司5月发生下列经济业务:

1. 购A材料一批,计价6 000元,货款由银行存款中支付,并已验收入库。
2. 收到新华工厂所欠货款4 700元,存入银行。
3. 收到国家投入全新的机器设备一台,价值34 000元。
4. 以银行存款2 000元归还到期的银行借款(借款期为半年)。
5. 生产领用材料计价4 200元。
6. 生产完工产品12 000元,转入产成品库。
7. 公司经批准将其盈余公积3 200元转增资本。
8. 红星公司同意将爱地公司所欠货款10 000元转作对本企业的投入资本。
9. 红星公司出售产成品100件,每件售价150元,取得销售收入15 000元,存入银行。
10. 红星公司将出售产品实际成本12 000元(出售产成品100件,每件120元),转列为主营业务成本。

序号	会计科目	类别
1		
2		
3		
4		
5		
6		
7		
8		
9		
10		

实训6　资金筹集业务的核算

一、实训目的

通过实训,使学生掌握资金筹集业务的核算。

二、实训要求

根据实训资料编制会计分录。

三、实训资料

利民仪表厂2007年发生下列经济业务:

1. 1月1日,收到中兴公司以人民币形式投入的资本350 000元。财会收到了进账单(收账通知)和收款收据。

2. 1月2日,收到中华投资公司投入全新车床一台,价值300 000元,交付使用。财会收到中华投资公司的"普通发货票"1张(略)。

3. 由于季节性资金需求,于2007年1月1日向银行借款100 000元,期限3个月,年利率12%,到期一次还本付息。财会收到银行专用"借款借据"(代收账通知)。

4. 1月31日,财会填制了"银行借款利息计算单",计提1月份应负担的短期借款利息1 000元。

5. 4月1日,开出转账支票归还短期借款本金100 000元,利息3 000元,计103 000元。

实训 7 采购过程业务的核算

一、实训目的
通过实训,使学生掌握采购过程业务的核算和材料采购成本的计算。

二、实训要求
1. 编制甲、乙材料的"运输费分配表"。
2. 编制甲、乙材料的"材料采购成本计算单"。
3. 根据实训资料编制会计分录。

三、实训资料
利民仪表厂 2007 年 1 月发生下列经济业务:

1. 6 日,财会收到"增值税专用发票(发票联)"和"信汇④(收款通知)"。业务内容:从白塔钢铁厂购入甲材料 5 000 千克,每千克 5.50 元,乙材料 6 000 千克,每千克 4.18 元,增值税率为 17%。

2. 8 日,财会收到"转账支票(存根)"和"运输费发票"。业务内容:支付上述甲、乙材料的运输费 1 650 元,运输费按材料重量比例分配。

3. 9 日,财会收到"材料采购成本计算单"和"材料入库单"。业务内容:结转上述甲、乙材料的实际采购成本。

4. 12 日,财会收到"增值税专用发票"和"运输费发票"。业务内容:向 A 工厂购入丙材料 2 000 千克,每千克 14.10 元,增值税率为 17%,A 工厂代垫运输费 900 元(运输费不考虑增值税,下同)。采用托收承付结算方式结算,材料已运到,但"托收承付(付款通知)"尚未到达。

5. 13 日,财会收到"材料入库单"和"材料采购成本计算单"。业务内容:结转上述丙材料的实际采购成本。

6. 15 日,财会收到"托收承付⑤(付款通知)"。业务内容:承付上述丙材料的价款、增值税款和代垫运输费。

7. 18 日,财会收到了"信汇①(回单)"。业务内容:归还上月欠 B 工厂的采购材料款 64 000 元。

实训 8　生产过程业务的核算

一、实训目的

通过实训,使学生掌握生产过程业务核算和产品生产成本计算。

二、实训要求

1. 编制"制造费用分配表"。
2. 编制 A 产品的"产品成本计算单"。
3. 根据实训资料编制会计分录。

三、实训资料

某工厂 2007 年 3 月份发生下列经济业务:

1. 1 日,财会收到"领料单"。业务内容:生产 A 产品耗用甲材料 2 000 千克,生产 B 产品耗用甲材料 1 000 千克,车间一般消耗甲材料 150 千克,厂部一般消耗甲材料 350 千克。甲材料每千克 5.51 元。

2. 5 日,财会收到"转账支票(存根)"和"普通发票(发票联)"。业务内容:支付下季度的报刊订阅费 1 500 元。

3. 15 日,财会收到"现金支票(存根)"。业务内容是:提取现金 15 000 元备发工资。

4. 15 日,财会收到"工资结算单"。业务内容:以现金发放职工工资 15 000 元。

5. 30 日,财会编制"工资费用分配表",分配本月份职工工资 15 000 元,其中:生产 A 产品工人工资 4 000 元,生产 B 产品工人工资 6 000 元,车间管理人员工资 2 000 元,行政管理部门人员工资 3 000 元。

6. 30 日,财会编制"职工福利费计算表",按本月份职工工资总额的 14% 计提应付福利费。

7. 30 日,财会编制"固定资产折旧计算表",计提本月固定资产折旧 3 000 元,其中:车间固定资产折旧 2 000 元,行政管理部门固定资产折旧 1 000 元。

8. 30 日,财会编制"待摊费用分配表",摊销应由本月负担的报刊订阅费用 500 元。其中:车间报刊订阅费 200 元,行政管理部门报刊订阅费 300 元。

9. 30 日,财会编制"制造费用分配表",按 A 产品和 B 产品生产工人工资的比例分配结转本月份制造费用。

10. 30 日,财会收到"产品成本计算单"和"产成品入库单"。业务内容:本月投产的 A 产品 1 000 件,全部完工,B 产品 80 件均未完工,计算并结转完工入库 A 产品的生产成本。

实训 9　销售过程业务的核算

一、实训目的
通过实训,使学生掌握销售过程业务的核算。

二、实训要求
1. 根据公式(主营业务利润＝主营业务收入－主营业务成本－主营业务税金及附加)计算本月主营业务利润。
2. 根据实训资料编制会计分录。

三、实训资料
某工厂 2007 年 3 月份发生了下列经济业务:

1. 8 日,财会收到"增值税专用发票(记账联)"和"进账单(收账通知)"。业务内容:销售 A 产品 600 件,每件售价 200 元,增值税率为 17％。

2. 10 日,财会收到"增值税专用发票(记账联)"和"托收承付①(回单)"。业务内容:向兴盛工厂销售 A 产品 200 件,每件售价 200 元,增值税率为 17％。

3. 15 日,财会收到"托收承付④(收账通知)"。业务内容:收到兴盛工厂承付的 A 产品货款及增值税 46 800 元。

4. 16 日,财会收到"信汇①(回单)"和"广告费发票(发票联)"。业务内容:向省电视台支付广告费 2 800 元。

5. 18 日,财会收到"转账支票(存根)"和"运输费发票"。业务内容:销售产品送货上门,支付产品运输费 500 元。

6. 6 日,财会收到"转账支票(存根)"和"纳税申报表(回单)"。业务内容:支付上月应交增值税 4 600 元,应交城市维护建设税 332 元。

7. 30 日,财会编制"应交税金计算表",计提本月应交城市维护建设税 286 元。

8. 30 日,财会编制"产品销售成本计算单",本月销售 A 产品 800 件,A 产品单位成本为 156 元。结转 A 产品销售成本。

实训10　利润形成及其分配业务的核算

一、实训目的
通过实训,使学生掌握财务成果形成与分配业务的核算。

二、实训要求
根据实训资料编制会计分录。

三、实训资料
中兴化工厂有关财务成果形成与分配的经济业务如下:

1. 中兴化工厂2007年11月30日有关损益类账户的累计发生额(1～11月份累计发生额)如下表所示:

账户名称	借方累计发生额	贷方累计发生额
主营业务收入	500 000	500 000
主营业务成本	365 000	365 000
主营业务税金及附加	35 000	35 000
其他业务收入	6 000	6 000
其他业务支出	3 500	3 500
营业费用	20 000	20 000
管理费用	4 000	4 000
财务费用	1 000	1 000
营业外收入	4 000	4 000
营业外支出	1 500	1 500

2. 2007年11月30日,"本年利润"账户的贷方余额为80 000元。

3. 2007年12月份发生下列经济业务:

(1) 5日,财会收到"增值税专用发票(记账联)"和"信汇④(收账通知)"业务内容:销售C产品2 000千克,每千克100元。增值税率17%。

(2) 8日,财会收到"增值税专用发票(发票联)"和"进账单(收款通知)"。业务内容:销售生产剩余甲材料500千克,每千克9.00元,增值税率为17%。

(3) 10日,财会收到"收款收据(付款单位报销联)"。业务内容:以现金支付产品展览费500元。

(4) 15日,财会收到"专用收款收据(付款单位报销联)"和"转账支票(存根)"。业务内容:向希望工程捐款1 800元。

(5) 18日,财会收到"专用收款收据(收款单位记账依据)"。业务内容:以现金方式收到违约罚款800元。

(6) 30 日,财会编制"银行借款利息计单"计提本月负担的短期借款利息 600 元。

(7) 30 日,财会编制"财产保险费摊销表"摊销应由本月负担的财产保险费 1 200 元。

(8) 30 日,财会编制"城市维护建设税计算表",计提本月应交城市维护建设税 780 元。

(9) 31 日,财会编制"产品销售成本计算单",结转本月销售 C 产品的生产成本。C 产品单位生产成本为 50 元。

(10) 31 日,财会编制"材料销售成本计算单",结转本月销售甲材料的采购成本,甲材料的单位采购成本为 5.51 元。

(11) 31 日,财会编制"损益类账户期末余额表",将损益账户的期末余额转入"本年利润"账户。

(12) 31 日,财会编制"所得税计算表",按全年利润的 33% 计提应交所得税,并将计提的所得税转入"本年利润"账户。

(13) 31 日,按全年净利润的 15% 计算提取盈余公积。

(14) 31 日,按全年净利润的 35% 计算登记应付给投资者利润。

(15) 31 日,将"本年利润"账户的年末余额和"利润分配——提取盈余公积、利润分配——应付利润"明细账户的年末余额,分别转入"利润分配——未分配利润"明细账户。

实训11　主要经营过程综合业务的核算

一、实训目的
通过实训,使学生掌握主要经营过程综合业务的核算。

二、实训要求
1. 根据实训资料编制会计分录。
2. 列式计算该厂12月份主营业务利润、营业利润、利润总额和净利润。

三、实训资料
某化工厂2007年12月发生的经济业务如下:

1. 1日,仓库发出A材料50 000元,用于生产甲农药32 000元,乙农药18 000元。
2. 2日,仓库发出B材料3 000元,供车间使用。
3. 10日,从银行存款中提取现金24 000元,备发工资。
4. 10,以现金支付职工工资24 000元。
5. 11日,向永明厂购入A材料26 300元,增值税率17%,该厂垫付运杂费1 000元,货款以银行存款支付,材料已验收入库,按其实际采购成本转账。
6. 12日,向实达公司购入B材料46 800元,增值税率17%,货款尚未支付,材料已到达,但尚未验收入库。
7. 13日,以现金支付上述购入材料的搬运费700元,并按其实际采购成本转账。
8. 14日,收到兴华工厂还来欠款4 000元存入银行。
9. 15日,以银行存款支付上月应交税金2 300元。
10. 31日,本月份职工工资分配如下:甲农药生产工人工资10 000元,乙农药生产工人工资10 000元,车间职工工资3 000元,行政管理部门职工工资1 000元 合计24 000元。
11. 31日,按职工工资总额14%计提职工福利费。
12. 31日,计提本月固定资产折旧2 600元,其中:车间使用固定资产折旧1 800元,行政管理部门用固定资产折旧800元。
13. 31日,摊销本月负担车间用厂房租金1 400元,厂部办公楼租金1 200元。
14. 31日,将制造费用按生产工人工资比例分配到甲农药、乙农药两种产品成本中。
15. 31日,甲农药已全部加工完,共计20 000千克,按其实际生产成本转账。
16. 31日,出售产成品给兴华工厂,计甲农药18 000千克,每千克售价30元,乙农药4 400瓶,每瓶售价31元,结转上述出售产成品生产成本,计甲农药每千克20元,乙农药每瓶10元。
17. 31日,用现金支付销售产品包装费、装卸费等销售费用1 000元。
18. 31日,预提临时借款利息4 000元。
19. 31日,出售多余C材料4 000元,增值税额680元,款项存入银行,同时结转该材料的实际成本 2 400 元。

20. 31 日,收到实达公司支付的合同违约罚金 1 600 元。

21. 31 日,计提本月应交城市维护建设税 1 600 元。

22. 31 日,以现金方式收到违约金 300 元。

23. 31 日,将 12 月份各损益账户余额转至"本年利润"账户,计算出 12 月份利润总额。

24. 31 日,"本年利润"账户 12 月份期初贷方余额为 400 000 元,按全年利润总额的 33% 计提应交所得税,并将"所得税"账户余额转入"本年利润"账户。

25. 31 日,按全年税后利润额 10% 提取盈余公积金。

26. 31 日,按全年税后利润额 20% 计算登记应付投资者利润。

27. 31 日,将"本年利润"账户的年末余额和"利润分配——提取盈余公积、利润分配——应付利润"明细账户的年末余额,分别转入"利润分配——未分配利润"明细账户。

实训 12　原始凭证填制

一、实训目的

通过实训,使学生掌握原始凭证的基本内容及填制方法。

二、实训程序和要求

实训用纸:所附空白原始凭证。

1. 根据资料 1 填制 1 张增值税专用发票、1 张进账单。
2. 根据资料 2 填制 1 张收料单。
3. 根据资料 3 填制 1 张领料单。
4. 根据资料 4 填制 1 张转账支票。
5. 根据资料 5 填制 1 张收款收据。

三、实训资料

东方公司(地址:北京路 2 号;纳税人识别号:2200022020333;开户银行及账号:工商银行城北支行 54433—76)发生下列经济业务:

1. 2007 年 1 月 4 日,销售给红星公司甲商品 100 件,售价 120 元/件,增值税率 17%,共计 14 040 元,开出增值税发票。将收到的转账支票 1 张,连同进账单(编号 301 号)一起送存银行办理转账手续。(红星公司地址:人民路 1 号;纳税人识别号:2200011010322;开户银行及账号:工商银行永丰分理处 65522—80)

2. 2007 年 1 月 5 日,上月从西安方圆公司购进(发票编号:No:501226)的原料——A 材料(编号 01—1)运到,验收入材料库。应收 A 材料 1 000 千克,实收 1 000 千克,单价 26 元,运费 500 元,共计 26 500 元。

3. 2007 年 1 月 8 日,一车间从材料库领取原料——A 材料 600 千克用于甲产品生产,A 材料单价 26.50 元,计 15 900 元。

4. 2007 年 1 月 10 日,开出转账支票 1 张,偿还应付长城公司货款 186 754 元。

5. 2007 年 1 月 10 日,王红交回出差余款现金 200 元。

2400035632　　　　　　××省增值税专用发票　　　　　No 634901

开票日期:　　年　月　日

购货单位	名　　称: 纳税人识别号: 地　址、电　话: 开户行及账号:			密码区		略	
货物或应税劳务名称	规格型号	单位	数量	单价	金额	税率	税额
合　　计							
价税合计(大写)	(小写)						

续表

销货单位	名　　称：		备注	
	纳税人识别号：			
	地址、电话：			
	开户行及账号：			

收款人：　　　　复核：　　　　开票人：　　　　销货单位:(章)

（此联为记账联,不作报销、扣税凭证使用）

中国工商银行 进账单（收账通知）

年　月　日

出票人	全　称		收款人	全　称										
	账　号			账　号										
	开户银行			开户银行										
金额	人民币（大写）				亿	千	百	十	万	千	百	十	元	角	分

票据种类		票据张数		
票据号码				
复核		记账		收款人开户银行签章

收　料　单

供货单位：　　　　　　　　　　　　　　　　　　　　　　凭证编号:382
发票编号：　　　　　　　年　月　日　　　　　　收料仓库：

类别	编号	名称	规格	单位	数量		实际成本			
					应收	实收	单价	金额	运费	合计

主管：　　　　　记账：　　　　　仓库保管：　　　　　经办人：

领　料　单

领料单位：　　　　　　　　　年　月　日　　　　　___发料第_021_号

类别	编号	名称	规格	单位	数量		单价	金额
					请领	实发		
用途					领料部门		发料部门	
					负责人	领料人	核对人	发料人

中国工商银行 转账支票存根 Ⅳ V00286640 附加信息 _____	中国工商银行　转账支票　　Ⅳ V00286640										
	出票日期(大写)　　年　月　日　付款行名称： 收款人：　　　　　　　　　出票人账号：										
	人民币(大写)	亿	千	百	十	万	千	百	十	元	角	分
出票日期　年　月　日 　收款人： 　金　额： 　用　途： 　单位主管会计	本支票用途_____ 上列款项请从我账户内支付 付款期限　十天 出票人签章　　　　　复核　　　　记账										

收款收据　　　　　　　　　　　　　　　　No.7845123

第二联：交　　款　　　　　　　　　　　　年　月　日

今收到 _____

人民币 _____

系　付 _____

单位盖章：　　　会计：　　　　出纳：　　　　经手人：

实训 13　记账凭证填制

一、实训目的

通过实训,使学生掌握收款凭证、付款凭证、转账凭证、记账凭证汇总表的填制及会计凭证的装订。

二、实训程序和要求

1. 根据实训 12 提供的原始凭证资料,选择填制收款凭证、付款凭证、转账凭证、记账凭证汇总表。

2. 实训用纸:收款凭证 2 张、付款凭证 1 张、转账凭证 2 张、记账凭证汇总表 1 张、会计凭证封面 1 张。

3. 将实训 12 及实训 13 填制的会计凭证装订成册、加具封面。

三、实训资料

实训 12 提供的原始凭证资料。

实训 14 登记日记账

一、实训目的

通过实训,使学生掌握"库存现金日记账"和"银行存款日记账"的登记方法,明确日记账"日清月结"的特点和记账要求。

二、实训程序和要求

1. 开设"现金日记账"与"银行存款日记账"。
2. 根据实训资料中的收款、付款经济业务登记"现金日记账"与"银行存款日记账"。
3. 实训用纸:现金日记账账页一张、银行存款日记账账页一张。

三、实训资料

中兴公司 2007 年 11 月的业务资料如下:

(一)该公司 11 月份总账账户期初余额资料如下表所示:

账户名称	借方余额	账户名称	贷方余额
库存现金	1 000.00	短期借款	10 000.00
银行存款	66 000.00	应付账款	2 000.00
库存商品	15 000.00	应交税费	6 600.00
应收账款	12 000.00	累计折旧	45 000.00
材料采购	5 000.00	实收资本	500 000.00
原材料	22 000.00	盈余公积	40 000.00
固定资产	624 000.00	本年利润	87 900.00
生产成本	31 500.00	利润分配	85 000.00
合　计	776 500.00	合　计	776 500.00

(二)部分明细账户期初余额:

"材料采购"账户:红星工厂,A 材料,5 000 元,10 月 25 日采购,记字 56。

"原材料"账户:A 材料 100 千克,单价 140 元,成本 14 000 元;B 材料 80 千克,单价 100 元,成本 8 000 元。

"应付账款"账户:南海工厂 1 200 元,东风工厂 800 元。

"生产成本—甲产品"账户:直接材料 28 000 元,直接人工 2 000 元,制造费用 1 500 元。

(三)本月发生的经济业务内容(代原始凭证)如下:

1. 2 日,王宁预借差旅费 500 元,以现金支付。
2. 2 日,向东风工厂购入一批材料,增值税专用发票所列:A 材料 200 千克,单价 140 元;B 材料 60 千克,单价 100 元,合计买价 34 000 元,进项税额 5 780 元。款项未付,材料未收。

3. 3日,向九华公司销售甲产品一批,售价50 000元,增值税款8 500元,收到转账支票并存入银行。

4. 3日,用银行存款支付前欠货款南海工厂1 200元,东风工厂800元。

5. 4日,以银行存款偿还本月到期的短期借款10 000元。

6. 4日,2日购入的A、B材料验收入库。

7. 5日,生产车间领用A材料260千克、B材料120千克,用于甲产品生产。

8. 5日,收到光大公司前欠货款12 000元,存入银行。

9. 6日,用现金380元购买办公用品,车间领用200元,行政管理部门领用180元。

10. 9日,开出转账支票偿还欠东风工厂款项39 780元。

11. 12日,职工王宁报销差旅费450元并退回剩余现金50元。

12. 14日,向南海工厂购入材料,增值税专用发票所列A材料300千克,单价140元;B材料200千克,单价100元,进项税额10 540元,货未到,款未付。

13. 16日,上述材料验收入库。

14. 25日,从银行提取现金66 800元,备发工资。

15. 25日,以现金发放工资66 800元。

16. 30日,编制工资单,计列应付工资总额66 800元,其中:生产甲产品工人工资58 000元,车间管理人员工资6 000元,企业管理人员工资2 800元。

17. 30日,计提职工福利费9 352元,按工资总额分配。

18. 30日,计提本月生产车间固定资产折旧4 000元。

19. 30日,将本月制造费用11 040转账。

20. 30日,结转完工的甲产品成本136 000元,其中直接材料66 000元,直接人工60 000元,制造费用10 000元。

(四)经济业务的记账凭证如下(以会计分录簿代替):

日期	凭证号数	摘要	会计科目	借方金额	贷方金额
11月02日	记字01	预借差旅费	其他应收款—王宁 库存现金	500.00	500.00
11月02日	记字02	购入材料款未付	材料采购—A材料 　　　　—B材料 应交税费—应交增值税(进) 应付账款—东风工厂	28 000.00 6 000.00 5 780.00	39 780.00
11月03日	记字03	销售产品款已收	银行存款 主营业务收入 应交税费—应交增值税(销)	58 500.00	50 000.00 8 500.00
11月03日	记字04	支付前欠购料款	应付账款—东风工厂 应付账款—南海工厂 银行存款	800.00 1 200.00	2 000.00
11月04日	记字05	偿还到期短期借款	短期借款 银行存款	10 000.00	10 000.00

续表

日期	凭证号数	摘要	会计科目	借方金额	贷方金额
11月04日	记字06	材料验收入库	原材料—A材料 　　　—B材料 材料采购—A材料 　　　—B材料	28 000.00 6 000.00	 28 000.00 6 000.00
11月05日	记字07	生产领用材料一批	生产成本—甲产品 原材料—A材料 　　　—B材料	48 400.00	 36 400.00 12 000.00
11月05日	记字08	收回光大公司欠款	银行存款 应收账款—光大公司	12 000.00	 12 000.00
11月05日	记字09	购买办公用品	制造费用 管理费用 库存现金	200.00 180.00	 380.00
11月09日	记字10	偿还前欠货款	应付账款—东风工厂 银行存款	39 780.00	 39 780.00
11月12日	记字11	报销差旅费	管理费用 库存现金 其他应收款—王宁	450.0 50.00	 500.00
11月14日	记字12	购入材料款未付	材料采购—A材料 　　　—B材料 应交税费—应交增值税(进) 应付账款—南海工厂	42 000.00 20 000.00 10 540.00	 72 540.00
11月16日	记字13	材料验收入库	原材料—A材料 　　　—B材料 材料采购—A材料 　　　—B材料	42 000.00 20 000.00	 42 000.00 20 000.00
11月25日	记字14	提现备发工资	库存现金 银行存款	66 800.00	 66 800.00
11月25日	记字15	发放工资	应付职工薪酬 库存现金	66 800.00	 66 800.00
11月30日	记字16	分配工资费用	生产成本—甲产品 制造费用 管理费用 应付职工薪酬	58 000.00 6 000.00 2 800.00	 66 800.00
11月30日	记字17	计提职工福利费	生产成本—甲产品 制造费用 管理费用 应付职工薪酬	8 120.00 840.00 392.00	 9 352.00
11月30日	记字18	计提折旧	制造费用 累计折旧	4 000.00	 4 000.00
11月30日	记字19	分配制造费用	生产成本—甲产品 制造费用	11 040.00	 11 040.00
11月30日	记字20	结转完工产品成本	库存商品—甲产品 生产成本—甲产品	136 000.00	 136 000.00

实训 15　登记明细分类账

一、实训目的

通过实训,使学生正确掌握"三栏式""多栏式""数量金额式"和"横线登记式"明细账账页的登记方法。

二、实训程序和要求

1. 开设并登记供货商东风工厂的三栏式"应付账款明细账"。
2. 开设并登记 A、B 两种原料的数量金额式"原材料明细账"。
3. 开设并登记甲产品的多样式"生产成本明细账"。
4. 开设并登记横线登记式"材料采购"明细账。
5. 实训用纸:三栏式明细账页 1 张、数量金额式明细账页 2 张、多栏式明细账页 1 张、平行式(横线登记式)明细账页 2 张。

三、实训资料

实训 14 的实训资料。

实训 16　登记总账

一、实训目的
通过实训,使学生掌握直接根据记账凭证登记总账以及根据科目汇总登记总账的方法。

二、实训程序和要求
1. 设置"银行存款""材料采购""原材料""生产成本""应交税费""短期借款"6 个总账(其余略),直接根据记账凭证登记总分类账。
2. 设置"银行存款""材料采购""原材料""生产成本""应交税费""短期借款"6 个总账(其余略),然后根据实训资料,分别按 1—15 日,16—30 日汇总编制两张科目汇总表,再根据科目汇总表登记总分类账。
3. 实训用纸:总账账页 12 张、科目汇总表 2 张。

三、实训资料
1. 实训 14 的实训资料。
2. 假定期末无其他调整事项。

实训 17　结账

一、实训目的
通过实训,使学生能正确登记账户的本期发生额和期末余额,掌握结账方法。

二、实训程序和要求
1. 检查所有记账凭证是否全部登记入账,如果有漏记的要补记入账。
2. 根据实训 14 所登记的账页,对日记账进行月结。
3. 根据实训 15 所登记的账页,对明细账进行月结。
4. 根据实训 16 所登记的账页,对总分类账户进行月结。
5. 根据实训 16 所登记的账页、实训 17 的实训资料,对总分类账户进行年结。

三、实训资料
1. 实训 14、15、16 所登记的账页。
2. 假设年初总账账户均没有余额,1—11 月份部分总账账户的累计发生额如下:

账户名称	借方	贷方
银行存款	870 500	918 500
生产成本	1 331 500	1 300 000
原材料	1 088 000	1 048 400
材料采购	1 022 000	1 000 000
短期借款	30 000	40 000
应交税费	100 000	106 600

3. 实训用纸:实训 14、15、16 的相关账页。

实训 18　更正错账

一、实训目的
通过实训,使学生能正确运用划线更正法、红字更正法和补充登记法更正错账。

二、实训程序和要求
1. 指出以下错误类型。
2. 按照规定的错账更正方法予以更正。
3. 实训用纸:记账凭证 4 张、总分类账页 8 张。

三、实训资料
海东公司发生如下错账业务:

1. 8 月 3 日,购进材料一批,计 2 000 元,开出现金支票付讫。编制的记账凭证如下表所示,已登记入账。

记账凭证
2007 年 8 月 3 日

摘要	会计科目		借方金额									贷方金额									记账符号
	总账科目	明细科目	千	百	十	万	千	百	十	元	角	分	千	百	十	万	千	百	十	元	角	分	
购进材料	原材料						2	0	0	0	0	0											附件1张
	库存现金																2	0	0	0	0	0	
合计						¥	2	0	0	0	0	0				¥	2	0	0	0	0	0	

2. 8 月 15 日,以银行存款归还前欠宏利厂的购货款 20 000 元,编制的记账凭证如下表所示,已登记入账。

记账凭证

2007 年 8 月 15 日

摘要	会计科目		借方金额									贷方金额									记账符号	
	总账科目	明细科目	千	百	十	万	千	百	十	元	角	分	千	百	十	万	千	百	十	元	角	分	
归付前欠货款	应付账款	宏利工厂				2	0	0	0	0	0	0											附件2张
	银行存款															2	0	0	0	0	0	0	
合计						￥	2	0	0	0	0	0					￥	2	0	0	0	0	0	

3. 8 月 20 日，生产车间生产 A 产品领用原材料 54 000 元，已编制的记账凭证如下表所示，已登记入账。

记账凭证

2007 年 8 月 20 日

摘要	会计科目		借方金额										贷方金额										记账符号	
	总账科目	明细科目	千	百	十	万	千	百	十	元	角	分	千	百	十	万	千	百	十	元	角	分	
生产领用材料	生产成本	A产品				4	5	0	0	0	0	0											附件2张
		原材料														4	5	0	0	0	0	0	
合计						￥	4	5	0	0	0	0					￥	4	5	0	0	0	0	

4. 8 月 31 日，计提本月短期借款应付利息 400 元，编制的记账凭证如下表所示。

记账凭证

2007 年 8 月 31 日

摘要	会计科目		借方金额										贷方金额										记账符号	
	总账科目	明细科目	千	百	十	万	千	百	十	元	角	分	千	百	十	万	千	百	十	元	角	分	
计提借款利息	财务费用							4	0	0	0	0											附件2张
	应付利息																	4	0	0	0	0	
合计							￥	4	0	0	0	0						￥	4	0	0	0	0	

在登记账簿时，将财务费用误登为 4 000 元。

实训 19　会计报表编制

一、实训目的

通过实训,使学生掌握资产负债表与利润表的编制方法。

二、实训程序和要求

1. 根据下述资料(一)和(二)、编制 2007 年末的资产负债表(年初余额略)。
2. 根据下述资料(三),编制 2007 年度的利润表(上期金额略)。
3. 实训用纸:资产负债表 1 张、利润表 1 张。

三、实训资料

(一) 中兴公司 2007 年 12 月 31 日有关总分类科目余额如下表所示:

会计科目	借方余额	贷方余额
库存现金	1 068.24	
银行存款	140 268.00	
应收票据	16 560.00	
应收账款	216 000.00	
坏账准备		648.00
预付账款	36 000.00	
其他应收款	1 800.00	
原材料	434 928.00	
周转材料	71 100.00	
库存商品	420 864.00	
长期股权投资	90 000.00	
固定资产	354 360.00	
累计折旧		61 200.00
在建工程	712 080.00	
无形资产	266 400.00	
累计摊销		28 800.00
短期借款		18 000.00
应付票据		36 000.00
应付账款		103 368.00
应付职工薪酬		36 000.00
应交税费		92 591.88
其他应付款		80 376.00
长期借款		417 600.00
实收资本		1 740 000.00
盈余公积		67 926.65
利润分配		78 917.71
合　计		2 761 428.24

(二) 中兴公司 2007 年 12 月 31 日应收账款明细科目余额如下表所示：

总分类科目	明细科目	借方余额	贷方余额
应收账款	红星公司	1 154 000.00	
	富民公司	118 300.00	
	锦湖公司		56 300.00

(三) 中兴公司 2007 年 12 月 31 日有关科目的本年累计发生额如下表所示：

会计科目	借方发生额	贷方发生额
主营业务收入		450 000.00
主营业务成本	270 000.00	
营业税金与附加	720.00	
销售费用	25 200.00	
管理费用	38 880.00	
财务费用	14 940.00	
投资收益		18 540.00
营业外收入		18 000.00
营业外支出	7 092.00	
所得税费用	3 623.64	

实训 20　综合模拟实训

一、实训目的

通过实训,要求学生通过填制原始凭证、编制记账凭证、登记账簿和编制财务会计报告,完成一次会计循环,系统掌握会计核算的基本规范,做到理论与实践相结合,以提高会计实务操作能力。

二、实训操作要求

1. 开设总分类账户,并将余额记入各账户的余额栏内,摘要栏写"期初余额"。
2. 开设库存现金、银行存款日记账和各明细账,并将日记账、明细账期初余额记入账户,摘要栏写"期初余额"。
3. 填制记账凭证。
4. 登记日记账、明细账。
5. 编制科目汇总表(记账凭证每 10 天汇总一次)并登记总账。
6. 对账、结账。
7. 编制资产负债表、利润表。
8. 实训用纸:空白记账凭证 100 张,总账账簿 1 本,现金日记账 1 本,银行存款日记账 1 本,三栏式明细账账页 14 张,多栏式明细账账页 7 张,数量金额式明细账账页 8 张,平行式明细细账账页 4 张。

三、实训资料

(一)模拟实训企业概况

1. 企业名称:新华制造厂。
2. 地址:乌市河南路 82 号。
3. 纳税人识别号:241001012383452。
4. 开户银行及账号:工商银行河南路办事处 26—98098。

(二)企业内部生产部门设置

1. 一生产车间:生产甲、乙两种产品。
2. 二生产车间:生产丙、丁两种产品。

(三)会计核算方法

1. 记账方法:借贷记账法。
2. 会计核算形式:科目汇总表核算形式,每 10 天汇总一次,登记总账。

(四)期初建账资料

1. 新华制造厂 2007 年 6 月 30 日总分类账户余额如下表所示:

总账科目名称	账户余额	
	借方	贷方
库存现金	930.00	
银行存款	193 450.00	
应收账款	32 000.00	
其他应收款	2 000.00	
在途物资	6 000.00	
原材料	48 880.00	
周转材料	15 000.00	
库存商品	89 600.00	
固定资产	1 800 000.00	
累计折旧		320 000.00
交易性金融资产	56 400.00	
利润分配	327 280.00	
短期借款		79 600.00
应付账款		40 000.00
其他应付款		1 600.00
应交税费		48 700.00
应付职工薪酬		3 000.00
实收资本		1 300 000.00
盈余公积		128 640.00
本年利润		650 000.00
合　计	2 571 540.00	2 571 540.00

2. 新华制造厂日记账、明细账建账期初余额如下表：

总账科目	日记账及明细账科目	账户余额	
		借方	贷方
库存现金		930.00	
银行存款		193 450.00	
应收账款	利民公司	8 000.00	
	博凡公司	4 000.00	
	东方商场	20 000.00	
应付账款	红星材料		10 000.00
	华伟材料厂		16 000.00
	富民材料公司		14 000.00
在途物资	A 材料		
	B 材料（6 月 25 日从红星材料厂采购，记字 68 号，4 000 千克，买价 5 920.00，运费 80.00）	6 000.00	
	C 材料		
	D 材料		

续表

总账科目	日记账及明细账科目		账户余额	
			借方	贷方
原材料	A材料	18 880 千克	18 880.00	
	B材料	8 000 千克	12 000.00	
	C材料	30 000 千克	12 000.00	
	D材料	600 千克	6 000.00	
库存商品	甲产品	11 000 千克	8 800.00	
	乙产品	20 000 千克	20 000.00	
	丙产品	16 000 千克	32 000.00	
	丁产品	12 000 千克	28 800.00	
生产成本	甲产品	直接材料		
		直接人工		
		制造费用		
	乙产品	直接材料		
		直接人工		
		制造费用		
	丙产品	直接材料		
		直接人工		
		制造费用		
	丁产品	直接材料		
		直接人工		
		制造费用		
制造费用	一车间	职工薪酬		
		折旧费		
		水电费		
		办公费		
		其他		
	二车间	职工薪酬		
		折旧费		
		水电费		
		办公费		
		其他		

续表

总账科目	日记账及明细账科目	账户余额	
		借方	贷方
管理费用	职工薪酬		
	折旧费		
	办公费		
	差旅费		
	水电费		
	其他		
主营业务成本	甲产品		
	乙产品		
	丙产品		
	丁产品		
主营业务收入	甲产品		
	乙产品		
	丙产品		
	丁产品		

凡在期初建账资料中未列出的明细账不开设。

(五)新华制造厂2007年7月份发生下列经济业务(外来原始凭证均已填制,自制原始凭证由学生根据经济业务内容自己填制)

1. 1日,会计部门提取备用金1 000元,开出现金支票1张。(提示:填制现金支票1张、存根入账)

2. 2日,一车间生产甲产品领用C材料10 000千克,每千克成本为0.40元,计4 000元,生产乙产品领用C材料12 000千克,每千克成本0.40元,计4 800元。(提示:按产品填制领料单2张)

3. 2日,上月向红星材料厂购进的B材料已验收入库,按材料的实际采购成本转账。(提示:填制收料单1张)

4. 2日,二车间生产丙产品领用A材料2 800千克,每千克成本1.00元,计2 800元,生产丁产品领用B材料4 000千克,每千克1.50元,计6 000元。(提示:填制领料单2张)

5. 2日,业务科张丽出差预借差旅费1 000元,以现金付讫。(提示:填制借款单1张)

6. 3日,开出转账支票偿付红星材料公司货款10 000元。(提示:填制转账支票1张、存根入账)

7. 5日,因生产需要,向银行借入短期借款180 000元存入银行。

8. 5日,向红星材料厂购进A材料4 000千克,每千克0.98元,计3 920元,B材料

8 000千克,每千克1.48元,计11 840元,红星材料厂代垫运费240元,运费按材料重量比例分摊。增值税进项税2 679.20元,款项以转账支票付讫。材料当日验收入库。(提示:填制转账支票1张、存根入账,材料采购费用分配表1张,收料单2张)

9. 5日,向富民材料公司购进C材料8 000千克,每千克0.39元,计3 120元,运杂费80元,进项增值税530.40元,以转账支票付讫。(提示:填制转账支票1张、存根入账)

10. 6日,5日向富民材料公司购进的C材料验收入库,按材料的实际采购成本结转。(提示:填制收料单1张)

11. 6日,一车间生产甲产品领用A材料200千克,每千克成本1.00元,计200元,生产乙产品领用B材料300千克,每千克成本1.50元,计450元。(提示:填制领料单2张)

12. 6日,二车间生产丙产品领用B材料1 200千克,每千克成本1.50元,计1 800元,生产丁产品领用A材料1 000千克,每千克成本1.00元,计1 000元。(提示:填制领料单2张)

13. 6日,收到东方商场(地址:芜江市中山路56号,开户银行:工商银行中山路办事处,账号:02—14518,纳税人识别号:241007396710320)转账支票1张,偿付所欠账款20 000元,存入银行。(提示:填写银行进账单1张)

14. 6日,销售给东方商场甲产品2 000千克,每千克售价1.50元,计3 000元,乙产品4 000千克,每千克售价1.80元,计7 200元,销项增值税1 734元,收到转账支票1张,送存银行。(提示:填制增值税专用发票1张,银行进账单1张)

15. 7日,收到利民公司(地址:芜江市利民路166号,开户银行:工商银行利民路办事处,账号:11—49720,纳税人识别号:241009305518320)转账支票1张,偿付所欠账款8 000元,收到博凡公司(地址:芜江市弋江路246号,开户银行:工商银行弋江路办事处,账号:15—83091,纳税人识别号:241002571940038)转账支票1张,偿付所欠账款4 000元,存入银行。(提示:填制银行进账单2张)

16. 7日,销售给博凡公司丙产品2 000千克,每千克售价3.00元,计6 000元,丁产品4 000千克,每千克售价3.50元,计14 000元,销项增值税3 400元,收到转账支票1张,送存银行。(提示:填制增值税专用发票1张,银行进账单1张)

17. 7日,开出转账支票,偿付华伟材料厂材料款16 000元,富民材料公司材料款14 000元。(提示:填制转账支票2张、存根入账)

18. 7日,支付芜江日报社广告费1 000元。(提示:填制转账支票1张、存根入账)

19. 8日,业务科张丽报销差旅费800元,余额200元交回现金。(提示:填制现金收据1张)

20. 8日,一车间生产甲产品领用D材料2千克,每千克成本10元,计20元,生产乙产品领用D材料3千克,每千克10元,计30元,二车间生产丙产品领用D材料10千克,每千克成本10元,计100元,生产丁产品领用D材料10千克,每千克成本10元,计100元。(提示:填制领料单4张)

21. 8日,向利民公司销售甲产品2 000千克,每千克售价1.50元,计3 000元,丙产品2 000千克,每千克售价3.00元,计6 000元,销项增值税1 530元,货款尚未收回。(提示:填制增值税专用发票1张)

22. 8日,向红星材料厂购进A材料10 000千克,每千克进价0.98元,计9 800元,B材料10 000千克,每千克进价1.48元,计14 800元,进项增值税4 182元,货款尚未支付。

23. 8日,向博凡公司销售乙产品1 500千克,每千克售价1.80元,计2 700元,丁产品1 500千克,每千克售价3.50元,计5 250元,销项增值税1 351.50元,款项尚未收到。(提示:填制增值税专用发票1张)

24. 8日,向富民材料公司购进C材料20 000千克,每千克买价0.38元,计7 600元,进项增值税1 292元,货款未付。

25. 9日,开出转账支票1张,支付8日所购红星材料厂A材料10 000千克、B材料10 000千克、所购富民材料公司C材料20 000千克的运杂费共800元,按材料重量比例分摊运杂费,并予以转账。(提示:填制转账支票1张、存根入账,材料采购费用分配表1张)

26. 9日,上述A、B、C三种材料均已验收入库,按材料的实际成本转账。(提示:填制收料单3张)

27. 10日,向东方商场销售乙产品2 500千克,每千克售价1.80元,计4 500元,丁产品1 200千克,每千克3.50元,计4 200元,销项增值税1 479元,收到转账支票1张,送存银行。(提示:填制增值税专用发票1张,银行进账单1张)

28. 10日,一车间生产甲产品领用C材料20 000千克,每千克成本0.40元,计8 000元,领用A材料400千克,每千克成本1.00元,计400元。(提示:填制领料单2张,一料一单)

29. 10日,从富民材料公司购进D材料5 000千克,每千克9.80元,计49 000元,运杂费1 000元,进项增值税8 330元,款项以转账支票付讫,材料验收入库。(提示:填制转账支票1张,收料单1张)

30. 10日,一车间生产乙产品领用B材料600千克,每千克成本1.50元,计900元,领用C材料5 000千克,每千克0.40元,计2 000元。(提示:填制领料单2张,一料一单)

31. 10日,开出转账支票1张,偿付8日所欠红星材料厂购货款28 782元。(提示:填制转账支票1张)

32. 11日,从红星材料厂购进A材料20 000千克,每千克0.98元,计19 600元,B材料20 000千克,每千克1.48元,计29 600元,材料运费800元,进项增值税8 364元,按材料重量比例分摊,货款、运费尚未支付。(提示:填制材料采购费用分配表1张)

33. 11日,二车间生产丙产品领用B材料600千克,每千克成本1.50元,计900元,生产丁产品领用D材料100千克,每千克成本10元,计1 000元。(提示:按产品填制领料单2张)

34. 12日,业务科张丽出差,预借差旅费1 000元,以现金支票付讫。(提示:填制借款单1张,现金支票1张、存根入账)

36. 13日,11日从红星材料厂购进的A、B材料已到达,验收入库,按材料实际成本转账。(提示:填制收料单2张,一料一单)

37. 13日,二车间生产丁产品领用A材料10 000千克,每千克成本1.00元,计

10 000元,D材料60千克,每千克10元,计600元。生产丙产品领用B材料9 000千克,每千克成本1.50元,计13 500元。(提示:填制领料单3张,一料一单)

38. 13日,支付职工李平生活困难补助金800元。(提示:填制现金支票1张、存根入账)

39. 13日,销售给博凡公司甲产品800千克,每千克售价1.50元,计1 200元,乙产品800千克,每千克售价1.80元,计1 440元,丙产品1 200千克,每千克售价3.00元,计3 600元,丁产品1 600千克,每千克3.50元,计5 600元,销项增值税2 012.80元,收到转账支票1张,送存银行。(提示:填制增值税专用发票1张,银行进账单1张)

40. 14日,一车间购买办公用品500元,二车间购买办公用品400元,以现金付讫。

41. 14日,从银行提取现金18 000元,当即发放本月工资。(提示:填制现金支票1张、存根入账)

42. 14日,收到博凡公司8日的购货款9 301.50元,存入银行。(提示:填制银行进账单1张)

43. 15日,开出转账支票1张,偿付8日从富民材料公司的购货款8 892元。(提示:填制转账支票1张、存根入账)

44. 16日,向博凡公司销售甲产品2 000千克,每千克售价1.50元,计3 000元,丁产品1 500千克,每千克售价3.50元,计5 250元,销项增值税1 402.50元。收到转账支票1张,送存银行。(提示:填制增值税专用发票1张,银行进账单1张)

45. 16日,向东方商场销售乙产品3 000千克,每千克售价1.80元,计5 400元,丙产品6 000千克,每千克售价3.00元,计18 000元,销项增值税3 978元,货款尚未收到。(提示:填制增值税专用发票1张)

46. 16日,开出转账支票1张,偿付11日从红星材料厂的购货款58 364元。(提示:填制转账支票1张、存根入账)

47. 16日,从富民材料公司购进C材料40 000千克,每千克0.39元,计15 600元,运杂费400元,进项增值税2 652元,共计18 652元,开出转账支票1张计10 000元,余额下次再付,材料验收入库。(提示:填制转账支票1张、存根入账,收料单1张)

48. 18日,一车间生产甲产品领用C材料20 000千克,每千克0.98元,计15 680元,B材料4 000千克,每千克1.48元,计5 920元,运费400元,进项增值税3 672元,材料到达,验收入库,货款及运杂费尚未支付(运费按A、B材料的重量比例分摊)。(提示:填制材料采购费用分配表1张,收料单2张)

50. 19日,一车间生产甲产品领用A材料400千克,每千克成本1元,计400元,D材料16千克,每千克成本10元,计160元,生产乙产品领用B材料600千克,每千克成本1.50元,计900元,D材料16千克,每千克成本10元,计160元。(提示:填制领料单4张)

51. 20日,二车间生产丙产品领用A材料12 000千克,每千克成本1元,计12 000元,生产丁产品领用B材料4 000千克,每千克成本1.50元,计6 000元。(提示:填制领料单2张)

52. 20日,向利民公司销售丙产品1 800千克,每千克售价3.00元,计5 400元,丁产品2 500千克,每千克售价3.50元,计8 750元,销项增值税2 405.50元,收到转账支

票1张,送存银行。(提示:填制增值税专用发票1张,银行进账单1张)

53. 20日,收到东方商场转账支票1张,偿付16日所欠账款27 378元,存入银行。(提示:填制银行进账单1张)

54. 20日,向博凡公司销售甲产品5 000千克,每千克售价1.50元,计7 500元,乙产品3 000千克,每千克售价1.80元,计5 400元,丙产品2 000千克,每千克售价3.00元,计6 000元,丁产品1 500千克,每千克售价3.50元,计5 250元,销项增值税4 105.50元,款项尚未收到。(提示:填制增值税专用发票1张)

55. 20日,一车间发放市内交通费500元,二车间发放市内交通费600元,厂部发放市内交通费100元,开出现金支票提取现金当即发放。(提示:填制现金支票1张、存根入账)

56. 21日,二车间生产丙产品领用A材料8 000千克,每千克成本1元,计8 000元,B材料2 000千克,每千克成本1.50元,计3 000元,D材料100千克,每千克成本10元,计1 000元。(提示:填制领料单3张)

57. 24日,二车间生产丁产品领用A材料1 500千克,每千克成本1元,计1 500元,B材料5 000千克,每千克成本1.50元,计7 500元,D材料200千克,每千克成本10元,计2 000元。(提示:填制领料单3张)

58. 24日,向东方商场销售甲产品2 500千克,每千克售价1.50元,计3 750元,乙产品2 200千克,每千克售价1.80元,计3 960元,丙产品2 000千克,每千克售价3.00元,计6 000元,丁产品2 500千克,每千克售价3.50元,计8 750元,销项增值税3 818.20元价税合计26 278.20元,收到转账支票1张,计20 000元,余款尚未收回。(提示:填制增值税专用发票1张,银行进账单1张)

59. 24日,会计部门提取备用金1 000元,开出现金支票一张。(提示:填制现金支票1张、存根入账)

60. 25日,开出转账支票1张,向市红十字基金会捐款2 000元。(提示:填制转账支票1张、存根入账)

61. 25日,收到博凡公司转账支票1张,偿付20日的购货款28 255.50元,送存银行。(提示:填制银行进账单1张)

62. 26日,开出转账支票1张,偿付18日从红星材料厂的购货款25 672元。(提示:填制转账支票1张、存根入账)

63. 26日,向利民公司销售甲产品2 000千克,每千克售价1.50元,计3 000元,乙产品2 000千克,每千克售价1.80元,计3 600元,丙产品1 000千克,每千克售价3.00元,计3 000元,丁产品2 000千克,每千克3.50元,计7 000元,销项增值税2 822元,款项尚未收到。(提示:填制增值税专用发票1张)

64. 26日,开出转账支票2张,支付电费2 100元,水费800元。电费按电表分配:一车间用电1 600度,二车间用电2 000度,厂部用电600度;水费按水表分配:一车间用水300吨,二车间用水350吨,厂部用水150吨。(提示:填制转账支票2张、存根入账,水电费用分配表2张)

65. 27日,从富民材料公司购进C材料4 000千克,每千克0.39元,计1 560元,运杂费40元,进项增值税265.20元,款项以转账支票付讫,材料已验收入库。(填制转账支票1张、存根入账,收料单1张)

66. 28日,从红星材料厂购进A材料6 000千克,每千克买价0.99元,计5 940元,运杂费60元,增值税进项税额1 009.80元,货款及运杂费未付,材料于当日验收入库。(填制收料单1张)

67. 29日,销售给博凡公司甲产品8 000千克,每千克售价1.5元,计12 000元,乙产品8 000千克,每千克售价1.8元,计14 400元,丙产品6 000千克,每千克3.00元,计18 000元,丁产品6 000千克,每千克售价3.50元,计21 000元,销项增值税11 118元,收到转账支票1张,共计76 518元,送存银行。(提示:填制增值税专用发票1张,银行进账单1张)

68. 31日,分配本月工资费用:

一车间生产甲产品工人工资	3 000元
一车间生产乙产品工人工资	4 000元
一车间管理人员工资	500元
二车间生产丙产品工人工资	4 300元
二车间生产丁产品工人工资	4 500元
二车间管理人员工资	500元
厂部管理人员工资	1 200元
合计	18 000元

(提示:填制工资费用分配表1张,其中:按产品填写生产工人工资、按车间分别填写车间管理人员工资)

69. 31日,按企业规定计提职工福利费2 520元,按照本月工资费用予以分配。(提示:填制职工福利费计提分配表1张)

70. 31日,盘点现金实存金额为1 240元,溢余10元,原因未明。(提示,填制现金盘点报告表1张)

71. 31日,计提本月固定资产折旧费8 050元,其中一车间2 930元,二车间4 120元,厂部1 000元。(提示:填制固定资产折旧计提表1张)

72. 31日,计提本月短期借款利息。(提示:将应付利息计算表1张填制完全)

73. 31日,将一车间本月发生的制造费用按甲产品和乙产品生产工人的工资比例分配。(提示:填制制造费用分配表1张)

74. 31日,将二车间本月发生的制造费用按丙产品和丁产品的生产工人工资比例分配。(提示:填制制造费用分配表1张)

75. 31日,一车间甲产品33 750千克、乙产品25 000千克和二车间丙产品25 721千克、丁产品18 512.5千克全部完工,经检验合格,验收入库。(提示:填制产成品入库单2张)

76. 31日,计算并结转已销产品的生产成本。(提示:填制销售产品生产成本计算表1张)

77. 31日,结转本月利润。

78. 31日,按本月利润总额的33%计提所得税,并予以转账。(提示:填制应提所得税计算表1张)

79. 31日,按本月净利润的10%计提法定盈余公积金。

附录 1　中华人民共和国会计法

中华人民共和国主席令第 24 号 1999—10—31

（1985 年 1 月 21 日第六届全国人民代表大会常务委员会第九次会议通过，根据 1993 年 12 月 29 日第八届全国人民代表大会常务委员会第五次会议《关于修改〈中华人民共和国会计法〉的决定》修正，1999 年 10 月 31 日第九届全国人民代表大会常务委员会第十二次会议修订）

第一章　总　则

第一条　为了规范会计行为，保证会计资料真实、完整，加强经济管理和财务管理，提高经济效益，维护社会主义市场经济秩序，制定本法。

第二条　国家机关、社会团体、公司、企业、事业单位和其他组织（以下统称单位）必须依照本法办理会计事务。

第三条　各单位必须依法设置会计账簿，并保证其真实、完整。

第四条　单位负责人对本单位的会计工作和会计资料的真实性、完整性负责。

第五条　会计机构、会计人员依照本法规定进行会计核算，实行会计监督。

任何单位或者个人不得以任何方式授意、指使、强令会计机构、会计人员伪造、变造会计凭证、会计账簿和其他会计资料，提供虚假财务会计报告。任何单位或者个人不得对依法履行职责、抵制违反本法规定行为的会计人员实行打击报复。

第六条　对认真执行本法，忠于职守，坚持原则，做出显著成绩的会计人员，给予精神的或者物质的奖励。

第七条　国务院财政部门主管全国的会计工作。县级以上地方各级人民政府财政部门管理本行政区域内的会计工作。

第八条　国家实行统一的会计制度。国家统一的会计制度由国务院财政部门根据本法制定并公布。国务院有关部门可以依照本法和国家统一的会计制度制定对会计核算和会计监督有特殊要求的行业实施国家统一的会计制度的具体办法或者补充规定，报国务院财政部门审核批准。中国人民解放军总后勤部可以依照本法和国家统一的会计制度制定军队实施国家统一的会计制度的具体办法，报国务院财政部门备案。

第二章　会计核算

第九条　各单位必须根据实际发生的经济业务事项进行会计核算，填制会计凭证，登记会计账簿，编制财务会计报告。任何单位不得以虚假的经济业务事项或者资料进行会计核算。

第十条　下列经济业务事项，应当办理会计手续，进行会计核算：

（一）款项和有价证券的收付；

（二）财物的收发、增减和使用；

（三）债权债务的发生和结算；
（四）资本、基金的增减；
（五）收入、支出、费用、成本的计算；
（六）财务成果的计算和处理；
（七）需要办理会计手续、进行会计核算的其他事项。

第十一条 会计年度自公历1月1日起至12月31日止。

第十二条 会计核算以人民币为记账本位币。业务收支以人民币以外的货币为主的单位，可以选定其中一种货币作为记账本位币，但是编报的财务会计报告应当折算为人民币。

第十三条 会计凭证、会计账簿、财务会计报告和其他会计资料，必须符合国家统一的会计制度的规定。使用电子计算机进行会计核算的，其软件及其生成的会计凭证、会计账簿、财务会计报告和其他会计资料，也必须符合国家统一的会计制度的规定。任何单位和个人不得伪造、变造会计凭证、会计账簿及其他会计资料，不得提供虚假的财务会计报告。

第十四条 会计凭证包括原始凭证和记账凭证。办理本法第十条所列的经济业务事项，必须填制或者取得原始凭证并及时送交会计机构。会计机构、会计人员必须按照国家统一的会计制度的规定对原始凭证进行审核，对不真实、不合法的原始凭证有权不予接受，并向单位负责人报告；对记载不准确、不完整的原始凭证予以退回，并要求按照国家统一的会计制度的规定更正、补充。原始凭证记载的各项内容均不得涂改；原始凭证有错误的，应当由出具单位重开或者更正，更正处应当加盖出具单位印章。原始凭证金额有错误的，应当由出具单位重开，不得在原始凭证上更正。记账凭证应当根据经过审核的原始凭证及有关资料编制。

第十五条 会计账簿登记，必须以经过审核的会计凭证为依据，并符合有关法律、行政法规和国家统一的会计制度的规定。会计账簿包括总账、明细账、日记账和其他辅助性账簿。会计账簿应当按照连续编号的页码顺序登记。会计账簿记录发生错误或者隔页、缺号、跳行的，应当按照国家统一的会计制度规定的方法更正，并由会计人员和会计机构负责人（会计主管人员）在更正处盖章。使用电子计算机进行会计核算的，其会计账簿的登记、更正，应当符合国家统一的会计制度的规定。

第十六条 各单位发生的各项经济业务事项应当在依法设置的会计账簿上统一登记、核算，不得违反本法和国家统一的会计制度的规定私设会计账簿登记、核算。

第十七条 各单位应当定期将会计账簿记录与实物、款项及有关资料相互核对，保证会计账簿记录与实物及款项的实有数额相符、会计账簿记录与会计凭证的有关内容相符、会计账簿之间相对应的记录相符、会计账簿记录与会计报表的有关内容相符。

第十八条 各单位采用的会计处理方法，前后各期应当一致，不得随意变更；确有必要变更的，应当按照国家统一的会计制度的规定变更，并将变更的原因、情况及影响在财务会计报告中说明。

第十九条 单位提供的担保、未决诉讼等或有事项，应当按照国家统一的会计制度的规定，在财务会计报告中予以说明。

第二十条 财务会计报告应当根据经过审核的会计账簿记录和有关资料编制，并符合本法和国家统一的会计制度关于财务会计报告的编制要求、提供对象和提供期限的规定;其他法律、行政法规另有规定的,从其规定。财务会计报告由会计报表、会计报表附注和财务情况说明书组成。向不同的会计资料使用者提供的财务会计报告,其编制依据应当一致。有关法律、行政法规规定会计报表、会计报表附注和财务情况说明书须经注册会计师审计的,注册会计师及其所在的会计师事务所出具的审计报告应当随同财务会计报告一并提供。

第二十一条　财务会计报告应当由单位负责人和主管会计工作的负责人、会计机构负责人(会计主管人员)签名并盖章;设置总会计师的单位,还须由总会计师签名并盖章。单位负责人应当保证财务会计报告真实、完整。

第二十二条　会计记录的文字应当使用中文。在民族自治地方,会计记录可以同时使用当地通用的一种民族文字。在中华人民共和国境内的外商投资企业、外国企业和其他外国组织的会计记录可以同时使用一种外国文字。

第二十三条　各单位对会计凭证、会计账簿、财务会计报告和其他会计资料应当建立档案,妥善保管。会计档案的保管期限和销毁办法,由国务院财政部门会同有关部门制定。

第三章　公司、企业会计核算的特别规定

第二十四条　公司、企业进行会计核算,除应当遵守本法第二章的规定外,还应当遵守本章规定。

第二十五条　公司、企业必须根据实际发生的经济业务事项,按照国家统一的会计制度的规定确认、计量和记录资产、负债、所有者权益、收入、费用、成本和利润。

第二十六条　公司、企业进行会计核算不得有下列行为:

(一)随意改变资产、负债、所有者权益的确认标准或者计量方法,虚列、多列、不列或者少列资产、负债、所有者权益;

(二)虚列或者隐瞒收入,推迟或者提前确认收入;

(三)随意改变费用、成本的确认标准或者计量方法,虚列、多列、不列或者 少列费用、成本;

(四)随意调整利润的计算、分配方法,编造虚假利润或者隐瞒利润;

(五)违反国家统一的会计制度规定的其他行为。

第四章　会计监督

第二十七条　各单位应当建立、健全本单位内部会计监督制度。单位内部会计监督制度应当符合下列要求:

(一)记账人员与经济业务事项和会计事项的审批人员、经办人员、财物保管人员的职责权限应当明确,并相互分离、相互制约;

(二)重大对外投资、资产处置、资金调度和其他重要经济业务事项的决策和执行的相互监督、相互制约程序应当明确;

(三)财产清查的范围、期限和组织程序应当明确;

(四)对会计资料定期进行内部审计的办法和程序应当明确。

第二十八条 单位负责人应当保证会计机构、会计人员依法履行职责,不得授意、指使、强令会计机构、会计人员违法办理会计事项。会计机构、会计人员对违反本法和国家统一的会计制度规定的会计事项,有权拒绝办理或者按照职权予以纠正。

第二十九条 会计机构、会计人员发现会计账簿记录与实物、款项及有关资料不相符的,按照国家统一的会计制度的规定有权自行处理的,应当及时处理;无权处理的,应当立即向单位负责人报告,请求查明原因,作出处理。

第三十条 任何单位和个人对违反本法和国家统一的会计制度规定的行为,有权检举。收到检举的部门有权处理的,应当依法按照职责分工及时处理;无权处理的,应当及时移送有权处理的部门处理。收到检举的部门、负责处理的部门应当为检举人保密,不得将检举人姓名和检举材料转给被检举单位和被检举人个人。

第三十一条 有关法律、行政法规规定,须经注册会计师进行审计的单位,应当向受委托的会计师事务所如实提供会计凭证、会计账簿、财务会计报告和其他会计资料以及有关情况。任何单位或者个人不得以任何方式要求或者示意注册会计师及其所在的会计师事务所出具不实或者不当的审计报告。财政部门有权对会计师事务所出具审计报告的程序和内容进行监督。

第三十二条 财政部门对各单位的下列情况实施监督:
(一) 是否依法设置会计账簿;
(二) 会计凭证、会计账簿、财务会计报告和其他会计资料是否真实、完整;
(三) 会计核算是否符合本法和国家统一的会计制度的规定;
(四) 从事会计工作的人员是否具备从业资格。

在对前款第(二)项所列事项实施监督,发现重大违法嫌疑时,国务院财政部门及其派出机构可以向与被监督单位有经济业务往来的单位和被监督单位开立账户的金融机构查询有关情况,有关单位和金融机构应当给予支持。

第三十三条 财政、审计、税务、人民银行、证券监管、保险监管等部门应当依照有关法律、行政法规规定的职责,对有关单位的会计资料实施监督检查。前款所列监督检查部门对有关单位的会计资料依法实施监督检查后,应当出具检查结论。有关监督检查部门已经作出的检查结论能够满足其他监督检查部门履行本部门职责需要的,其他监督检查部门应当加以利用,避免重复查账。

第三十四条 依法对有关单位的会计资料实施监督检查的部门及其工作人员对在监督检查中知悉的国家秘密和商业秘密负有保密义务。

第三十五条 各单位必须依照有关法律、行政法规的规定,接受有关监督检查部门依法实施的监督检查,如实提供会计凭证、会计账簿、财务会计报告和其他会计资料以及有关情况,不得拒绝、隐匿、谎报。

第五章 会计机构和会计人员

第三十六条 各单位应当根据会计业务的需要,设置会计机构,或者在有关机构中设置会计人员并指定会计主管人员;不具备设置条件的,应当委托经批准设立从事会计代理记账业务的中介机构代理记账。国有的和国有资产占控股地位或者主导地位的大、中型企业必须设置总会计师。总会计师的任职资格、任免程序、职责权限由国务院规定。

第三十七条　会计机构内部应当建立稽核制度。出纳人员不得兼任稽核、会计档案保管和收入、支出、费用、债权债务账目的登记工作。

第三十八条　从事会计工作的人员，必须取得会计从业资格证书。担任单位会计机构负责人（会计主管人员）的，除取得会计从业资格证书外，还应当具备会计师以上专业技术职务资格或者从事会计工作三年以上经历。会计人员从业资格管理办法由国务院财政部门规定。

第三十九条　会计人员应当遵守职业道德，提高业务素质。对会计人员的教育和培训工作应当加强。

第四十条　因有提供虚假财务会计报告，做假账，隐匿或者故意销毁会计凭证、会计账簿、财务会计报告，贪污，挪用公款，职务侵占等与会计职务有关的违法行为被依法追究刑事责任的人员，不得取得或者重新取得会计从业资格证书。除前款规定的人员外，因违法违纪行为被吊销会计从业资格证书的人员，自被吊销会计从业资格证书之日起五年内，不得重新取得会计从业资格证书。

第四十一条　会计人员调动工作或者离职，必须与接管人员办清交接手续。一般会计人员办理交接手续，由会计机构负责人（会计主管人员）监交；会计机构负责人（会计主管人员）办理交接手续，由单位负责人监交，必要时主管单位可以派人会同监交。

第六章　法律责任

第四十二条　违反本法规定，有下列行为之一的，由县级以上人民政府财政部门责令限期改正，可以对单位并处三千元以上五万元以下的罚款；对其直接负责的主管人员和其他直接责任人员，可以处二千元以上二万元以下的罚款；属于国家工作人员的，还应当由其所在单位或者有关单位依法给予行政处分：

（一）不依法设置会计账簿的；

（二）私设会计账簿的；

（三）未按照规定填制、取得原始凭证或者填制、取得的原始凭证不符合规定的；

（四）以未经审核的会计凭证为依据登记会计账簿或者登记会计账簿不符合规定的；

（五）随意变更会计处理方法的；

（六）向不同的会计资料使用者提供的财务会计报告编制依据不一致的；

（七）未按照规定使用会计记录文字或者记账本位币的；

（八）未按照规定保管会计资料，致使会计资料毁损、灭失的；

（九）未按照规定建立并实施单位内部会计监督制度或者拒绝依法实施的监督或者不如实提供有关会计资料及有关情况的；

（十）任用会计人员不符合本法规定的。

有前款所列行为之一，构成犯罪的，依法追究刑事责任。

会计人员有第一款所列行为之一，情节严重的，由县级以上人民政府财政部门吊销会计从业资格证书。有关法律对第一款所列行为的处罚另有规定的，依照有关法律的规定办理。

第四十三条　伪造、变造会计凭证、会计账簿，编制虚假财务会计报告，构成犯罪的，依法追究刑事责任。有前款行为，尚不构成犯罪的，由县级以上人民政府财政部门予以通报，可以对单位并处五千元以上十万元以下的罚款；对其直接负责的主管人员和其他直接责任人员，可以处三千元以上五万元以下的罚款；属于国家工作人员的，还应当由其所在单位或者有关单位依法给予撤职直至开除的行政处分；对其中的会计人员，并由县级以上人民政府财政部门吊销会计从业资格证书。

第四十四条 隐匿或者故意销毁依法应当保存的会计凭证、会计账簿、财务会计报告，构成犯罪的，依法追究刑事责任。有前款行为，尚不构成犯罪的，由县级以上人民政府财政部门予以通报，可以对单位并处五千元以上十万元以下的罚款；对其直接负责的主管人员和其他直接责任人员，可以处三千元以上五万元以下的罚款；属于国家工作人员的，还应当由其所在单位或者有关单位依法给予撤职直至开除的行政处分；对其中的会计人员，并由县级以上人民政府财政部门吊销会计从业资格证书。

第四十五条 授意、指使、强令会计机构、会计人员及其他人员伪造、变造会计凭证、会计账簿，编制虚假财务会计报告或者隐匿、故意销毁依法应当保存的会计凭证、会计账簿、财务会计报告，构成犯罪的，依法追究刑事责任；尚不构成犯罪的，可以处五千元以上五万元以下的罚款；属于国家工作人员的，还应当由其所在单位或者有关单位依法给予降级、撤职、开除的行政处分。

第四十六条 单位负责人对依法履行职责、抵制违反本法规定行为的会计人员以降级、撤职、调离工作岗位、解聘或者开除等方式实行打击报复，构成犯罪的，依法追究刑事责任；尚不构成犯罪的，由其所在单位或者有关单位依法给予行政处分。对受打击报复的会计人员，应当恢复其名誉和原有职务、级别。

第四十七条 财政部门及有关行政部门的工作人员在实施监督管理中滥用职权、玩忽职守、徇私舞弊或者泄露国家秘密、商业秘密，构成犯罪的，依法追究刑事责任；尚不构成犯罪的，依法给予行政处分。

第四十八条 违反本法第三十条规定，将检举人姓名和检举材料转给被检举单位和被检举人个人的，由所在单位或者有关单位依法给予行政处分。

第四十九条 违反本法规定，同时违反其他法律规定的，由有关部门在各自职权范围内依法进行处罚。

第七章 附 则

第五十条 本法下列用语的含义：单位负责人，是指单位法定代表人或者法律、行政法规规定代表单位行使职权的主要负责人。国家统一的会计制度，是指国务院财政部门根据本法制定的关于会计核算、会计监督、会计机构和会计人员以及会计工作管理的制度。

第五十一条 个体工商户会计管理的具体办法，由国务院财政部门根据本法的原则另行规定。

第五十二条 本法自 2000 年 7 月 1 日起施行。

附录2　财政部关于会计基础工作规范

会计基础工作规范

(1996年6月17日　财会字〔1996〕19号)

第一章　总　则

第一条　为了加强会计基础工作,建立规范的会计工作秩序,提高会计工作水平,根据《中华人民共和国会计法》的有关规定,制定本规范。

第二条　国家机关、社会团体、企业、事业单位、个体工商户和其他组织的会计基础工作,应当符合本规范的规定。

第三条　各单位应当依据有关法律、法规和本规范的规定,加强会计基础工作,严格执行会计法规制度,保证会计工作依法有序地进行。

第四条　单位领导人对本单位的会计基础工作负有领导责任。

第五条　各省、自治区、直辖市财政厅(局)要加强对会计基础工作的管理和指导,通过政策引导、经验交流、监督检查等措施,促进基层单位加强会计基础工作,不断提高会计工作水平。

国务院各业务主管部门根据职责权限管理本部门的会计基础工作。

第二章　会计机构和会计人员

第一节　会计机构设备和会计人员配备

第六条　各单位应当根据会计业务的需要设置会计机构;不具备单独设置会计机构条件的,应当在有关机构中配备专职会计人员。

事业行政单位会计机构的设置和会计人员的配备应当符合国家统一事业行政单位会计制度的规定。

设置会计机构,应当配备会计机构负责人;在有关机构中配备专职会计人员,应当在专职会计人员中指定会计主管人员。

会计机构负责人会计主管人员任免,应当符合《中华人民共和国会计法》和有关法律的规定。

第七条　会计机构负责人、会计主管人员应当具备下列基本条件:

(一) 坚持原则,廉洁奉公;

(二) 具有会计专业技术资格;

(三) 主管一个单位或者单位内一个重要方面的财务会计工作时间不少于二年;

(四) 熟悉国家财经法律、法规、规章和方针、政策,掌握本行业业务管理的有关知识;

(五) 有较强的组织能力;

(六) 身体状况能够适应本职工作的要求。

第八条　没有设置会计机构和配备会计人员的单位,应当根据《代理记账管理暂行办法》委托会计事务所或者有代理记账许可证书的其他代理记账机构进行代理记账。

第九条 大、中型企业、事业单位、业务主管部门应当根据法律和国家有关规定设置总会计师。总会计师由具有会计师以上专业技术资格的人员担任。

总会计师行使《总会计师条例》规定的职责、权限。

总会计师的任命(聘任)、免职(解聘)依照《总会计师条例》和有关法律的规定办理。

第十条 各单位应当根据会计业务需要配备持有会计证的会计人员。未取得会计证的人员,不得从事会计工作。

第十一条 各单位应当根据会计业务需要设置会计工作岗位。

会计工作岗位一般可分为:会计机构负责人或者会计主管人员,出纳,财产物资核算,工资核算,成本费用核算,财务成果核算,资金核算,往来结算,总账报表,稽核,档案管理等。开展会计电算化和管理会计的单位,可以根据需要设置相应工作岗位,也可以与其他工作岗位相结合。

第十二条 会计工作岗位,可以一人一岗、一人多岗或者一岗多人。但出纳人员不得兼管稽核、会计档案保管和收入、费用、债权债务账目的登记工作。

第十三条 会计人员的工作岗位应当有计划地进行轮换。

第十四条 会计人员应当具备必要的专业知识和专业技术,熟悉国家有关法律、法规、规章和国家统一会计制度,遵守职业道德。

会计人员应当按照国家有关规定参加会计业务的培训。各单位应当合理安排会计人员的培训,保证会计人员每年有一定时间用于学习和参加培训。

第十五条 各单位领导人应当支持会计机构、会计人员依法行使职责;对忠于职守,坚持原则,做出显著成绩的会计机构、会计人员,应当给予精神和物质的奖励。

第十六条 国家机关、国有企业、事业单位任用会计人员应当实行回避制度。

单位领导人的直系亲属不得担任本单位的会计机构负责人、会计主管人员。会计机构负责人、会计主管人员的直系亲属不得在本单位会计机构中担任出纳工作。

需要回避的直系亲属:夫妻关系、直系血亲关系、三代以内旁系血亲以及配偶亲关系。

第二节 会计人员职业道德

第十七条 会计人员在会计工作中应当遵守职业道德,树立良好的职业品质、严谨的工作作风,严守工作纪律,努力提高工作效率和工作质量。

第十八条 会计人员应当热爱本职工作,努力钻研业务,使自己的知识和技能适应所从事工作的要求。

第十九条 会计人员应当熟悉财经法律、法规、规章和国家统一会计制度,并结合会计工作进行广泛宣传。

第二十条 会计人员应当按照会计法律、法规和国家统一会计制度规定的程序和要求进行会计工作,保证所提供的会计信息合法、真实、准确、及时、完整。

第二十一条 会计人员办理会计事务应当实事求是、客观公正。

第二十二条 会计人员应当熟悉本单位的生产经营和业务管理情况,运用掌握的会计信息和会计方法,为改善单位内部管理、提高经济效益服务。

第二十三条 会计人员应当保守本单位商业秘密。除法律规定和单位领导人同意外,不能私自向外界提供或者泄露单位的会计信息。

第二十四条　财政部门、业务主管部门和各单位应当定期检查会计人员遵守职业道德的情况,并作为会计人员晋升、晋级、聘任专业职务、表彰奖励的重要考核依据。

会计人员违反职业道德的,由所在单位进行处罚;情节严重的,由会计证发证机关吊销其会计证。

第三节　会计工作交接

第二十五条　会计人员工作调动或者因故离职,必须将本人所经管的会计工作全部移交给接替人员。没有办清交接手续的,不得调动或者离职。

第二十六条　接替人员应当认真接管移交工作,并继续办理移交的未了事项。

第二十七条　会计人员办理移交手续,必须及时做好以下工作:

(一)已经受理的经济业务尚未填制会计凭证的,应当填制完毕。

(二)尚未登记的账目,应当登记完毕,并在最后一笔余额后加盖经办人员印章。

(三)整理应该移交的各项资料,对未了事项写出书面材料。

(四)编制移交清册,列明应当移交的会计凭证、会计账簿、会计报表、印章、现金、有价证券、支票簿、发票、文件、其他会计资料和物品等内容;实行会计电算化的单位,从事该项工作的移交人还应当在移交清册中列明会计软件及密码、会计软件数据磁盘(磁带等)及有关资料、实物等内容。

第二十八条　会计人员办理交接手续,必须有监交人负责监交。一般会计人员交接,由单位会计机构负责人、会计主管人员负责监交;会计机构负责人、会计主管人员交接,由单位领导人负责监交,必要时可由上级主管部门派人会同监交。

第二十九条　移交人员在办理移交时,要按移交注册逐项移交;接替人员要逐项核对点收。

(一)现金、有价证券要根据会计账簿有关记录进行点交。库存现金、有价证券必须与会计账簿记录保持一致。不一致时,移交人员必须限期查清。

(二)会计凭证、会计账簿、会计报表和其他会计资料必须完整无缺,必须查清原因,并在移交注册中注明,由移交人员负责。

(三)银行存款账户余额要与银行对账单核对,如不一致,应当编制银行存款余额调节表调节相符,各种财产物资和债权债务的明细账户余额要与总账有关账户余额核对相符;必要时,要抽查个别账户的余额,与实物核对相符,或者与往来单位、个人核对清楚。

(四)移交人员经管的票据、印章和其他实物等,必须交接清楚;移交人员从事会计电算化工作的,要对有关电子数据在实际操作状态下进行交接。

第三十条　会计机构负责人、会计主管人员移交时,还必须将全部财务会计工作、重大财务收支和会计人员的情况等,向接替人员详细介绍。对需要移交的遗留问题,应当写出书面材料。

第三十一条　交接完毕后,交接双方和监交人员要在移交清册上签名或者盖章。并应在移交清册上注明:单位名称,交接日期,交接双方和监交人员的职务、姓名,移交清册页数以及需要说明的问题和意见等。

移交清册一般应当填制一式三份,交接双方各执一份,存档一份。

第三十二条　接替人员应当继续使用移交的会计账簿,不得自行另立新账,以保持会计记录的连续性。

第三十三条 会计人员临时离职或者因病不能工作且需要接替或者代理的,会计机构负责人、会计主管人员或者单位领导人必须指定有关人员接替或者代理,并办理交接手续。

临时离职或者因病不能工作的会计人员恢复工作的,应当与接替或者代理人员办理交接手续。

移交人员因病或者其他特殊原因不能亲自办理移交的,经单位领导人批准,可由移交人员委托他人代办移交,但委托人应当承担本规范第三十五条规定的责任。

第三十四条 单位撤销时,必须留有必要的会计人员,会同有关人员办理清理工作,编制决算。未移交前,不得离职。接收单位和移交日期由主管部门确定。

单位合并、分立的,其会计工作交接手续比照上述有关规定办理。

第三十五条 移交人员对所移交的会计凭证、会计账簿、会计报表和其他有关资料的合法性、真实性承担法律责任。

第三章 会计核算

第一节 会计核算一般要求

第三十六条 各单位应当按照《中华人民共和国会计法》和国家统一会计制度的规定建立会计账册,进行会计核算,及时提供合法、真实、准确、完整的会计信息。

第三十七条 各单位发生的下列事项,应当及时办理会计手续、进行会计核算:

(一)款项和有价证券的收付;

(二)财物的收发、增减和使用;

(三)债权债务的发生和结算;

(四)资本、基金的增减;

(五)收入、支出、费用、成本的计算;

(六)财务成果的计算和处理;

(七)其他需要办理会计手续、进行会计核算的事项。

第三十八条 各单位的会计核算应当以实际发生的经济业务为依据,按照规定的会计处理方法进行,保证会计指标的口径一致、相互可比和会计处理方法的前后各期相一致。

第三十九条 会计年度自公历一月一日起至十二月三十一日止。

第四十条 会计核算以人民币为记账本位币。

收支业务外国货币为主的单位,也可以选定某种外国货币作为记账本位币,但是编制的会计报表应当折算为人民币反映。

境外单位向国内有关部门编报的会计报表,应当折算为人民币反映。

第四十一条 各单位根据国家统一会计制度的要求,在不影响会计核算要求、会计报表指标汇总和对外统一会计报表的前提下,可以根据实际情况自行设置和使用会计科目。

事业行政单位会计科目的设置和使用,应当符合国家统一事业行政单位会计制度的规定。

第四十二条 会计凭证、会计账簿、会计报表和其他会计资料的内容和要求必须符合国家统一会计制度的规定,不得伪造、变造会计凭证、会计账簿,不得设置账外账,不得报送虚假会计报表。

第四十三条 各单位对外报送的会计报表格式由财政部统一规定。

第四十四条 实行会计电算化的单位,对使用的会计软件及其生成的会计凭证、会计账簿、会计报表和其他会计资料的要求,应当符合财政部关于会计电算化的有关规定。

第四十五条 各单位的会计凭证、会计账簿、会计报表和其他会计资料,应当建立档案,妥善保管。会计档案建档要求、保管期限、销毁办法等依据《会计档案管理办法》的规定进行。

实行会计电算化的单位,有关电子数据、会计软件资料等应当作为会计档案进行管理。

第四十六条 会计记录的文字应当使用中文。少数民族自治地区可以同时使用少数民族文字。中国境内的外商投资企业、外国企业和其他外国经济组织也可以同时使用某种外国文字。

第二节 填制会计凭证

第四十七条 各单位办理本规范第三十七条规定的事项,必须取得或者填制原始凭证,并及时送交会计机构。

第四十八条 原始凭证的基本要求是:

(一)原始凭证的内容必须具备:凭证的名称;填制凭证的日期;填制凭证单位名称或者填制人姓名;经办人员的签名或者盖章;接受凭证单位名称;经济业务内容;数量、单价和金额。

(二)从外单位取得的原始凭证,必须盖有填制单位的公章;从个人取得的原始凭证,必须有填制人员的签名或者盖章。自制原始凭证必须有经办单位领导人或者其指定的人员签名或者盖章。对外开出的原始凭证,必须加盖本单位公章。

(三)凡填有大写和小写金额的原始凭证,大写与小写金额必须相符。购买实物的原始凭证,必须有验收证明。支付款项的原始凭证,必须有收款单位和收款人的收款证明。

(四)一式几联的原始凭证,应当注明各联的用途,只能以一联作为报销凭证。

一式几联的发票和收据,必须用双面复写纸(发票和收据本身具备复写纸功能的除外)套写,并连续编号。作废时应当加盖"作废"戳记,连同存根一起保存,不得撕毁。

(五)发生销货退回的,除填制退货发票外,还必须有退货验收证明;退款时,必须取得对方的收款收据或者汇款银行的凭证,不得以退货发票代替收据。

(六)职工公出借款凭据,必须附在记账凭证之后。收回借款时,应当另开收据或者退还借据副本,不得退还原借款收据。

(七)经上级有关部门批准的经济业务,应当将批准文件作为原始凭证附件。如果批准文件需要单独归档的,应当在凭证上注明批准机关名称、日期和文件字号。

第四十九条 原始凭证不得涂改、挖补。发现原始凭证有错误的,应当由开出单位重开或者更正,更正处应当加盖开出单位的公章。

第五十条 会计机构、会计人员要根据审核无误的原始凭证填制记账凭证。

记账凭证可以分为收款凭证、付款凭证和转账凭证,也可以使用通用记账凭证。

第五十一条 记账凭证的基本要求是：

（一）记账凭证的内容必须具备：填制凭证的日期；凭证编号；经济业务摘要；会计科目；金额；所附原始凭证张数；填制凭证人员、稽核人员、记账人员、会计机构负责人、会计主管人员签名或者盖章。收款和付款记账凭证还应当由出纳人员签名或者盖章。

以自制的原始凭证或者原始凭证汇总表代替记账凭证的，也必须具备记账凭证应有的项目。

（二）填制记账凭证时，应当对记账凭证进行连续编号。一笔经济业务需要填制两张以上记账凭证的，可以采用分数编号法编号。

（三）记账凭证可以根据每一张原始凭证填制，或者根据若干张同类原始凭证汇总填制，也可以根据原始凭证汇总表填制。但不得将不同内容和类别的原始凭证汇总填制在一张记账凭证上。

（四）除结账和更正错误的记账凭证可以不附原始凭证外，其他记账必须附有原始凭证。如果一张原始凭证涉及几张记账凭证，可以把原始凭证附在一张主要的记账凭证后面，并在其他记账凭证上注明附有该原始凭证的记账凭证的编号或者附有原始凭证复印件。

一张原始凭证所列支出需要几个单位共同负担的，应当将其他单位负担的部分，开给对方原始凭证分割单，进行结算。原始凭证分割单必须具备原始凭证的基本内容：凭证名称、填制凭证日期、填制凭证单位名称或者填制人姓名、经办人的签名或者盖章、接受凭证单位名称、经济业务内容、数量、单价、金额和费用分摊情况等。

（五）如果在填制记账凭证时发生错误，应当重新填制。

已经登记入账的记账凭证，在当年内发现填写错误时，可以用红字填写一张与原内容相同的记账凭证，在摘要栏注明"注销某月某日某号凭证"字样，同时再用蓝字重新填制一张正确的记账凭证，注明"订正某月某日某号凭证"字样。如果会计科目没有错误，只是金额错误，也可以将正确数字与错误数字之间的差额，另编一张调整的记账凭证，调增金额用蓝字，调减金额用红字。发现以前年度记账凭证有错误的，应当用蓝字填制一张更正的记账凭证。

（六）记账凭证填制完经济业务事项后，如有空行，应当自金额栏最后一笔金额数字下的空行处至合计数上的空行处划线注销。

第五十二条 填制会计凭证，字迹必须清晰、工整，并符合下列要求：

（一）阿拉伯数字应当一个一个地写，不得连笔写。阿拉伯金额数字前面应当书写货币种符号或者货币名称简写和币种符号。币种符号与阿拉伯金额数字之间不得留有空白。凡阿拉伯数字前写有币种符号的，数字后面不得再写货币单位。

（二）所有以元为单位（其他货币种类为货币基本单位，下同）的阿拉伯数字，除表示单价等情况外，一律填写到角分；无角分的，角位和分位可写"00"，或者符号"—"；有角无分的，分位应当写"0"，不得用符号"—"代替。

（三）汉字大写数字金额如零、壹、贰、叁、肆、伍、陆、柒、捌、玖、拾、佰、仟、万、亿等，一律用正楷或者行书体书写，不得用0、一、二、三、四、五、六、七、八、九、十等简写字代替，不得任意自造简化字。大写金额数字到元或者角为止的，在"元"或者"角"字之后应当写"整"字或者"正"字；大写金额数字有分的，分字后面不写"整"或者"正"字。

（四）大写金额数字前未印有货币名称的，应当加填货币名称，货币名称与金额数字之间不得留有空白。

（五）阿拉伯金额数字中间有"0"时，汉字大写金额要写"零"字；阿拉伯数字金额中连续有几个"0"时，汉字大写金额中可以只写一个"零"字；阿拉伯金额数字元位是"0"，或者数字中间连续有几个"0"、元位也是"0"但角位不是"0"时，汉字大写金额可以只写一个"零"字，也可以不写"零"字。

第五十三条 实行会计电算化的单位，对于机制记账凭证，要认真审核，做到会计科目使用正确，数字准确无误。打印出的机制记账凭证要加盖制单人员、审核人员、记账人员及会计机构负责人、会计主管人员印章或者签字。

第五十四条 各单位会计凭证的传递程序应当科学、合理，具体办法由各单位根据会计业务需要自行规定。

第五十五条 会计机构、会计人员要妥善保管会计凭证。

（一）会计凭证应当及时传递，不得积压。

（二）会计凭证登记完毕后，应当按照分类和编号顺序保管，不得散乱丢失。

（三）记账凭证应当连同所附的原始凭证或者原始凭证汇总表，按照编号顺序，折叠整齐，按期装订成册，并加具封面，注明单位名称、年度、月份和起讫日期、凭证种类、起讫号码，由装订人在装订线封签处签名或者盖章。

对于数量过多的原始凭证，可以单独装订保管，在封面上注明记账凭证日期、编号、种类，同时在记账凭证上注明"附件另订"和原始凭证名称及编号。

各种经济合同、存出保证金收据以及涉外文件等重要原始凭证，应当另编目录，单独登记保管，并在有关的记账凭证和原始凭证上相互注明日期和编号。

（四）原始凭证不得外借，其他单位如因特殊原因需要使用原始凭证时，经本单位会计机构负责人、会计主管人员批准，可以复制。向外单位提供的原始凭证复制件，应当在专设的登记簿上登记，并由提供人员和收取人员共同签名或者盖章。

（五）从外单位取得的原始凭证如有遗失，应当取得原开出单位盖有公章的证明，并注明原来凭证的号码、金额和内容等，由经办单位会计机构负责人、会计主管人员和单位领导人批准后，才能代作原始凭证。如果确实无法取得证明的，如火车、轮船、飞机票等凭证，由当事人写出详细情况，由经办单位会计机构负责人、会计主管人员和单位领导人批准后，代作原始凭证。

第三节 登记会计账簿

第五十六条 各单位应当按照国家统一会计制度的规定和会计业务的需要设置会计账簿。会计账簿包括总账、明细账、日记账和其他辅助性账簿。

第五十七条 现金日记账和银行存款日记账必须采用订本式账簿。不得用银行对账单或者其他方式代替日记账。

第五十八条 实行会计电算化的单位，用计算机打印的会计账簿必须连续编号，经审核无误后装订成册，并由记账人员和会计机构负责人、会计主管人员签字或者盖章。

第五十九条 启用会计账簿时，应当在账簿封面上写明单位名称和账簿名称。在账簿扉页上应当附启用表，内容包括：启用日期、账簿页数、记账人员和会计机构负责人、会计主管人员姓名，并加盖名章和单位公章。记账人员或者会计机构负责人、会计主管人员调动工作时,应当注明交接日期、接办人员或者监交人员姓名,并由交接双方人员签名或者盖章。

启用订本式账簿,应当从第一页到最后一页顺序编写页数,不得跳页、缺号。使用活页式账页,应当按账户顺序编号,并须定期装订成册。装订后再按实际使用的账页顺序编写页码,另加目录,记明每个账户的名称和页次。

第六十条 会计人员应当根据审核无误的会计凭证登记会计账簿。登记账簿的基本要求是:

(一)登记会计账簿时,应当将会计凭证日期、编号、业务内容摘要、金额和有关资料逐项记入账内,做到数字准确、摘要清楚、登记及时、字迹工整。

(二)登记完毕后,要在记账凭证上签名或者盖章,并注明已经登账的符号,表示已经记账。

(三)账簿中书写的文字和数字上面要留有适当空格,不要写满格,一般应占格距的二分之一。

(四)登记账簿要用蓝黑墨水或者碳素墨水书写,不得使用圆珠笔(银行的复写账簿除外)或者铅笔书写。

(五)下列情况,可以用红色墨水记账:

1. 按照红字冲账的记账凭证,冲销错误记录;
2. 在不设借贷等栏的多栏式账页中,登记减少数;
3. 在三栏式账户的余额栏前,如未印明余额方向的,在余额栏内登记负数余额;
4. 根据国家统一会计制度的规定可以用红字登记的其他会计记录。

(六)各种账簿按页次顺序连续登记,不得跳行、隔页。如果发生跳行、隔页,应当将空行、空页划线注销,或者注明"此行空白""此页空白"字样,并由记账人员签名或者盖章。

(七)凡需要结出余额的账户,结出余额后,应当在"借或贷"等栏内写明"借"或者"贷"等字样。没有余额的账户,应当在"借或贷"等栏内写"平"字,并在余额栏内用"0"表示。

现金日记账和银行存款日记账必须逐日结出余额。

(八)每一账页登记完毕结转下页时,应当结出本页合计数及余额,写在本页最后一行和下页第一行有关栏内,并在摘要栏内分别注明"过次页"和"承前页"字样;也可以将本页合计数及金额只写在下页第一行有关栏内,并在摘要栏内注明"承前页"字样。

对需要结计本月发生额的账户,结计"过次页"的本页合计数应当为自本月初起至本页末止发生额合计数;对需要结计本年累计发生额的账户,结计"过次页"的本页合计数应当为自年初起至本页末止的累计数;对既不需要结计本月发生额也不需要结计本年累计发生额的账户,可以只将每页末的余额转次页。

第六十一条 实行会计电算化的单位,总账和明细账应当定期打印。

发生收款和付款业务的,在输入收款凭证和付款凭证的当天必须打印出现金日记、银行存款日记账,并在库存现金核对无误。

第六十二条 账簿记录发生错误,不准涂改、挖补、刮擦或者用药水消除字迹,不准重新抄写,必须按照下列方法进行更正:

（一）登记账簿时发生错误，应当将错误的文字或者数字划上红线注销，但必须使原有字迹仍可辨认；然后在划线上方填写正确的文字或者数字，并由记账人员在更正处盖章。对于错误的数字，应当全部划红线更正，不得只更正其中的错误数字。对于文字错误，可只划去错误的部分。

（二）由于记账凭证错误而使账簿记录发生错误，应当按更正的记账凭证登记账簿。

第六十三条　各单位应当定期对会计账簿记录的有关数字与库存实物、货币资金、有价证券、往来单位或者个人进行相互核对，保证账证相符、账账相符、账实相符。对账工作每年至少进行一次。

（一）账证核对。核对会计账簿记录与原始凭证、记账凭证的时间、凭证字号、内容、金额是否一致，记账方向是否相符。

（二）账账核对。核对不同会计账簿之间的账簿记录是否相符，包括：总账有关账户的余额核对，总账与明细账核对，总账与日记账核对，会计部门的财产物资明细账与财产物资保管和使用部门的有关明细账核对等。

（三）账实核对。核对会计账簿记录与财产等实有数额是否相符。包括：现金日记账账面余额与现金实际库存数相核对；银行存款日记账账面余额定期与银行对账单相核对；各种应收、应付款明细账账面余额与有关债务、债权单位或者个人核对等。

第六十四条　各单位应当按照规定定期结账。

（一）结账前，必须将本期内所发生的各项经济业务全部登记入账。

（二）结账时，应当结出每个账户的期末余额。需要结出当月发生额的，应当在摘要栏内注明"本月合计"字样，并在下面通栏划单红线。需要结出本年累计发生额的，应当在摘要栏内注明"本年累计"字样，并在下面通栏划单红线；十二月末的"本年累计"就是全年累计发生额。全年累计发生额下面应当通栏划双红线。年度终了结账时，所有总账账户都应当结出全年发生额和年末余额。

（三）年度终了，要把各账户的余额转到下一会计年度，并在摘要栏注明"结转下年"字样；在下一会计年度新建有关会计账簿的第一行余额栏内填写上年结转的余额，并在摘要栏注明"上年结转"字样。

第四节　编制财务报告

第六十五条　各单位必须按照国家统一会计制度的规定定期编制财务报告。

财务报告包括会计报表及其说明。会计报表包括会计报表主表、会计报表附表、会计报表附注。

第六十六条　各单位对外报送的财务报告应当根据国家统一会计制度规定的格式和要求编制。

单位内部使用的财务报告，其格式和要求由各单位自行规定。

第六十七条　会计报表应当根据登记完整、核结无误的会计账簿记录和其他有关资料编制，做到数字真实、计算准确、内容完整、说明清楚。

任何人不得篡改或者授意、指使、强令他人篡改会计报表的有关数字。

第六十八条　会计报表之间、会计报表各项目之间，凡有对应关系的数字，应当相互一致。本期会计报表与上期会计报表之间有关的数字应当相互衔接。如果不同会计年度会计报表中各项目的内容和核算方法有变更的，应当在年度会计报表中加以说明。

第六十九条 各单位应当按照国家统一会计制度的规定认真编写会计报表附注及其说明,做到项目齐全,内容完整。

第七十条 各单位应当按照国家规定的期限对外报送财务报告。

对外报送的财务报告,应当依次编写页码,加具封面,装订成册,加盖公章。封面上应当注明:单位名称,单位地址,财务报告所属年度、季度、月度、送出日期,并由单位领导人、总会计师、会计机构负责人、会计主管人员签名或者盖章。

单位领导人对财务报告的合法性、真实性负法律责任。

第七十一条 根据法律和国家有关规定应当对财务报告进行审计的,财务报告编制单位应当先行委托注册会计师进行审计,并将注册会计师出具的审计报告随同财务报告按照规定的期限报送有关部门。

第七十二条 如果发现对外报送的财务报告有错误,应当及时办理更正手续。除更正本单位留存的财务报告外,并应同时通知接受财务报告的单位更正。错误较多的,应当重新编报。

第四章 会计监督

第七十三条 各单位的会计机构、会计人员对本单位的经济活动进行会计监督。

第七十四条 会计机构、会计人员进行会计监督的依据是:

(一) 财经法律、法规、规章;

(二) 会计法律、法规和国家统一会计制度;

(三) 各省、自治区、直辖市财政厅(局)和国务院业务主管部门根据《中华人民共和国会计法》和国家统一会计制度制定的具体实施办法或者补充规定;

(四) 各单位根据《中华人民共和国会计法》和国家统一会计制度制定的单位内部会计管理制度;

(五) 各单位内部的预算、财务计划、经济计划、业务计划等。

第七十五条 会计机构、会计人员应当对原始凭证进行审核和监督。

对不真实、不合法的原始凭证,不予受理。对弄虚作假、严重违法的原始凭证,在不予受理的同时,应当予以扣留,并及时向单位领导人报告,请求查明原因,追究当事人的责任。

对记载不准确、不完整的原始凭证,予以退回,要求经办人员更正、补充。

第七十六条 会计机构、会计人员伪造、变造、故意毁灭会计账簿或者账外设账行为,应当制止和纠正;制止和纠正无效的,应当向上级主管单位报告,请求作出处理。

第七十七条 会计机构、会计人员应当对实物、款项进行监督,督促建立并严格执行财产清查制度。发现账簿记录与实物、款项不符时,应当按照国家有关规定进行处理。超出会计机构、会计人员职权范围的,应当立即向本单位领导报告,请求查明原因,作出处理。

第七十八条 会计机构、会计人员对指使、强令编造、篡改财务报告行为,应当制止和纠正;制止和纠正无效的,应当向上级主管单位报告,请求处理。

第七十九条 会计机构、会计人员应当对财务收支进行监督。

(一) 对审批手续不全的财务收支,应当退回,要求补充、更正。

(二)对违反规定不纳入单位统一会计核算的财务收支,应当制止和纠正。

(三)对违反国家统一的财政、财务、会计制度规定的财务收支,不予办理。

(四)对认为是违反国家统一的财政、财务、会计制度规定的财务收支,应当制止和纠正;制止和纠正无效的,应当向单位领导人提出书面意见请求处理。

单位领导人应当在接到书面意见起十日内作出书面决定,并对决定承担责任。

(五)对违反国家统一的财政、财务、会计制度规定的财务收支,不予制止和纠正,又不向单位领导人提出书面意见的,也应当承担责任。

(六)对严重违反国家利益和社会公众利益的财务收支,应当向主管单位或者财政、审计、税务机关报告。

第八十条 会计机构、会计人员对违反单位内部会计管理制度的经济活动,应当制止和纠正;制止和纠正无效的,向单位领导人报告,请求处理。

第八十一条 会计机构、会计人员应当对单位制定的预算、财务计划、经济计划、业务计划的执行情况进行监督。

第八十二条 各单位必须依照法律和国家有关规定接受财政、审计、税务等机关的监督,如实提供会计凭证、会计账簿、会计报表和其他会计资料以及有关情况,不得拒绝、隐匿、谎报。

第八十三条 按照法律规定应当委托注册会计师进行审计的单位,应当委托注册会计师进行审计,并配合注册会计师的工作,如实提供会计凭证、会计账簿、会计报表和其他会计资料以及有关情况,不得拒绝、隐匿、谎报,不得示意注册会计师出具不当的审计报告。

第五章 内部会计管理制度

第八十四条 各单位应当根据《中华人民共和国会计法》和国家统一会计制度的规定,结合单位类型和内部管理的需要,建立健全相应的内部会计管理制度。

第八十五条 各单位制定内部会计管理制度应当遵循下列原则:

(一)应当执行法律、法规和国家统一的财务会计制度。

(二)应当体现本单位的生产经营、业务管理的特点和要求。

(三)应当全面规范本单位的各项会计工作,建立健全会计基础,保证会计工作的有序进行。

(四)应当科学、合理,便于操作和执行。

(五)应当定期检查执行情况。

(六)应当根据管理需要和执行中的问题不断完善。

第八十六条 各单位应当建立内部会计管理体系。主要内容包括:单位领导人、总会计师对会计工作的领导职责;会计部门及其会计机构负责人、会计主管人员的职责、权限;会计部门与其他职能部门的关系;会计核算的组织形式。

第八十七条 各单位应当建立会计人员岗位责任制度。主要内容包括:会计人员工作岗位设置;各会计工作岗位的职责和标准;各会计工作岗位的人员和具体分工;会计工作岗位轮换办法;对各会计工作岗位的考核办法。

第八十八条 各单位应当建立账务处理程序制度。主要内容包括:会计科目及其明细科目的设置和使用;会计凭证的格式、审核要求和传递程序;会计核算方法;会计账簿的设置;编制会计报表的种类和要求;单位会计指标体系。

第八十九条 各单位应当建立内部牵制制度。主要内容包括:内部牵制制度的原则;组织分工;出纳岗位的职责和限制条件;有关岗位的职责和权限。

第九十条 各单位应当建立稽核制度。主要内容包括:稽核工作的组织形式和具体分工;稽核工作的职责、权限;审核会计凭证和复核会计账簿、会计报表的方法。

第九十一条 各单位应当建立原始记录管理制度。主要内容包括:原始记录的内容和填制方法;原始记录的格式;原始记录的审核;原始记录填制人的责任;原始记录签署、传递、汇集要求。

第九十二条 各单位应当建立定额管理制度。主要内容包括:定额管理的范围;规定和修订定额的依据、程序和方法;定额的执行;定额考核和奖惩办法等。

第九十三条 各单位应当建立计量验收制度。主要内容包括:计量检测手段和方法;计量验收管理的要求;计量验收人员的责任和奖惩办法。

第九十四条 各单位应当建立财产清查制度。主要内容包括:财产清查的范围;财产清查的组织;财产清查的期限和方法;对财产清查中发现问题的处理办法;对财产管理人员的奖惩办法。

第九十五条 各单位应当建立财务收支审批制度。主要内容包括:财务收支审批人员和审批权限;财务收支审批程序;财务收支审批人员的责任。

第九十六条 实行成本核算的单位应当建立成本核算制度。主要内容包括:成本核算的对象;成本核算的方法和程序;成本分析等。

第九十七条 各单位应当建立财务会计分析制度。主要内容包括:财务会计分析的主要内容;财务会计分析的基本要求和组织程序;财务会计分析的具体方法;财务会计分析报告的编写要求等。

第六章 附 则

第九十八条 本规范所称国家统一会计制度,是指由财政部制定、或者财政部与国务院有关部门联合制定、或者经财政部审核批准的在全国范围内统一执行的会计规章、准则、办法等规范性文件。

本规范所称会计主管人员,是指不设置会计机构、只在其他机构中设置专职会计人员的单位行使会计机构负责人职权的人员。

本规范第三章第二节和第三节关于填制会计凭证、登记会计账簿的规定,除特别指出外,一般适用于手工记账。实行会计电算化的单位,填制会计凭证和登记会计账簿的有关要求,应当符合财政部关于会计电算化的有关规定。

第九十九条 各省、自治区、直辖市财政厅(局)、国务院各业务主管部门可以根据本规范的原则,结合本地区、本部门的具体情况,制定具体实施办法,报财政部备案。

第一百条 本规范由财政部负责解释、修改。

第一百零一条 本规范自发布之日起实施。1984年4月24日财政部发布的《会计人员工作规则》同时废止。

发布部门:财政部　发布日期:1996年06月17日　实施日期:1996年06月17日
(中央法规)

附录3　全国资格证书考试规定

全国资格证书考试规定

一、目前我国会计行业的工作性质和会计资质证书

目前我国的会计行业按照严格意义上的工作性质可以分为三种:第一种是"做会计的",即从事会计核算、会计信息披露的狭义上的会计人员,全国大约有1 200万人;第二种是"查会计的",包括注册会计师和政府和企业事业单位审计部门的审计人员、资产清算评估人员,全国目前大约有8万名注册会计师及为数不少的单位内部审计人员;第三种是"管会计的",也就是总会计师,全国大约有3万人。到目前为止,大约有300万人取得相应的会计资格证书,但由于具有中专以上学历的仅占47%,因此,我国会计从业人员总体上的文化程度和职业水平还比较低,会计职业道德操守也不尽如人意。

解决这一问题,一个很重要的途径就是通过认证各级别的会计资格。因此,从20世纪90年代开始,我国建立了完备而又严格的会计考试制度。而且,除了我国国内自己的各种会计资质证书外,从1993年ACCA(英国特许公会会计师资格认证)登陆中国内地开始,至今我国已经批准了若干种国际会计资格认证在中国内地发展注册学员、会员。

目前,我国国内的会计资质考试可以大体按照难易水平和参加人员的素质分为3个级别。第一是会计从业资格证书考试;第二是会计职称证书考试;第三是注册会计师、注册评估师、注册税务师等资格证书考试。

1. 会计从业资格考试

根据国家现有的规定,在我国所有要从事会计行业的人,必须持有会计从业资格证书(即俗称的会计证)。考试科目包括财经法规与职业道德、会计基础知识、会计实务、初级会计电算化。

2. 全国会计专业技术资格考试(职称考试)

考试分为初级资格考试(获取助理会计师证书)和中级资格考试(获取中级会计师证书)。取得会计从业资格证书,并从事会计职业两年的人,可申请参加初级资格考试。初级资格考试科目包括经济法基础、初级会计实务。考生必须在一个考试年度内通过全部两个科目的考试,才可以取得助理会计师证书。中级资格考试科目包括:财务管理、经济法、中级会计实务(一)、中级会计实务(二)[2005年将实务(一)和(二)合二为一],中级资格考试成绩实行单科累计制,单科合格成绩在连续两个考试年度内有效,各科考试成绩合格标准均以考试年度当年标准确定。凡在连续两个考试年度内取得以上4个考试科目合格成绩者,均可取得中级资格。另外,目前我国对已取得中级职称并从事会计工作若干年的会计人员,采用评审制来认证其高级会计师职称。但是申报高级会计师职称的人员均需在评审前参加《会计实务与法规》的考试,并取得合格成绩。《会计实务与法规》考试合格成绩有效期为3年,考试主要考查申报人运用财务管理和会计理论及其相关法规分析问题和解决问题的能力。

3. 注册会计师考试(CPA)

凡有高等专科以上学校毕业的学历、已取得会计或者相关专业(审计、统计、经济)中级以上专业技术职称的中国公民都有资格报考。考试科目包括：审计、税法、会计、经济法、财务成本管理共5科。依据相关规定，具有会计或相关专业高级技术职称的人员(包括学校及科研单位中具有会计或相关专业副教授、副研究员以上职称者)，可以申请免试一门专长科目。考试实行滚动式，从第一门单科合格成绩取得之年限算起，5年内必须考完所有科目，才可获得申请注册会计师资格。

4. 全国注册税务师执业资格考试(CPT)

这是一种类似于注册会计师，但主要以税务相关工作为主要内容的会计类资格考试。取得中专以上学历并从事税务相关工作规定年限者均可报名参加。

二、会计从业资格证书及取得会计从业资格必须具备的条件

会计从业资格管理制度是在会计证管理制度的基础上发展起来的。会计从业资格证书即会计证的简称，会计证是具有一定会计专业知识和技能的人员从事会计工作的资格证书，是从事会计工作所必须具备的基本最低要求和前提条件。只有持证者才能上岗，这既是对用人单位的要求，也是对用人单位利益的保护。因为用人单位一般难以对拟聘用的会计人员的专业素质进行考核；同时，对已经持证的人员来说，这项规定在一定程度上保护了他们的工作权利。而对希望从事会计工作但尚不具备条件的人员来说，这项规定为他们确立了努力的方向。会计是一项政策性、专业性很强的技术工作，会计人员的专业知识水平和业务能力如何，直接影响会计工作的质量，从事会计工作的人员必须具备必要的专业知识。因此，《会计法》第三十八条第一款规定："从事会计工作的人员，必须取得会计从业资格证书。"明确要求会计人员必须凭证上岗，未取得会计证的人员，不得从事会计工作。会计从业资格证书是进入会计岗位的"准入证"，是从事会计工作的必经之路。会计从业资格证中将记载本人的各种信息，通过计算机进行管理。会计从业资格证书一经取得，全国范围内有效。

依据财政部《会计从业资格管理办法》规定，申请取得会计从业资格的人员，应当符合下列基本条件：

(1) 坚持原则，具备良好的道德品质；

(2) 遵守国家法律、法规；

(3) 具备一定的会计专业知识和技能；

(4) 热爱会计工作，秉公办事。

因有提供虚假财务会计报告，做假账，隐匿或者故意销毁会计凭证、会计账簿、财务会计报告，贪污、挪用公款及职务侵占等与会计职务有关的违法行为，被依法追究刑事责任的人员，不得取得或者重新取得会计从业资格。

具备教育部门认可的中专(含中专)以上会计类专业学历的人员，自毕业之日起两年内(含两年)可以直接申请取得会计从业资格，不参加会计从业资格考试；超过两年未取得会计从业资格，必须通过参加会计从业资格考试取得会计从业资格。

会计从业资格考试科目、考试大纲由财政部统一制定。目前，会计从业资格考试科目为：财经法规、会计基础知识、会计实务、初级会计电算化或者珠算(五级)

对于符合条件取得会计从业资格的，由各级会计从业资格管理部门发放会计从业资格证书。会计从业资格证书由财政部统一设计,各省、自治区、直辖市和中央主管部门负责编号、颁发和管理,并同时建立有关会计从业资格人员的各种资料和信息库。

附录4 会计从业资格管理办法

会计从业资格管理办法
中华人民共和国财政部令
第 26 号

《会计从业资格管理办法》已经部务会议讨论通过,现予公布,自 2005 年 3 月 1 日起施行。

部长:金人庆

二〇〇五年一月二十二日

会计从业资格管理办法

第一章 总 则

第一条 为了加强会计从业资格管理,规范会计人员行为,根据《中华人民共和国会计法》(以下简称《会计法》)及相关法律的规定,制定本办法。

第二条 申请取得会计从业资格证书适用本办法。在国家机关、社会团体、公司、企业、事业单位和其他组织(以下统称单位)从事下列会计工作的人员必须取得会计从业资格:

(一)会计机构负责人(会计主管人员);

(二)出纳;

(三)稽核;

(四)资本、基金核算;

(五)收入、支出、债权债务核算;

(六)工资、成本费用、财务成果核算;

(七)财产物资的收发、增减核算;

(八)总账;

(九)财务会计报告编制;

(十)会计机构内会计档案管理。

第三条 各单位不得任用(聘用)不具备会计从业资格的人员从事会计工作。不具备会计从业资格的人员,不得从事会计工作,不得参加会计专业技术资格考试或评审、会计专业职务的聘任,不得申请取得会计人员荣誉证书。

第四条 除本办法另有规定外,县级以上地方人民政府财政部门负责本行政区域内的会计从业资格管理。

第五条 财政部委托中共中央直属机关事务管理局、国务院机关事务管理局按照各自权限分别负责中央在京单位的会计从业资格的管理。新疆生产建设兵团财务局负责所属单位的会计从业资格的管理。财政部委托铁道部负责铁路系统的会计从业资格的管理。

第六条 财政部委托中国人民武装警察部队后勤部和中国人民解放军总后勤部分别负责中国人民武装警察部队、中国人民解放军系统的会计从业资格的管理。

第二章 会计从业资格的取得

第七条 国家实行会计从业资格考试制度。

第八条 申请参加会计从业资格考试的人员,应当符合下列基本条件:

(一) 遵守会计和其他财经法律、法规;

(二) 具备良好的道德品质;

(三) 具备会计专业基础知识和技能。

因有《会计法》第四十二条、第四十三条、第四十四条所列违法情形,被依法吊销会计从业资格证书的人员,自被吊销之日起5年内(含5年)不得参加会计从业资格考试,不得重新取得会计从业资格证书。因有提供虚假财务会计报告,做假账,隐匿或者故意销毁会计凭证、会计账簿、财务会计报告,贪污、挪用公款,职务侵占等与会计职务有关的违法行为,被依法追究刑事责任的人员,不得参加会计从业资格考试,不得取得或者重新取得会计从业资格证书。

第九条 会计从业资格考试科目为:财经法规与会计职业道德、会计基础、初级会计电算化(或者珠算五级)。会计从业资格考试大纲由财政部统一制定并公布。

第十条 申请人符合本办法第八条规定且具备国家教育行政主管部门认可的中专以上(含中专,下同)会计类专业学历(或学位)的,自毕业之日起2年内(含2年),免试会计基础、初级会计电算化(或者珠算五级)。前款所称会计类专业包括:

(一) 会计学;

(二) 会计电算化;

(三) 注册会计师专门化;

(四) 审计学;

(五) 财务管理;

(六) 理财学。

第十一条 省、自治区、直辖市、计划单列市财政厅(局),新疆生产建设兵团财务局,中共中央直属机关事务管理局、国务院机关事务管理局、铁道部、中国人民武装警察部队后勤部和中国人民解放军总后勤部(以下简称中央主管单位),按照本办法第四条、第五条、第六条规定的管理范围负责组织实施会计从业资格考试的下列事项:

(一) 制定会计从业资格考试考务规则;

(二) 组织会计从业资格考试命题;

(三) 实施考试考务工作;

(四) 监督检查会计从业资格考试考风、考纪。省、自治区、直辖市、计划单列市财政厅(局),新疆生产建设兵团财务局和中央主管单位应当公布会计从业资格考试的报名条件、报考办法、考试科目、考务规则及考试相关要求,并将会计从业资格考试试题于考试结束后30日内报财政部备案。

第十二条 会计从业资格考试收费标准按照国家物价管理部门的有关规定执行。

第十三条 会计从业资格考试全科合格的申请人,可以向会计从业资格考试所在地的县级以上地方财政部门、新疆生产建设兵团财务局和中央主管单位(以下简称"会计从业资格管理机构")申请会计从业资格证书。县级以上地方财政部门会计从业资格证书的颁发权限由各省、自治区、直辖市、计划单列市财政部门确定。申请会计从业资格证书时,应当填写《会计从业资格证书申请表》,并持下列材料:

(一)考试成绩合格证明;

(二)有效身份证件原件;

(三)近期同一底片一寸免冠证件照两张。符合本办法第十条规定条件,且财经法规与会计职业道德考试成绩合格的申请人,还需持学历或学位证书原件(香港特别行政区、澳门特别行政区、台湾地区居民及外国居民的学历或学位须经中华人民共和国教育行政主管部门认可)。

第十四条 申请人可以通过委托代理人申请会计从业资格证书。申请人应当对其申请材料实质内容的真实性负责。

第十五条 申请人的申请材料齐全、符合规定形式的,会计从业资格管理机构应当当场受理;申请材料不齐全或者不符合规定形式的,会计从业资格管理机构应当当场或者5日内一次告知申请人需要补正的全部内容,逾期不告知的,自收到申请材料之日起即为受理。会计从业资格管理机构受理或者不予受理会计从业资格证书申请,应当出具书面证明,同时注明日期,并加盖本机构专用印章。

第十六条 会计从业资格管理机构能够当场作出决定的,应当当场作出颁发会计从业资格证书的书面决定;不能当场作出决定的,应当自受理之日起20日内对申请人提交的申请材料进行审查,并作出是否颁发会计从业资格证书的决定;20日内不能作出决定的,经会计从业资格管理机构负责人批准,可以延长10日,并应当将延长期限的理由告知申请人。

第十七条 会计从业资格管理机构作出准予颁发会计从业资格证书的决定,应当自作出决定之日起10日内向申请人颁发会计从业资格证书。会计从业资格管理机构作出不予颁发会计从业资格证书的决定,应当说明理由,并告知申请人享有依法申请行政复议或者提起行政诉讼的权利。

第十八条 财政部统一规定会计从业资格证书样式和编号规则。省、自治区、直辖市、计划单列市财政厅(局)和新疆生产建设兵团财务局、中央主管单位负责会计从业资格证书的印制、编号和颁发,并于年度终了后30日内将上年度会计从业资格证书颁发情况报财政部备案。

第十九条 会计从业资格证书是具备会计从业资格的证明文件,在全国范围内有效。持有会计从业资格证书的人员(以下简称"持证人员")不得涂改、转让会计从业资格证书。

第三章 会计从业资格管理

第二十条 持证人员应当接受继续教育,提高业务素质和会计职业道德水平。持证人员每年参加继续教育不得少于24小时。

第二十一条 财政部负责制定并公布持证人员继续教育大纲。省、自治区、直辖市、计划单列市财政厅（局）和新疆生产建设兵团财务局、中央主管单位负责制定持证人员继续教育培训规划并组织实施。

第二十二条 会计从业资格管理机构应当加强对持证人员继续教育工作的监督、指导。各单位应鼓励持证人员参加继续教育，保证学习时间，提供必要的学习条件。

第二十三条 会计从业资格证书实行注册登记制度。持证人员从事会计工作，应当自从事会计工作之日起90日内，填写注册登记表，并持会计从业资格证书和所在单位出具的从事会计工作的证明，向单位所在地或所属部门、系统的会计从业资格管理机构办理注册登记。持证人员离开会计工作岗位超过6个月的，应当填写注册登记表，并持会计从业资格证书，向原注册登记的会计从业资格管理机构备案。

第二十四条 持证人员在同一会计从业资格管理机构管辖范围内调转工作单位，且继续从事会计工作的，应当自离开原工作单位之日起90日内，填写调转登记表，持会计从业资格证书及调入单位开具的从事会计工作的证明，办理调转登记。持证人员在不同会计从业资格管理机构管辖范围调转工作单位，且继续从事会计工作的，应当填写调转登记表，持会计从业资格证书，及时向原注册登记的会计从业资格管理机构办理调出手续；并自办理调出手续之日起90日内，持会计从业资格证书、调转登记表和调入单位开具的从事会计工作证明，向调入单位所在地区的会计从业资格管理机构办理调入手续。

第二十五条 会计从业资格管理机构应当建立持证人员从业档案信息系统，及时记载、更新持证人员下列信息：

（一）持证人员相关基础信息和注册、变更、调转登记情况；

（二）持证人员从事会计工作情况；

（三）持证人员接受继续教育情况；

（四）持证人员受到表彰奖励情况；

（五）持证人员因违反会计法律、法规、规章和会计职业道德被处罚情况。持证人员的学历或学位、会计专业技术职务资格以及前款第（一）至第（五）项内容发生变更的，可以持相关有效证明和会计从业资格证书，向所属会计从业资格管理机构办理从业档案信息变更。

第二十六条 会计从业资格管理机构应当将申请会计从业资格证书和办理会计从业资格证书注册、变更、调转登记的条件、程序、期限以及需要提交的材料和相关申请登记表格示范文本等在办公场所公示。相关申请登记表格应当置放于会计从业资格管理机构办公场所，免费提供。申请人也可以从会计从业资格管理机构指定网站下载。

第二十七条 会计从业资格管理机构应当对下列情况实施监督检查：

（一）从事会计工作的人员持有会计从业资格证书并注册登记情况；

（二）持证人员从事会计工作和执行国家统一的会计制度情况；

（三）持证人员遵守会计职业道德情况；

（四）持证人员接受继续教育情况。会计从业资格管理机构在实施监督检查时，持证人员应当如实提供有关情况和材料，各有关单位应当予以配合。

第二十八条 会计从业资格管理机构应当对开展会计人员继续教育培训单位进行监督和指导，规范培训市场，确保培训质量。

第二十九条　单位和个人对违反本办法规定的行为有权检举,会计从业资格管理机构应当及时核实、处理,并为检举人保密。

第四章　法律责任

第三十条　参加会计从业资格考试舞弊的,由会计从业资格管理机构取消其该科目的考试成绩;情节严重的,取消其全部考试成绩。

第三十一条　用假学历、假证书等手段得以免试考试科目并取得会计从业资格证书的,由会计从业资格管理部门撤销其会计从业资格。

第三十二条　持证人员未按照本办法规定办理注册、调转登记的,会计从业资格管理机构责令其限期改正;逾期不改正的,予以公告。

第三十三条　持证人员有《会计法》第四十二条、第四十三条、第四十四条所列违法违纪情形之一,由会计从业资格管理机构按照《会计法》的规定予以处理并向社会公告。

第三十四条　会计从业资格管理机构发现单位任用(聘用)未经注册、调转登记的人员从事会计工作的,应责令其限期改正;逾期不改正的,予以公告。单位任用(聘用)没有会计从业资格证书人员从事会计工作的,由会计从业资格管理机构依据《会计法》第四十二条的规定处理。

第三十五条　会计从业资格管理机构及其工作人员在实施会计从业资格管理中滥用职权、玩忽职守、徇私舞弊的,依法给予行政处分。

第三十六条　会计从业资格管理机构工作人员违反本办法第二十九条规定,将检举人姓名和检举材料转给被检举单位和被检举人个人的,由所在单位或者有关单位依法给予行政处分。

第五章　附　则

第三十七条　省、自治区、直辖市、计划单列市财政厅(局)、新疆生产建设兵团财务局和中央主管单位可以根据本办法制定具体实施办法,报财政部备案。

第三十八条　香港特别行政区、澳门特别行政区、台湾地区居民及外国居民申请取得会计从业资格证书,适用本办法。

第三十九条　农村集体经济组织会计从业资格的管理可参照本办法执行。

第四十条　本办法自2005年3月1日起施行。财政部2000年5月8日发布的《会计从业资格管理办法》(财会字〔2000〕5号)、2000年9月13日发布的《〈会计从业资格管理办法〉若干问题解答(一)》(财会〔2000〕13号)、2002年7月25日发布的《〈会计从业资格管理办法〉若干问题解答(二)》(财办会〔2002〕28号)同时废止。